李彦宏

百度与智能时代的畅想

韩啸◎著

从百度的成长到中国大脑的提案，
这是一部精神与勇气的故事。

中国言实出版社

图书在版编目（CIP）数据

李彦宏：百度与智能时代的畅想／韩啸著. 一北
京：中国言实出版社，2015.4
ISBN 978-7-5171-1297-6

Ⅰ.①李… Ⅱ.①韩… Ⅲ.①李彦宏-生平事迹
Ⅳ.①K825.38

中国版本图书馆 CIP 数据核字（2015）第 083657 号

责任编辑：郭江妮

出版发行	中国言实出版社	
	地　　址：北京市朝阳区北苑路 180 号加利大厦 5 号楼 105 室	
	邮　　编：100101	
	编辑部：北京市西城区百万庄大街甲 16 号五层	
	邮　　编：100037	
	电　　话：64924853（总编室）　64924716（发行部）	
	网　　址：www. zgyscbs. cn	
	E-mail: zgyscbs@263. net	
经　　销	新华书店	
印　　刷	北京毅峰迅捷印刷有限公司	
版　　次	2015 年 9 月第 1 版　　2024 年 1 月第 2 次印刷	
规　　格	710 毫米×1000 毫米　1/16　20 印张	
字　　数	220 千字	
定　　价	58.00 元　　ISBN 978-7-5171-1297-6	

他，是中文搜索引擎新时代的开启者；他，是中国互联网的弄潮儿；他，是纳斯达克神话的缔造者；他，是扳倒 Google 的神奇小子；他，是 2015 年两会中"中国大脑"提案的发起人……毫不夸张地说，他的态度，将直接决定中国互联网的未来。

2011 年，他从 115 位中国富豪中脱颖而出，并以 94 亿美元的身家首次问鼎《福布斯》中国内地首富宝座；2013 年，他仅用 14 天时间，就从富豪榜次席再次回到"榜首"之位。

然而，财富、名望，还有数以千万计的追随者，都不曾改变他低调的气质和谨言慎行的作风。曾经的草莽少年，是如何成为神话的缔造者？他又是谁呢？

他就是站在世界边缘的百度之父——李彦宏。

李彦宏出生于山西阳泉，是典型的山西商人，身上拥有山西人一惯的勤奋、节约、诚实，如此与生俱来的天赋，也让他始终抱着一本"谨慎为本"的生意经。

1992 年，李彦宏跟随出国大潮来到美国，并在布法罗纽约州立大学主攻计算机专业。他在美国的导师一直鼓励他不要放弃在北大所学习的图书信息检索知识，并让他时刻关注最新技术。正是导师在技术上和市场上的前瞻性，才开启了李彦宏传奇故事的新篇章。

松下信息技术研究所、道·琼斯、《华尔街日报》、Infoseek，从实习到正式工作，李彦宏怀揣着对技术改变生活的梦想按部就班地努力，可梦想之花久未盛开。这时，他慢慢发现：真正的筑梦之地也许并不在美国，想要开启自己的工业之路，唯有自己"说的算"才行。

1999 年圣诞节，他放弃了美国的一切回国创业，专注于搜索引擎领域；2000 年 1 月，"百度"诞生。

星移斗转，历经几年的打磨，2005 年，纳斯达克的聚光灯又照亮了一位财富英雄——百度上市的第一天，每股股价竟高达 122.54 美元，仅一夜之间百度便诞生了 9 位亿万富翁、30 位千万富翁和 400 位百万富翁，这是新世纪的财富神话，让世界为之震撼！

李彦宏，23 岁从北大毕业，赴美国布法罗纽约州立大学主攻计算机专业；25 岁，放弃博士学位进驻华尔街；两年后转战硅谷；35 岁创立百度……看着这个时间表，他似乎一直都是上帝的宠儿。可这些看似风光无限的成就，背后却满是道不尽的甜酸苦辣。

当李彦宏携着百度登临世界最大的中文搜索引擎的宝座后，

与悦耳的掌声一同响起的，是尖刻的指斥。

在挺过互联网"寒冬期"之后，百度又经历了 MP3 风波、文库官司、Google 竞争、竞价排名的信任危机以及迎面而来的"弹尽粮绝"的窘境，彼时，百度经历了前所未有的失落和迷茫。

只是，李彦宏从未放弃，他用"专注"赢得了股东的信任；用个人魅力战胜了投资商的质疑。

今天的百度，通过灵活的汉字应用，体现了其举世无双的价值，它正在影响着每个人的生活。

新时代的百度，新媒体时代的百度，必然会越战越勇，甚至会成为中国民营企业中的一股牵动力量，在世界范围内掀起波澜，且经久不息！

目　录

1

在起点遇见未来

政协委员的"大脑计划"

2015 年 3 月的"两会"中，百度创始人、政协委员李彦宏所提出的"中国大脑"提案，无疑是其中的亮点之一。什么是"中国大脑"？它被提出的意义又何在呢？

在未来的科技市场竞争中，飞速发展的中国能否成为世界的创新中心？中国能否凭借创新力量实现"完美超车"？对于这样的问题，李彦宏用了两个字回答——"创新"。无疑，在新常态的中国经济发展的大逻辑中，创新乃大势所趋。

李彦宏曾表示："未来中国产业转型升级，从低附加值产业向高附加值产业发展，还得靠高科技，摆煎饼摊也算创业，但不能持续提供更大的价值。国家应该更加重视技术和研发的投入，以此保障未来中长期的高速发展。"

在现代技术不断推陈出新的过程中，人工智能逐渐走到了可实现化的前沿技术之中，更日益成为人类现代生活不可缺少的一部分。

人工智能的发展，将会推动人类"新生活方式"的进化，并极大地提升和扩展人类的能力范围。同时，在促进技术创新、提升中国科学技术在世界的竞争优势及推动人类社会发展上，都有很深远的影响。

人工智能在科技发展上所带来的创新影响力，与李彦宏的百度在未来的发展趋势是相辅相成的。李彦宏曾说，当前的人工智能技术已经迎来了新一轮挑战，且已进入到新的发展期，发达国家已经加大力度进行人工智能的全面战略布局，并将其引申至国家战略层面。遗憾的是，在如此国际化的人工智能大热潮中，中国尚未制定出完整的国家性质的发展战略计划。

也由此，李彦宏有了"中国大脑"的设想。

2015年1月26日，国务院总理李克强主持召开了《政府工作报告》座谈会，李彦宏应邀出席。

当李彦宏介绍互联网创新如何让传统产业和公共服务变得更高效时，李克强总理突然打断他的话，插话提问道："你们做远程医疗吗？"

李彦宏给予了肯定的回答，并说百度已在开展相关业务应用了："我们不是让病人能找到最有名的医生，而是希望让病人找到最'合适'的医生，提高社会资源的利用率。"

李克强总理听罢，点头称赞，表示十分认同，他说："医疗产品也是公共服务的一种，政府可以通过购买服务的方式与企业合作。"总理的一番赞同之言，对李彦宏无疑是最有效的"强心剂"。

李彦宏知道，与会的几千名代表都是兼职，平时都活跃在自己的工作领域中，未必能清楚地了解报告中的所有内容，故此PPT的存在很必要。

随即，这个资深互联网人、年轻的全国政协委员，向李克强总理提出请求："能不能做一个PPT，有图表或者其他更生动的形式，让代表委员能更好地理解报告？"他对此的解释是："只有理解了，才能更好地参与，提建设性的意见。"

三月，春回大地，万物复苏。

此时正值全国两会期间，李彦宏以全国政协委员的身份出席了两会，并带来了备受关注的两项横跨"民生"和"科技"的提案：一份是关于"建议全面开放医院挂号号源"，用于实现病人在第一时间找到最适合问诊需求的医生；另一份则是"建议设立'中国大脑'计划"，使人工智能更加生活化，实现人工智能的跨越发展，在新一轮的科技革命中取得制高点。

"看病难"是老百姓最关注的民生问题，若能实现网络挂号，将会对方便民众求医、提高医疗行业服务运行效率起到至关重要的作用。

从目前的状况来看，全国大部分省市都要强行拿出一部分挂号源给卫生局，卫生局以垄断的形式建立全市挂号平台，以阻止挂号服务商业化。

故而，国内大部分地区具有官方背景的"预约挂号统一平台"，都存在着社会认知度不高、用户体验不完善、挂号号源不充足、限制医院开展个性化服务积极性和自主性等多方面问题。

2013 年 5 月 23 日，提供互联网挂号服务的两大平台——淘宝网与挂号网分别发表声明，宣称停止在北京地区的预约挂号服务。其原因极具针对性，在此声明发布的前一天，北京卫生局发布声明称，北京已建立全市统一的互联网挂号平台，除此之外的任何网站、组织和个人不得对预约挂号平台进行商业利用。基于此，李彦宏提出了"建议全面开放医院挂号号源"的提案。

他建议，希望部分高密度人口地区能取消对商业机构开展网络挂号业务的运行限制，并借助社会力量对医疗资源配置予以优化，从而提升医疗服务的质量和效率。

"我希望政府部门可以下达统一的规定，例如，所有医院的网上挂号率必须在三年内达到 50%。但是怎样把这个号放出去，需要各个医院自己想办法，比如主动提升医院的信息化系统。政府相当于给医院量化指标，要求他们一定要实现多高的网上挂号率。"李彦宏如是说。

在李彦宏看来，对商业机构开展网络挂号业务的运行限制的做法是违背市场经济原则的，他直言："越集中、越垄断资源，就越难以给公众提供最好的服务。"

目前中国的 BAT 互联网三巨头已经开始对在线医疗市场摩拳擦掌。2015 年年初，李彦宏便大力着手构建在线医疗，且动作频频：与 301 医院合作、上线百度医生 App、战略投资健康医疗类网站"健康之路"等。

李彦宏的梦想是，根据不同地区的用户需求情况，逐渐加大互联网上医院挂号号源的比例，并加大对互联网挂号的宣传力度，引导医疗需求者通过互联网进行挂号，鼓励医院在自身网站开通互联网挂号服务、进行在线咨询和交流服务，采用分时段预约的信息化手段，在提升医院运作效率的同时，方便群众求医问药。

2014年，百度在人工智能项目上的研发投入远远超过Google，因为李彦宏对于人工智能的决心很明确："我不在乎华尔街怎么看，我一定要把（人工智能）这事儿做成。"

当然，从国内目前的人工智能水平来看，在人工智能领域的基础研究积累、应用实践经验和科技创新投入等方面，与国际发达国家存在很大的差距。也正因此，李彦宏提出了另一个提案，关于"建议设立'中国大脑'计划"，希望能将人工智能建设上升到国家高度。

他解释说："这个项目是要做一个关于人工智能的基础设施，把相应大规模的服务全集中建立起来，并开放给科研机构、民企、国企、创业者等社会各个层面，让大家在这个平台上尝试语音识别、视觉识别、自然语言理解、智能机器人等。"

在提案中，他建议以智能人机交互、大数据分析预测、自动驾驶、智能医疗诊断、智能无人飞机、军事和民用机器人技术等作为重点研发领域，政府应大力支持有能力构建人工智能基础资源和公共服务平台的企业。他说："这件事如果只是百度来做，可能是几万台服务器的规模，如果国家投入，是几十万台服务器的规模。平台大了，可以降低成本，鼓励更多的创新。"

"中国大脑"是中国未来创新政策中不可或缺的新模式，即创新不应该由政府来主导，应该由政府来带动。李彦宏倡导建立一个更大的公共交互平台，并开放给整个社会。

在未来，这个国家大平台将会对更多领域开放资源，以改变过去的"相马模式"的科研机制，并启用"赛马模式"等市场机制，在人工智能技术成果的转化与共享方面，让市场规律起作用，促进研究成果转化。他还说："最后不管谁做出来，都是政府引导的结果；而不是政府觉得在某个方面技术上需要有突破，政府自己组织一批专家去攻关。"

李彦宏不仅希望国家相关政府部门能够介入，也希望有军方部门的介入。他表示，"军队在技术创新上一直起到非常大的作用。纵观整个世界历史，很多创新都是在战争时期产生飞跃的发展。军方有需求，他们也拥有大量的经费。"

随后，他举美国"阿波罗登月计划"的案例：该计划耗时 10 年，有 3 万家企业参与其中，动用了 30 万从业人员，共花费 255 多亿美元。从表面上来看，登月计划并没有产生实际作用，但我们从侧面却可以清晰地了解到，美国持续、稳定的大规模投入，使得大批企业快速成长，并且不断创新。英特尔公司的快速发展，便受益于此，就连世界创新中心"硅谷"，都与之存在必然的联系。

"中国的创新环境还有很大的改善空间。"李彦宏认为，中国目前仍处于高速增长的阶段，仍存在无数的机会。从经济形势来看，刺激消费仍然是最有效的经济发展方向和动力。未来的几年，便可清晰地看到，互联网不仅颠覆了传统行业的格局，还帮助传统行业提升效率，并刺激其发展。

语言是最大的障碍，同时全球优秀人才的引进机制，也对中国创新发展造成了很大的制约。比如百度想要招纳国外优秀应届毕业生，就很难在短时间内拿到签证。"应该吸引全球最优秀的人才到中国来，我们离兼容并包还有距离。"李彦宏说。

作为一名全国政协委员，李彦宏更多地是站在国家的角度去观察，并积极考虑社会所面临的问题。他不断地跟进提案，时刻关注着相应的效果。他知道，在未来的道路上，百度还有很多事情需要做。中国要成为全球创新中心，他要让人们愿意相信，百度在技术上的投入以及挖掘，将会是加快这一目标实现的最佳驱动力。

"对招"马化腾

智者常把对手当成朋友。在两会期间，李彦宏的"朋友"马化腾，一样是与会的企业家中的焦点人物。

李彦宏曾说："百度和腾讯过去是朋友，现在是朋友，以后也是朋友。我们在发展过程当中，至少从我的角度以及百度的角度来说，我们最需要的是什么，这个市场能够接受什么样的东西。我们有没有能力去做相应的事情，我们从不觉得我们做了，别人就不能做。"

台上台下，百度与腾讯争斗了十余载，李彦宏与马化腾在媒体面前的争论，也早已由唇枪舌剑变成了谈笑风生。

2012年，百度收录了腾讯微博的内容，由此引起了李彦宏与马化腾在微博上的"互招"。

马化腾说："在国外，谷歌要花钱买内容，百度却无偿获得新浪和腾讯微博内容，是坐收渔翁之利。"李彦宏马上回应："腾讯一年靠用户付费收几百亿，就不要跟我们抢广告的钱啦。"

微博是中文互联网中最流行的网络社交方式之一，而且人们在使用微博时候的心态也都各不相同。

李彦宏说："百度作为一个搜索引擎尽我们所能把所有收集到的信息搜集起来给用户检索，微博这几年发展非常快，很多信息都是通过现在的微博传播。所以我们是以一个非常开放的心态收录微博内容。"

他还表示，很多人在用细碎的时间发微博、看微博，这对百度的搜索技术提出了新要求，这些信息要如何放在搜索引擎里，并且使用户在搜索的时候可以很方便地找到，都是需要解决的问题。同时，当部分用户在搜索一些比较严肃的信息时，又不能把这些随便的话语肆意地呈现在用户面前。这对百度来说，是技术上的又一巨大挑战。

有不少网友认为，李彦宏所指的"严肃内容"，颇有双关语之嫌，意在暗指腾讯微博严肃内容不多。

对此，马化腾说，腾讯微博早就与百度进行"合作了"。他用Twitter、Google 的关系举例称，Google 每年都需要消耗大量金钱去买内容。但在中国，由于几家提供微博服务的网络运营商存在巨大的竞争关系，所以很多公司愿意无偿将微博内容贡献给百度。

马化腾把腾讯形容的如此"无偿"，这不禁让传统媒体人心生寒意。要知道，在互联网媒体初期，传统媒体都在为门户网站"无偿"贡献内容。

对于马化腾颇具针对性的言论，李彦宏立刻进行反击："中国和美国的差别主要原因不是因为竞争原因，而是由于商业模式原因。"在美国，不管是 Google 还是 Facebook，每家公司都在一门心思地竞争广告。而在中国，腾讯每年仅依赖用户付费就有几百亿的收入，既然走的路不相同，何必要在网络广告收入上你争我夺呢？

李彦宏这些话并非空穴来风，据相关统计数据显示，腾讯2012 年仅在游戏和增值服务等方面就收获了 450 多亿元，是百度全年总盈利额的一倍多。

听了李彦宏的举证，马化腾很不服气，说百度已经占了大便宜，就不要再卖乖了：在过去的若干年中，微博的竞争已经进入到白热化阶段，各家公司属性不同，实力各有千秋。但微博的形态十分多元化，正在向社交应用、即时通讯等功能上改进，并且在智能终端应用和媒体社交化方面有了更多的改进，使得部分传统门户网站变成"不微博不门户"的发展形势。很多公司正在不计成本地疯投资金，腾讯投几千万广告，新浪也投几千万广告进行残酷厮杀。

人才是科技公司万年不变的必争核心。在人力资源的问题上，李彦宏曾暗讽腾讯称：因为竞争，每年学生的 offer 都涨得很厉害。而马化腾则回应：HR 们常说，百度是哄抬人才价格的高手。

曾有一位北航大的学生询问过李彦宏和马化腾，百度和腾讯到底如何缓解大学毕业生的就业压力？这样的问题，让马化腾再次抱怨起了李彦宏。而李彦宏对他的抱怨和对于学生的疑问，则显得有些茫然。

李彦宏啼笑皆非地表示，北航大毕业的学生还会存在就业压力的问题吗？这似乎有些奇怪。他说："我知道有很多其他大学的学生想进入百度、腾讯这样的企业，我觉得双方都有非常强的意愿，百度每年都在校招上花很多精力，不是说每年招聘这个时间才去到学校演讲，平时也跟各个高校的计算机专业的老师、学生一直有很多联系，希望把最优秀的学生吸引到百度。"

百度发展很快，需要招纳大批人才，每年都在向优秀毕业生发送 offer，经常去各大院校进行演讲、举行招聘会。

李彦宏说："我们也很高兴看到这些人进入百度后，一年一年，他们成长速度很快，虽然当时招来的时候觉得付了很高价钱，但是两三年后，他们有经验后，是特别好用的人。所以我们未来还是非常重视校园招聘，人才也会大部分从学校招聘。"

马化腾一听李彦宏提及人才哄抢的问题，不由得"怒气横生"，他说："确实过去这两年抢人才抢得很凶，HR老在说百度在哄抬、哄抢。我们后来很多也没有办法跟它去争，压力很大。"

他又说："我们也看到社会GDP在增长，但是CPI、物价、房租都在高速增长，一线城市这些企业其实员工生活压力很大。我们考虑在未来怎么把企业的布局往二线城市转，长远为员工考虑，他们的生活水平可以提升。"

在马化腾看来，员工的衣、食、住、行是企业必须考虑的问题。

李彦宏则不敢苟同，他觉得年轻人刚毕业就想买房心态不好，租房也很舒服。他说："在中国，已经形成了一个攀比风气，要想结婚的话，丈母娘先问你要一套房子。最根本问题是大家觉得房子是一个投资，永远只会涨价，不会跌价，一定要尽早买。正常情况下，租房住也很舒服的话，干嘛要去买房子。你去问问硅谷的工程师，毕业二三年，一定不是想着要买一套房子。这方面心态如果转变不过来的话，最终买不起房子的工程师一定更多，不是更少。"

马化腾说："（对此）有点不同看法。我以前也是这样说，我们当年哪有想着要买房子。但是为什么现在年轻人要考虑这个事，这几年房价涨得太凶，大家真的不知道以后会怎么样，想早点上车会安全点。确实这个变化太大了。我们当年物价、房价还是比较平稳的，所以，不能拿我们过去思想套现在年轻人的想法。第二，即使他不买，他要租，这个房租都一直在涨价。大部分人超过一半的收入都交房租了，而且条件还很差，最后我们没有办法把客服全部移到成都。这个压力还是客观存在的。不是说简单租就可以，租的压力也是很大。"

说归说，吵归吵，两人在大局面前，思想还是有着空前的一致性的。2015年两会期间，马化腾准备了四项与互联网相关的提案。其中，呼吁加快移动化联网民生领域的应用和普及的想法，与李彦宏不谋而合。有些人认为，在某些层面上，两家公司表现出了相互扶持的迹象，但实际上都是各家葫芦卖各家的药。

身为全国人大代表的马化腾建议，把"人与公共服务"以数字化的方式进行全面连接，这将会为看病难、教育资源不均衡、雾霾等新老民生问题起到缓解作用。

他还建议开展"互联网＋"全面发展的国家战略。他认为，在移动互联网高速发展的今天，各行各业都在围绕互联网进行创新，这不仅能使产业升级，还能为人民生活带来极大的便利，他说："无论健全还是残疾、年轻还是年老，任何人在任何时候都应该平等、方便、无障碍地获取和使用信息。"

在大多数人眼里，中国互联网的未来，就是BAT现在三强相争的混乱局面。而在提高传统行业价值、建立新的互联网规则及促进互联网生态等未来发展方面，三家公司均已行动起来。

曾经彼此水火不容的两大互联网公司，本以为永不熄灭的战火会一直燃烧下去，但随着BAT模式的形成，两位大佬也不得不因马云的强势介入，而心平气和地坐在一起，"敞开心扉，有话好好说"了。而李彦宏与马云之间，也是有过一番"明争暗斗"的。

那么，这个外表儒雅、内心强大的IT界精英，到底是如何练就在大佬间随意游走的本领，又是如何带领百度登临世界最大中文搜索引擎宝座的呢？

阳泉小子

李彦宏是个不俗的人物，我们不妨从一份简历上窥出端倪：

姓　　名：李彦宏

毕业院校：北京大学，布法罗纽约州立大学

职　　业："百度"公司董事长兼首席执行官

主要成就：发明超链分析技术并获美国专利；

CCTV2005 中国经济年度人物；

商业周刊 2006 年全球最佳商业领袖；

2008 年北京奥运会火炬手；

2008 年中国改革开放 30 年 30 人；

2013 年 11 月，以 119 亿美元的净身价成为中国大陆第二大富豪。

如果单从这几方面材料来看，我们对李彦宏最直观的印象就是：他很牛，很有钱。只是，这个又牛又有钱的杰出人士，少时可没显出成为富豪的潜质，更让人唏嘘的是，这个今日的富豪，差点成了唱戏的。

李彦宏一直受到"晋商"文化的熏陶，在山西这片自古以商人闻名的土地上成长，在"晋商"传奇的故事中长大的他，却诞生在一个和经商没有什么关系的家庭里。他出生在一个小城市的普通工人家庭。他曾说，自己从小时候起，兴趣就非常广泛。

李彦宏的童年，稳当、平淡到了极点，但却充满了快乐，他是在没压力、没太多束缚的背景下自由成长的。

上个世纪 70 年代的一个平常日子里，山西阳泉晋剧团招收学员现场出现了这样一幕：和来报考的大多数人不同，有一个男孩看上去稚气未脱，他说自己是一个人跑来的。问起报考原因，他的回答很简捷，也很直白——就是喜欢。

兴趣，让李彦宏充满了灵气，戏剧团的老师在他的一招一式中都看到了极大的提升空间，他们决定录取这个爱好戏剧的少年。

"戏曲曾经一度是我的挚爱，在初中时我还一度有报考戏曲学校的想法。因为在那个年代，在我生活的山西阳泉那个小城市，电视还没有普及，更别说电脑互联网了，人们日常最多的娱乐活动就是听戏。"这是他去报考剧团的初衷。

1976 年，李彦宏在兵工厂子弟学校上一年级。他还记得当时妈妈对自己说："我们家没有后门，你今后要有好工作，就要好好学习，考上大学。"妈妈经常让姐姐们去喂鸡、去郊区菜地捡菜，干这干那，只要求李彦宏不要贪玩、好好学习。但李彦宏的父母并没有过多干涉过他的选择，也正是如此，让这个全家为之骄傲的孩子从小就对自由赋予了肯定自我的意义。

在父母的悉心培养下，家里 5 个孩子全都考上了大学，大姐是恢复高考后第一届大学生，三姐考上了北大。"我爸爸从小上过私塾，在文学和语言方面有一些功底。爸爸影响我大姐，我大姐影响我二姐，二姐影响我三姐，三姐又影响我。"

李家老三考上北大时，就像古时进京赶考中了状元后归乡一样，惹来了街坊四邻的羡慕和夸赞。李彦宏的三姐一时间也成了那座小城市的"本土明星"。李彦宏说，他自始至终都没有忘记姐姐在准备好行囊临行前对他说的话："其实外面的世界很美丽，所以你一定要好好学习，考上大学，走出阳泉，这样你未来的路才会更宽阔。"

李彦宏如梦初醒一般,开始"弃戏从学"了,他也想为家里争口气,于是听从了姐姐的建议,从那时起开始发奋学习,为的就是考上阳泉当地最好的高中——阳泉一中。

"我没有远大理想,许多人小时候想当科学家,我没想过,但我每个阶段目标都很明确:初中考高中,我一定要考上省重点阳泉一中,否则考大学就没太大希望;高考,我一定上北大;进了北大,我一心想出国。"李彦宏至今难忘,是自己年少时曾经专注地做每一件事,是踏踏实实往前走的岁月成就了现在的他。

最终,李彦宏如愿以偿考入阳泉一中。

说起当年与计算机的初遇,那时的他或许从未想过这个"大脑袋"机器会改变自己今后的人生。

李彦宏第一次接触计算机,是在高中一年级。

阳泉一中有着当时整个阳泉市的第一间计算机教室。李彦宏现在回忆起当时没见过"世面"的自己,也觉得有点好笑——"只要轻轻地在键盘上键入一些英文单词和符号,它就会根据指令给出答案,我一下子就被这奇妙的东西吸引住了。从那时起,为了能到机房上机,我经常找老师软磨硬泡。比别人更多上机实践,也让我在计算机方面的技能比其他同学强。"

对李彦宏计算机知识成果的检验,是一次计算机比赛,地点在山西省会太原。这是一次全国性的中学生计算机比赛,可谓高手云集,李彦宏能代表学校参赛,自然很兴奋。他觉得自己的计算机水平还不赖,好好发挥的话,拿个名次不成问题。可让他万万没想到的是,比赛结果出来后,居然连个自己都没当回事儿的三等奖也没捞到,这让他失望至极。

后来的一天，当他走进太原书店时，终于知道为什么自己没有办法和那些获得名次的人竞争了。他在书店发现，省会的书店里有许多自己在阳泉根本看不到的计算机方面的书，简单点说，别人知道"1＋1＝2"的时候，他连"1"是什么都没弄懂呢。

小失败的背后，往往是大成功，就看吃了失败亏的人是怎么想的。李彦宏不是牵着不走，打着倒退的人，从失利中他总结出的是前进的经验。3年后，李彦宏剑指北大，如愿地在自己设计的路线上狂奔着。

当时李彦宏是以高考第一名的成绩考入北大的，很不简单，可他选的专业——图书情报专业——不免让人觉得他这北大考的有点"浪费"。倒不是这个专业不好，只是跟他的性格不合。

最初，李彦宏对"图书情报专业"颇有"特务"情结，以为毕业之后可从事为某些专门组织提供情报的工作。想来，那时的李彦宏，骨子里还是个大男孩。

进入梦想的学府，这种现实更鼓舞着李彦宏一路向前。遗憾的是，景色秀美的北大，只让他兴奋了两三个月，随即，目录、文献等乏善可陈的关于专业的一切，就消磨了他仅剩的一点喜悦。他还听说，图书情报专业，说白了就是图书管理员，而这所学校培养出的最优秀的图书管理员就是毛泽东。

这下，李彦宏心凉了。

图书管理员？这哪里是他的志向！幸而，这次失利如中学时代一样，仍带给了他一次巨大的鼓励。日后，他正是依托着这一专业背景，才在组建百度上更显顺风。也恰是这图书情报专业，对其出国攻读计算机专业，在搜索引擎领域大放异彩提供了有力的支撑。当真是"失之东隅，收之桑榆"了。

从失利到鼓励，难的是如何跨越和扭转，李彦宏在自己的人生路上不断前进，少不了一次次地在碰壁中拨开迷雾。这样看来，他倒是颇受上天眷顾了，可事实当真只是上天的眷顾吗？答案不言而喻。

北大不寂寞

李彦宏在进入北京大学之前，虽然很喜欢计算机所带来的时代感，他也相信在未来，这个小小的科技产品必然改变人类的生活，但这个东西毕竟要靠人力的开发，并且它改变的是人类的生活方式。故此，李彦宏没有选择计算机专业去单纯地学习一些理论知识，也正是因为这样，我们现在看到的李彦宏是百度的老板，而非一个只会写方程式的程序员。

刚刚进入北大的李彦宏，知道了自己选的专业原来并不是那么适合自己，可毕竟已经选择了，又没有任何的后路可以给自己退。是绝望？是无奈？还是深深的不甘心？李彦宏只是觉得寂寞，这样原本不属于自己的生活却是那么多人眼中所羡慕嫉妒的美好人生，到底自己站在这样的一个起点上是对还是错？

聪明人会在自己深陷的不适环境中思考出路，李彦宏当然不是傻瓜，他在了解了自己的专业所学之后，找到了值得深入的学习点。很快，他开始将学习的内容侧重在信息管理上。不管当时是何种心情，他都坚信着自己所坚持的东西，那就是未来的中国，乃至未来的世界，必将是一个信息化的时代。

环境影响心态，心态支配行动。李彦宏想，在这样的环境下，学习信息管理，肯定能符合时下的趋势——这也似乎是他在那样的境地之下的唯一选择。

李彦宏在北大，虽然所学专业并不称心如意，却也能将自己深深地融入其中。

他一边学习自己的专业课程，一边开始留意计算机专业的知识。图书馆里丰富的馆藏资源，让李彦宏直叹时间不够，同时，那些关于留学以及国际上的学术期刊，都在他渴望的双眼中变成了一个又一个潜在的机会。

在李彦宏的青涩时光中，多少还有着稚气未脱的害羞，尽管如此，他还是常常硬着头皮去参加各种各样的活动，以求丰富自己的见闻。哲学、美学、电影、艺术，这些可充实人生内容的知识，在北京大学常以讲座的形式出现，李彦宏尽量一个不落地都去旁听。甚至于，他还去向学校里教授气功的老师虚心求教。

很多人说学理科的人一定都是呆头呆脑不经人事的家伙，李彦宏对此很不服气。在自己的专业课之外，他也去学习表演、演说等，一是要让人改变看法，二是要提升综合能力。至于李彦宏的口才，今时今日的网友、听众们自是早已领教，一次又一次精彩的演讲，让听者不禁拍案叫绝，慨叹其思维的逻辑性和条理性，也更多地关注起了他的演讲艺术。

说到演讲，李彦宏在大学时就曾作为唯一的理科生去参加了学校的辩论赛，当时他在口才方面的潜能便已初露端倪。

仅仅是演讲还不够，李彦宏又跑去参加合唱团，这一唱就唱到了国庆节时的天安门广场。他在国庆时的天安门广场进行表演，还在那里参加了集体广场舞。

当回忆起年轻时青涩的北大时光时，李彦宏仍有止不住的喜悦，他诚恳地对每一个询问起他大学时光的人说："我尽情地享受着北大带给我的各种机会，我接触到了各种各样的人，每个人都有他们自己的思路，每个人都不一样，每个人都很精彩。这让我逐渐形成了不轻信、不跟风的思维方式。对于我未来人生道路的选择，北大四年让我具备了独立思考的能力。"

李彦宏深深的北大情结，让他依旧心系母校，每一个从母校走出来的学弟学妹，在他眼里都是举足轻重的人才，他乐于给予这些需要帮助的学弟学妹们能力范围内的支持。

曾有一个北大学生服务中心的同学向李彦宏寻求帮助，当时这群热血青年正在编写一本名为《我心所依》的书，通过记录北京大学中那些家境困难却不畏艰难而努力学习的学子的故事，反映出这些经济拮据者的励志精神。这些服务中心的学生更达成了一个共识——他们希望李彦宏能以北大杰出校友的身份为书作序，写下他多年来不断挑战自我、获得成功的感悟，并对贫困生以及所有北大学生给予勉励。编著者们表示，这本文集也将在北大新生入学之际，作为迎新礼物，发放给那些家庭困难的同学。

李彦宏得知事情的本末，自然是义不容辞。没过几天，他大笔一挥，便洋洋洒洒地为这本《我心所依》写下了序章，并且冠以主题为：命运掌握在自己手中。

李彦宏在文中写道，"命运是一个人一生所走完的路，是一个人用一辈子完成的作业。有的人认为，命运是天注定的，是不可改变的。但在我看来，命运不过是人生的方向盘，驶往哪个方向它掌握在每个人自己的手中……"

这个俨然已获得成功的大 boss，用自己的亲身经历告诉了每一个在校大学生，自己的目光和眼界，才是打开命运新世界大门的钥匙，只有让自己大胆走出去，去外面的世界好好看一看，才能更进一步地知道自己的梦想是什么，并会为之不懈努力，去实现它。

"当你们迈入北京大学大门的那一刻起，你的命运已经改变了。不仅因为这里是中国的最高学府，还因为在这里你会接触到许多你原来从没有见过甚至听说过的事物。"李彦宏如是说。

李彦宏曾先后将自己的收获加倍地回馈给母校，他曾向母校捐资 1 000 万，而这笔捐款也已经作为"李彦宏回报基金"，被用来帮助那些真正需要它的学生。这些很少被公布于社会大众视野的"实干"，也从另一个侧面反映出李彦宏的行事作风之一——低调。

在谈及性格与命运时，李彦宏也表示："虽然有人常说'性格决定命运'，但我个人并不认同。我觉得无论人的性格怎样，都有可能成功。"

回过头来看，性格略显低调内敛的李彦宏，正是靠着自己孜孜不倦的创新和对专业技术的深入思考，才得以带领百度逐步成为全球最大的中文搜索引擎。在李彦宏为《我心所依》做的序言中，他还提醒同学们：每个人都应该去寻找适合自己的东西，做自己喜欢做的事情，做自己擅长做的事情。因为只有这样，才能在遇到困难的时候不退缩、不轻易改变方向。"找到自己的梦想，认准了就去做，默默努力，始终坚持，不跟风不动摇"。

这是李彦宏多年专注于工作所得出的最深刻感悟。与其说是对北大学生的鼓舞，莫不如说是他对未来自己的勉励。

北大岁月，本有点寂寞的李彦宏其实并不寂寞，因他挖掘出了自身更多的兴趣点，让他俨然变成了小说中善用"吸星大法"的好汉，体内集多家之长，只待华山论剑时！

艰难抉择

1991 年，李彦宏自北大毕业。4 年的图书情报专业的学习，却让他掌握了更多的"副业"知识，考托福、GRE，参加演讲、戏剧和表演等活动，这完全不像是理工男应做的，这一切，李彦宏却照单全收。

90 年代初期，留学潮十分凶猛，李彦宏在毕业这一年，收到了来自美国布法罗大学的通知书，这意味着，他可以相当自然地到美国见世面了。

只是，他有所犹豫，一直在思考到底要不要去这个不知未来是天堂还是地狱一般的国家。如果说，后来李彦宏在对待人生和事业时，始终保持着精准的判断力和抉择力，那么这一次抉择，当属他人生中最正确的选择的开端。李彦宏的未来、百度的未来，都在这次抉择中得到了答案。

此前，李彦宏曾数次向美国的学校发出申请，可却屡屡遭拒。怎么办？当然是义无反顾地走下去，不断地挑战自己。而这一次，他成功收到了来自美国的邀请，梦想近了一步，却反倒让他不知如何是好了。

思考了几天，李彦宏还是决定去美国，不管自己将经历什么，梦还是要去圆的。

由于耽误了一段时间，李彦宏到达美国时，距离学校开学的日子已经过去了一个学期。这段时间的缺失，对原本不是计算机专业的李彦宏而言，是一道坎儿，他必须勒紧腰带，勤奋弥补。

尽管通过了托福的考试，但许多计算机专业的课程对李彦宏还是巨大的考验，那些晦涩的新知识就算用中文来学，也没有用点读机学外语那么"so easy"。

李彦宏像个门外汉，或者说他本就属于"半路出家"，他站在计算机系的大门外徘徊了很长一段时间。他曾回忆那段往事："我拼命地学，经常熬夜。一晚上、一晚上不睡觉。原以为美国学生都很笨，进去之后，才发现美国学生都很聪明。"太多原本不属于自己的东西，却那么深深地刻在李彦宏的脑海里，他咬紧牙关，打定主意：要学，并且要学得很好！

若非执着，若非顽固，李彦宏和百度或许都没有今天。在美国的日子里，李彦宏比在刚进入北大时还"寂寞"，一个人学习，一个人生活。他不像以前在北大时那样，如一个翩翩的花蝴蝶飞舞在缤纷的"活动"里，并乐此不疲。他变得更沉稳，更内敛，也更睿智了。

此次来到美国，李彦宏有一点觉得特别欣慰——他可以去感受自己喜欢的专业领域，可以任意学习想学的任何知识，不必再为专业苦恼，不用逼迫自己刻意去"爱"。

别看李彦宏只身一人在异国求学，可他很善于同环境相融。儒雅的他，在自由开化的美利坚，风度依旧。他没有花哨的外表，也没有什么富二代的金贵身份，只是带着中国人的谦和及温润，努力融入美国的生活。

那时候，李彦宏的室友中有中国人，也有外国人。温雅的李彦宏从不与人争执，每每都是等到别人用完厨房之后再准备简单的一餐。他开始留意不同地域人的不同想法，留意他们在生活之中真正的需求。即使那个时候自己的学业繁重，他对生活的态度也并没有懈怠。

人的一生，会遇恶人，也会遇贵人。李彦宏至今仍记得自己曾遇见的美国贵人。

1992 年时，计算机在美国已渐渐显露出其自身的重要性，这也预示着关于计算机的革命已经到来。当时，李彦宏和他的导师 Srihari 想法一致，都觉得信息检索会在计算机的发展大势之下发生翻天巨变。很快，两人便着手在信息检索的道路上发力，朝着这个方向扬鞭策马！

英雄不问出处。别看李彦宏在计算机上是半路出家，可丝毫不比那些科班出身的同学逊色。Srihari 当时是学校计算机实验室的主管，他手中所掌握的这间计算机实验室是全美国首屈一指的。李彦宏很幸运地在这个实验室发展至巅峰时期到达了美国，并进入其中。

Srihari 手下一共有 80 名研究生，李彦宏是其中表现最为出色的，他努力地做着助理研究员的工作，却从没说过自己来自于中国的最高学府。

李彦宏在信息检索技术层面，当时还算初出茅庐，幸好带着信息专业的底子，学起来倒不是很吃力，他跟着导师把信息检索的技术层面研究得很透彻。

李彦宏把自己在北大学过的信息检索与计算机技术融会贯通，很快，一篇关于利用信息检索理论解决光学识别问题的论文应运而生，并发表在美国电子工程学会的会刊上。

这是一个专业的刊物，对刊于其上的论文有极高的要求，很多博士毕业生也难以在上面刊载论文，然而李彦宏却一鸣惊人，这让那些美国专家们不得不对这个白净、儒雅的中国学生刮目相看，心甘情愿地给他送上了一张美利坚共和国的通行证。

那一年，李彦宏拿到了绿卡。

用心的李彦宏每一年都能拿到丰厚的奖学金，当时，他只要坚持在研究上精耕细作，完全可以凭借自己的苦读拿到博士学位，并会过得十分惬意。不过，不安分的他并未就此安顿下来，籍由自己的创新能力，他在短短两年内发表过数篇论文。是时，Google尚未诞生，而李彦宏的论文当之无愧地成了搜索引擎领域的开山之作。

李彦宏的表现的确让当时的不少美国专家大开眼界，年纪轻轻的他十分务实，从未因所获荣誉和盛赞而心浮气躁，他的内心一直有个情结：把信息检索和计算机专业技术引入人类生活。

这个是大理想。最初只在李彦宏的脑海中初具雏形，尚不成熟。今日来看，他带着所有的百度人，不仍然朝着这个方向全力以赴地迈进着吗？

岁月流逝，两年多的学习生涯结束之后，李彦宏通过了博士考试，拿到了继续攻读博士学位的资格。按理说，求学者到了这个程度，与旁人渴望的"理想"生活仅一步之遥。李彦宏满可以在读完博士后彻底安顿下来，过上人人羡慕的田园牧歌一样的生活，可他志不在此。在众人对其观望、赞叹之时，他想到的是离开。

原因很简单。当时，李彦宏的姐姐在美国洛杉矶加州大学攻读化学专业的博士学位，他看到了姐姐在理工学院的勤奋与努力，看到了姐姐为此花费的大量时间和精力。李彦宏想到，若自己也走上这条路，到哪里去挤出更多时间进行学术的精研呢？用他自己的话来说："我的兴趣不在学术，我希望能做一个东西给几十万人用。"

李彦宏一直在思考，自己能否做一些事来改变人类的生活，眼下的现实让他有些犹豫，学校所研究的学术内容相对过于耗时，从一个壮年小伙儿研究到白发苍苍，可能才会得到一个结论。这种长远的学术，自然不适合李彦宏。

他说："学校研究一个问题都提出了十几年，甚至几十年了，每个人还都在研究新的办法，即便这个问题解决了，对实际应用也产生不了多大影响。而在工业界，遇到一个问题，立即解决这个问题，就可以产生比较大的影响，就可以得到很大商业价值。"

务实之风，是李彦宏身上的又一特质，这让他带领的百度更倾向于干实事。

经过几番思量，这一次，李彦宏选择了放弃。

他放弃了本该属于自己的博士学位，而转去追寻更大的价值感和存在感。当时有人觉得，这个中国学生是不是太过狂放？煮熟的鸭子就这么飞了，怎么会甘心？其实很多时候，将目光放得更长更远，才能获得旁人所无法企及的成功。

百度，就是在李彦宏一次又一次的果断放弃以及一次又一次的正确抉择中诞生的。

李彦宏在中华人民共和国成立 60 年大庆时回到祖国的怀抱，带着身为一个中国人的光荣感和使命感，他曾经说过这样的话："大家知道我姓李，但英文中的'Li'容易被念成'莱'。以前我每次出国，美国人都叫我'密斯特·莱'。这次，半个多月过去了，都没有人叫我'莱'先生，都是叫我'李'先生。为什么会有这种变化？因为祖国强大了！这个小小的例子说明，我们中国人越来越受尊敬了。"

抉择，让李彦宏找到了事业最耀眼的"归宿"。如果百度诞生在美国，那将会是怎样的一番景象呢？也许可以生存，可必然不能安安稳稳，也自然无法取得如今这样令人赞叹的成绩。

当然，对于此时的李彦宏来说，他还并不能马上归国创业。时机尚未成熟，他仍要在一次次抉择中徐徐向前。

2

梦醒梦碎

退学，游走华尔街

今时，"华尔街"这个词本身的意义，已经远远超过了作为一条街道的性质，它对李彦宏来说，也一样意义不俗，这是他离开校园之后，心中之梦起航之处。

走在行业的前头，这条康庄大道上仍有他难以忘却的回忆。犹记得在美国大学学习的那堂课上，曾有老师以质疑的口吻问李彦宏："中国有计算机吗？"这位老师的话深深刺痛了李彦宏，美国教授的怀疑使他的自尊心受到了打击。从那时起，李彦宏就下了决心，一定要在计算机这一行业做出一番事业，用自己的技术改变整个世界！

在华尔街短暂而又漫长的 3 年时间里，李彦宏并不觉得满足，直到今天，他依然会坚持地认为当初离开学术界，投身工业界的选择非常正确，"如果那时不走，可能就晚了"。

当时的李彦宏与很多在国外的留学生一样，不仅要为挣学费努力工作，还要为自己的生计忙碌奔波。

他可以和大多数留学生一样，选择去餐馆打工，做服务生、洗盘子，每小时可以赚 6 块钱，全天下来也会有笔不菲的收入，但他没有那样做，他很清楚，想要实现头脑中那个"勇于建设，却不敢确认未来"的宏伟蓝图，是绝不能空耗光阴的。

1993 年的某一天，一个好机会从天而降：李彦宏找到了一家日本公司旗下的子公司，主要涉及互联网开发。

这家公司名叫 Matsushita，给李彦宏开出了每小时 25 美元的优厚待遇，对于留学生来说，这是很少见的。一时间，李彦宏被"高薪录用"实习的消息在中国留学生圈子中传开。最有趣的是，当一位香港的室友向他提及此事时，他竟十分害羞地说："一家叫 Matsushita 的、名字怪怪的小公司。"室友一听，惊讶得跳了起来，然后对李彦宏大吼："这还是小公司啊，它就是大名鼎鼎的松下呀！"后来李彦宏才知道，原来 Matsushita 是日本松下的日文直译，他不由得感叹：难怪这么拗口！

是年 5 月，李彦宏在位于普林斯顿的松下信息技术研究所实习。

李彦宏在工作上的出色表现及对现代科技独具慧眼的理解能力，让他很快受到了松下总裁的重视。

当时李彦宏主要从事 OCR（光学字符识别）技术的开发和研究，其独到的算法使得在原有的科技水平上，创造了更高效的识别效率。因此，他在光学字符领域的科学贡献上，已经超过了很多专家级别的人物。李彦宏的能力出类拔萃，故此受到世界顶尖科技公司的高度重视也就不稀奇了。

实习结束后，李彦宏本打算回学校沉淀一下自己，松下方面却一反常规，破例聘用李彦宏。不久，在松下公司的帮助和鼓励之下，李彦宏在国际权威学术刊物《模式识别与机器智能》上发表了自己的研究成果，以及光学字符识别效率算法的相关论文。

能写出这样与国际最先进科技水平接轨的论文，对李彦宏来说，得到导师的认可也只不过是时间的问题。几年之后，他顺利获得博士学位，并被松下以高额的薪酬聘用，成为顶尖部门的核心人员，似乎这一切都成了顺水推舟的事。

在很多人眼里，李彦宏未来的路是许多人梦寐以求的，可他却挥别了眼前这条光亮平坦的私人通道，他想要的是一些有实际意义的研究。

在松下的那段时间，李彦宏迷上了世界顶端科技公司之间的商战故事。他迷恋这种商战气氛，在四处弥漫着商战硝烟的氛围中，他第一次感受到呼吸竟然是如此顺畅，原来这才是他生命的原动力！

那时候，他经常翻看《华尔街日报》，报纸上全年都在详细地描述着微软、IBN、SUN、网景之间的纠结关系，让读者身临其境，感受商业间的背叛、欺诈、利益权衡。

这一切，都让李彦宏感觉到，原来科技的本身并不是决定时代的迫切因素，商业战略才是致胜千里的唯一法宝。

一瞬间，李彦宏迷上了这种感觉，迷恋得忘乎所以。后来他曾回忆过那段时光，称那个时候，中国留学生中流传着一种病

毒，没有人知道它的名字，但是人人都知道，只要沾染上它，大
多数人都会选择放弃自己的学业。没错，他说的正是美国为了得
到人才而不惜一切代价的形态，他们所付出的高额薪酬，也正是
学生的迫切需求。

1994 年暑假前，华尔街道·琼斯子公司向李彦宏伸出橄榄
枝。当时，很多中国留学生都会在找到工作之后放弃攻读自己的
博士学位。起初，自幼便很自我的李彦宏很讨厌跟风，并不觉得
自己也会跟着这么做，可最终似乎未能免俗。他说："这家公司
老板也是个技术专家，他对我的研究非常赏识。两人大有相见恨
晚的感觉。士为知己者死，于是我决心离开学校，接受这家公司
高级顾问的职位。"

李彦宏并没有把这件事告诉家人，包括最支持自己的姐姐。
那时他的姐姐也在美国，每次见面时，他都像没事人一样，对此
事三缄其口。

在做出这个决定之前，李彦宏与自己的导师谈过关于退学的
事。导师很开明，对他选择投身工业界的想法并没有过多的劝说和
阻拦，只是和他说："成功的商人，哪个不是中途放弃学业的呢?"

当然，做出这样的决定需要很大的勇气，李彦宏深思熟虑
后，才做了最后选择。他的理由很简单：学术上的东西并不是人
人都能懂，而在科学技术方面，一旦做出像样的东西来，就能改
变 5 000 万人的生活，甚至是改变世界。

他离开松下的时候，公司主管曾开出超高的薪酬来挽留他，
但他婉言谢绝了。对李彦宏来说，他和松下的关系比较透明，松
下需要他，但他并不需要松下，松下给不了他所需要的激情，这
种激情是金钱无法替代的。

工业界在创造中所衍生的伟大，让李彦宏感受到了真正的激情，这就是他一直以来都会说的"技术改变生活"的精髓所在了。

李彦宏离开学校后，进入道·琼斯子公司，担任高级顾问一职。这家公司的老板很给力，曾在贝尔实验室做了很多年的研究工作，在学术界有很高的造诣。李彦宏对他很欣赏，也很钦佩。

结束研究生涯，离开松下，这让人觉得李彦宏有些冲动，可他也正是按照时势造英雄的剧本在演绎着自己的人生。当时的美国，正处在全球互联网化的成长期，互联网行业正朝着商业化蓬勃发展。华尔街大大小小的金融机构都不想被人甩在背后，纷纷建立起了商用互联网络系统。

恰在此时，李彦宏所研发的技术得以应用，设计出实时金融系统的他几乎成了整个华尔街的新宠儿，该系统也是金融与互联网最完美的结合。直到今天，华尔街的各大金融公司，仍运用着李彦宏当年所研发的系统。

硅谷是创业人的极乐净土

硝烟弥漫的商战氛围，让李彦宏在潜移默化中练就了商人的慧眼，他可以用商人的视角去衡量整个世界，并重新审视自己的人生观、价值观。

那时，李彦宏的名字已被不少大型 IT 公司标记，猎头公司的猎人们早已蠢蠢欲动。

1996 年 4 月，他参加了一个关于信息检索方面的学术研讨会，但整个会议从头到尾都让他提不起半点兴趣。也恰在当时，他脑中出现了一个又一个忽闪的"灯泡"，"灯泡"中的钨丝忽明忽暗。突然，一道闪电在他脑中经过，所有灯泡一瞬间明亮，然后瞬间爆炸，似乎所有的电流都冲进了他双眼，他的眼睛正在放光！

一瞬间，他的脑海中有一个一闪而过的灵感，这个灵感即是他今天获得成功的关键——超链分析。

超链分析技术，将会开辟一个全新的搜索引擎时代，在关键技术方面是毋庸置疑的，现如今，其已被全世界各大搜索网站广泛应用。

李彦宏知道，发布于公共平台上的论文，在学术界中被引用的越多，说明这篇论文的学术价值就越高。而超链分析，就是通过对链接点击数量的分析，从而得到网站域名的键入次数来获得点击量的统计，超链分析的数值越高，说明网站的受欢迎程度就越高，网站的内容也就越靠前。

他认为，这是一个将科学引文索引体制和 web 上的超级链接的有机结合体，这是一个关于网页质量的排序和基于相关性排序共同存在的问题。在这次会议结束后，李彦宏迅速跑回宿舍，闭关修炼，几乎"与世隔绝"了。

经过一番努力，他把自己的想法变成了现实，他带着搜索引擎的演示版出现在媒体面前，一时间，整个华尔街掀起了巨浪般的轰动，全美各大媒体争相报道。

李彦宏十分兴奋，他并不是在庆幸自己的成功，而是在欢迎一个新时代的到来，他仿佛看到了这项技术在未来所能够创造的无限光彩。

他知道，这时能与自己达到共鸣的人只有老板。他便向老板报告，互联网未来最广泛的应用就是搜索引擎，互联网最需要的也是搜索引擎，所以，现在是做搜索引擎的时候了。

李彦宏觉得，搜索引擎是个无限广阔的市场，它将为网络市场的未来重新定义。可老板似乎并没有意识到这一点，他虽然没直接泼李彦宏的冷水，却从未做出过任何实际行动，一直都是在口头上敷衍着李彦宏。

当时的道·琼斯是一家主营金融的媒体产业，主营项目就是闻名全世界金融领域的《华尔街时报》，故此，《华尔街时报》网络版的设计和系统优化才是李彦宏的主要工作。换言之，他这时说做什么搜索引擎，显然是"不务正业"。

道·琼斯公司的内部，最看重的是编辑和记者，毕竟它并非IT研发公司，技术工程师在这里是要受到一些限制的。

其时，李彦宏在华尔街遭遇了第一个进退维谷的困境，可他并未放弃，而是在寻找下一个机会的同时，坚持着自己的选择，他想不到，这一等就是三年。

1991年，李彦宏刚进入布法罗大学计算机系时，他的导师便建议他，既然在中国是学习信息检索的，那就继续坚持研究信息检索方面最尖端的技术，看看有没有哪些方面可以用在现在所学的专业里。

在学校的两年半期间，李彦宏一直都在与最先进的搜索引擎技术和信息检索技术打交道，他的导师也一直在这方面对其严格要求。尤其在之后几年里，李彦宏在搜索引擎技术上进步神速，其能力甚至超过了很多行业内的专家。

回顾往日，再看今朝，现实让李彦宏有些犹豫，可他没有因老板的冷淡而灰心。他曾尝试过各种形式的推广，在体制内部推广时处处受阻，得不到任何人的支持。直到这时，他才渐渐地意识到，华尔街只是个做商业的地方，做技术应该去硅谷。华尔街容不下计算机天才，硅谷才是他们的梦想之地！

超链分析是新时代的革命性产物，没人理解也是正常的。加上华尔街和硅谷的体制不一样，就更不必在意"门庭冷落"了。

李彦宏用学者的坚持和商人的直觉时刻告诫着自己，只有科学技术才能改变安逸的生活，也正是这种"大智若愚"的想法，驱使着他争取到了超链分析的专利权。

1997 年，李彦宏的机会终于来了。在一次学术会议上，他将自己的才华展示给了所有人，在万人瞩目下，他踏上了人生的另一个舞台。

出席这次会议的成员包括微软和 Infoseek 等公司的互联网专家。李彦宏为了能更好地把超链分析未来的前景展示给到场的专家，把自己的整套演示系统全部带到了会场。

展示一开始，便引起在场专家的惊呼，所有人都一致认为，搜索引擎的未来必将被重新定义。展示结束后，专家们纷纷表示，这是一套很完美的搜索引擎，不仅拥有极强的指导性，还能进行自我保护，以避免垃圾网页的骚扰，这会使浏览网页的流畅程度得到很大改善。毋庸置疑，超链分析绝对是业内首屈一指的技术。

藉由这次难得的展示机会，李彦宏让自己成为了行业焦点，与超链分析一并成了整个领域的新宠儿，一时间，众多顶级互联网公司纷纷向他靠拢。

一番思虑后，李彦宏选择了 Infoseek 公司。虽然，这次并没有"相见恨晚"之意，但他却被 Infoseek 老板的一席话击穿了内心装满苦涩的皮囊。这位老板说，作为一名技术人员，最大的荣耀并不是向全世界展示自己的作品，而是看着全世界的人都依赖自己的作品，都在使用自己创造的技术，用技术来改变生活。

这些话是李彦宏一直以来深信不疑的人生信条。不久，他被邀请到 Infoseek 做演讲，演讲中，他充分表达了自己的想法，并得到了所有人的认同，这是他第一次感受到来自众人眼中的最真挚的"尊重"。

这种尊重是李彦宏在道·琼斯时期从未感受过的，这不仅是对技术人员的尊重，更是对创新技术的尊重。更确切地说，这应该是一种认同。

1997 年的仲夏夜，李彦宏满怀信心地走进硅谷，并决定在这个技术人员的天堂里自由翱翔——在 Infoseek 大干一场！

Infoseek 的"背叛"

1997 年，是互联网产业向世界经济宣告霸主地位的一年，新型科技产业一路高歌猛进，互联网公司股票使纳斯达克指数一路飙升，股价居高不下，成为历史上罕有的现象。

在这样的环境下，只有傻子看不出这个市场已处在繁荣盛世，成百上千的公司已不再用藐视的态度看待互联网产业，转而对这个行业充满了期待。他们看到的并不是工业创造所带来的价值，而是觊觎互联网以几何倍增形式增长的利益模式。

硅谷是一个创造奇迹的地方，每天都有不可胜数的公司起起落落。互联网如同闪电风暴一般，一夜间席卷了整个世界。

李彦宏看清了这股风暴的猛烈势头，他知道在不久的将来，这场源自美国西海岸的闪电风暴将越过太平洋，"袭击"中国，并走进中国保守而又渴望发展的"90矛盾年代"。

他每年都要回国考察，看看这场风暴在即将登陆之时会有怎样的迹象，究竟会以怎样的形式登录中国的经济市场，从而开启中国互联网的新时代。

在李彦宏留美的8年时间里，中国的互联网行业正在与世界接轨，并以准网络用户霸主的身份向世界发起警告：中国将会是世界互联网应用人数最多的国家。

一个又一个网络公司，正在这个古老文明浓重的东方国土上崛起。此时，李彦宏才意识到，国内的互联网行业正产生着不可预知的化学效应。不经意间，这场来自大洋彼岸的闪电风暴已神不知鬼不觉地溜进中国——新浪、搜狐、网易、雅虎，他们的名字渐渐被人熟知，正如逆鳞一般，在互联网的大潮中快速成长，呈现出前途无量的态势。

互联网产业，已在中国经济市场上膨胀了。当时，不少国外留学的青年才俊摩肩接踵地返入国门，一些国外知名企业也开始对中国这块"迷之宝藏"翘首盼望。

最先回国的是张朝阳、王志东这一波人。那时，他们已在中国的互联网行业中大显身手，纷纷对中国互联网资源你争我夺。李彦宏呢？他还坚持在硅谷的Infoseek公司担任首席架构师，并为了寻找那份仅属于自己的刺激不断努力着。

李彦宏满心欢喜地走进坐落于硅谷的Infoseek公司办公室。威廉张坐在椅子上，态度很轻松，并没有把李彦宏当新员工看待。李彦宏刚要用中国式的礼貌介绍自己时，就被威廉张的话语打断，随即，他在李彦宏的疑惑中开始描述起关于自己的一些想法。

两个人就这样，坐在一间办公室内，一连聊了几天。两人交谈，从来没有离开过搜索引擎这个话题，不知厌烦地一聊再聊。谈及关键处，还要叫上几个优秀工程师一块探讨。

这就是威廉张的出色之处，他用这样的方式，让李彦宏在最短的时间内了解了 Infoseek 公司的全部核心技术，并与公司的工程师之间有了潜移默化的工作默契。

威廉张没有给李彦宏太多压力，他把公司所创造的第一代搜索引擎核心技术放在了李彦宏面前，想让李彦宏完成下一步工作，在短时间内开发出更为优秀的 Infoseek 第二代搜索引擎。

两人最相似的地方，就是不管做什么事情都有目标。威廉张看重的是李彦宏所创造的超链分析技术，他知道这是自己公司最需要的。而对李彦宏来说，他可以在 Infoseek 更详细地了解到工业界的搜索引擎到底是如何被应用的。

李彦宏心里清楚，自己在搜索引擎方面，只是有一些独到的想法和兴趣。虽然创作了国际水平的论文，但要深入剖析搜索引擎技术，仅靠自己当下所学尚且不足，唯有依托平台才可。

时光飞逝，转眼之间，李彦宏已在 Infoseek 第二代搜索引擎的研究上奋斗了一年。1998 年 4 月，他果然不负众望，带领着自己的团队将 Infoseek 第二代搜索引擎呈现在所有网络用户面前。

对于互联网搜索引擎领域而言，这是一个伟大创举，李彦宏将超链分析技术完美地植入了搜索引擎之中，使 Infoseek 第二代搜索引擎成为第一个能拥有超链分析功能的主流搜索引擎。

一时间，Infoseek 成了业界至宝，李彦宏的能力更是令人交口称赞。他曾多次代表 Infoseek 公司出席会议，每次都会收获最诚挚的掌声，外界对其毫无保留地传达着钦佩羡慕之情。

从进入 Infoseek 公司第一天起，李彦宏便下了决心，只要自已在此工作一天，就要竭尽全力把 Infoseek 公司的搜索引擎做到世界最尖端水平，在技术上成为世界第一。

Infoseek 作为一家上市公司，却一直都没有为搜索引擎找到一个更赚钱的商业发展模式。不久之后，李彦宏找到了搜索引擎实现商业化的突破口。作为将超链分析技术运用到商业化搜索引擎的创始人，他还专门注册了一个 Expert Search Equation，这就是人们经常看到的 ESE。

李彦宏本以为，自己的成功足以搞定 Infoseek 公司的难题，却不想危机在此出现。

在华尔街经济压力的冲击下，硅谷也遭受巨大影响。Infoseek 公司开始越来越不重视搜索引擎技术，觉得这并不赚钱，虽然用的人很多，但能获得的实在利益很少。在他们看来，只要每一季度在华尔街少损失一点，就算是赚到了。

可李彦宏并不想轻易放弃，在 Infoseek 公司会议上，他反复强调 Infoseek 搜索引擎已经在全球范围内索引了 6 000 多万个网页，他直面公司 CEO："网络会以几何级数增长，每天都会增加让人难以想象的信息数量，所以需要索引更多的信息内容。"

然而 Infoseek 高层的回复则是，"目前为止 Infoseek 搜索引擎已经收录了全世界最重要的网页内容，但是从 Infoseek 搜索引擎目前的状况来看，每多收录一个网页，就会增加一个成本，这样一来将很难获得更多的回报。如果不赚钱的话，为什么还要继续做下去呢？"

这样的反问是基于现实的，李彦宏似乎也无言以对。威廉张曾多次找到李彦宏单独聊天，让他想不到的是，此时的威廉张居然也有了与其背道而驰的想法。

威廉张说："全世界重要的信息都包含在我们这 6 400 万个网页里，所以我们并不需要再去收纳那些不重要的信息，那些信息就像是噪音一样，除了让人烦躁，没有别的用处。"

威廉张的话让李彦宏很失望，无奈之下，他选择休息一段时间，一个人好好想想这些事情。在这段时间里，李彦宏开始明白威廉张为什么会有思想转变。其实原因很简单，从最深层的角度去考虑，索引的过程会增加更多成本，最重要的是，在此资金消耗过程结束之后，并不会让公司的利益有更大提升，这是问题之关键所在。

今日，李彦宏每每回忆此事，都会理直气壮地告诉所有人，在中文的网页范围内，百度的收入已经超过了 100 亿元，可想而知百度网页内容之潜力。若当时威廉张能继续做下去，Infoseek 公司的地位或许是行业内其他公司无法企及的。

在 1998 年之后，Infoseek 公司很长一段时间都未曾更新过搜索引擎的网页。与此同时，行业内的竞争公司仍在坚持，比如 DEC 为了能展示 Alpha 芯片所创造的超强动力，加大了对 AltaVista 搜索引擎的维护力度，常年持续地收录新网页。一年之后，AltaVista 成为全球最好的搜索引擎之一。

Infoseek 的"背叛"，让李彦宏一度陷入迷茫，顿觉自己的时间和精力形同虚耗。可从另一个方面看，这何尝不是好事？若是没有这次"背叛"，也就没有李彦宏接下来的决断了。

破碎美国梦

人要学会坚持，这种坚持并非原地不动，而是在没有激情时另起炉灶。

李彦宏在进入 Infoseek 公司的初期，一直保持着高涨的工作热情，他曾立下誓言，将 Infoseek 公司的搜索引擎打造成为全世界搜索引擎领域的霸主。

起初，他每天如同机器人一般，不分昼夜地工作。先是没有了假期，随后没有了昼夜，最后没有了时间。终于在 1998 年 4 月，他带着 ESP 技术再次回到现实生活之中。

在此后 3 年中，世界上的各大搜索引擎公司都以李彦宏的研究成果为核心理论进行研究开发，他毫无疑问地成了超链分析技术融入搜索引擎的创始人。

那时，很多早期的互联网络公司正在从搜索引擎向门户网站过渡，不少与网络相关的产物都很新鲜。微软最先推出了 Hotmail，受到了年轻人的追捧。因此，邮箱成了这一时期最有效的转型方式之一，也让互联网应用变得越发多元化。

有了 Hotmail 的先例，各大网站开始纷纷效仿。为用户提供免费的邮箱，成了各大门户网站吸引用户的主流服务项目。在微软之后，雅虎也开始涉足电子邮件产业，李彦宏对此也早已跃跃欲试。

虽然是踩在别人的脚印上做市场，Infoseek 依然紧随其后。李彦宏觉得，Infoseek 现在开始做也来得及，不但不晚，反而有很多机会。

不久，Lycos 公司极具创造力地推出了 lycosmail. com 免费邮箱。随后，Excite 也推出了自己的邮箱。由于 excitemail. com 被行业竞争者有限注册，所以 Excite 所推出的免费邮箱是以 mailexcite. com 做域名的。

在硅谷的争战中，局势每一分每一秒都在发生变化，被你远远甩在身后的不知名企业，可能在下一秒钟扭转局势，踩在你的头上，从而成功上位。故此，每家公司都不敢放松懈怠，死咬着彼此之间的步伐。

雅虎和 Infoseek 正蓄势待发。此时的李彦宏紧锣密鼓地筹备着，可 Infoseek 的缓慢出手，让他倍感焦虑。在讨论邮箱所用域名的时候，李彦宏想到的是 Infoseek.com，但这却遭到大多数人的强烈反对。

李彦宏觉得，Infoseek 在免费邮箱的市场争夺中已经处于劣势，用自己的优势来缩短这样的差距才是制胜之策。Infoseek.com 这个名字足够响亮，相比较其他公司的域名更容易被记住。

那个年代，所有沉浸在网络世界的人，几乎都用过 Infoseek 的搜索引擎，自然也就对其大名更为熟知。此时推出以公司名称为域名的邮箱，这样的"名人效应"必会掀起浪潮。

然而，那些来自传统行业的决策者并不这么认为，他们始终觉得，以 Infoseek.com 命名域名，会让很多人认为这些免费邮箱的使用者是 Infoseek 找来的雇员，若他们用虚假的身份冒充 Infoseek 的员工做一些不良之事，或是通过 Infoseek.com 的邮件地址肆意发送一些不道德的文件，势必会让外界揣测这些都是来自 Infoseek 的恶意行为，这可能会遭到直接起诉。他们甚至荒唐地认为，如果以 Infoseek.com 命名可行的话，为什么 Excite 和 Lycos 没有如此来命名域名？这样的驳论，完全是跟风者的心态，让李彦宏觉得可笑至极。

李彦宏还在做最后的努力，他以美国在线做例子反驳决策层的意见，他说："美国在线的客户邮箱就是以 aol.com 结尾 laugh 命名的，一直以来都受到用户的追捧，从没出过任何问题。"可部分决策者则认为，"美国在线是 ISP，是全美服务器供应商，没有人会怀疑一家网络源头公司，所以不会让人误解。"

李彦宏不甘示弱，"不管用什么样的域名，其实都只是一个习惯的过程。当人们习惯了 Infoseek 提供的免费邮箱之后，自然就没有了误解和异议。"

最终的结局未能让李彦宏欣喜，因为不管他怎样据理力争，决策者都永远在声称，不管是有关利益还是弊端处考虑，都要保护 Infoseek 的企业形象，他们不愿意为此承担任何法律责任和一些不必要的纠纷。如此，决策者们达成一致，毫无冒险且态度坚决地选择了 Infoseekmail. com 这个域名。

几天之后，雅虎推出了自己网站的免费邮箱，域名正是以 yahoo-inc. com 结尾的！雅虎没有那么多无端顾虑，直接用雅虎员工的身份开启了电子邮件功能，自此开始起用 yahoo-inc. com 的电子邮件。

遗憾的是，雅虎的案例并没有让 Infoseek 的决策者们警醒，他们依然坚持着 Infoseekmail. com 的决定。紧接着，Excite 和 Lycos 公司更改了邮箱域名，选择了与自己公司品牌名称相同的地址。

不随波逐流者，自有绝技在身。若说 Infoseek 有绝技，非"李彦宏"莫属，可决策者们不晓得手中有此绝技。

当时间日益证明了李彦宏决定的明智性，Infoseek 的经营便每况愈下了。就像人们所看到的那样，在试用阶段，并没有多少人使用 Infoseek 的邮箱，Infoseekmail. com 也慢慢被搁浅，从此再也没有出现过。

未能成功推出该域名的主要原因是，1998 年 4 月，美国迪斯尼公司开出超高额度的支票，强势参股 Infoseek 公司。

7 000 万美元，让决策者们出卖了 Infoseek 的灵魂。得到这笔巨额资金，Infoseek 上下雀跃不已，额手相庆，可不久之后，迪斯尼把从未上市且永远处于亏损状态的 Starwave 公司变相地卖给了 Infoseek 公司，承诺在不远的将来，将会把美国所有的资源网站都整合在 Infoseek 公司的名下，使之成为全世界最大的互联网品牌，这就是后来闻名一时的 GO. COM。迪斯尼为 Infoseek 公司画的大饼实在巨大、诱人。

1998 年 6 月 18 日，美国迪士尼公司正式收购 Infoseek 公司，后者无法阻止一直持续的亏损状态，只得选择妥协。同年 9 月，迪士尼弃用 Infoseek 这个名字，将其改名为 GO. COM。

其实，早在迪斯尼收购 Infoseek 之初，公司内部就已经在与迪士尼合作的问题上出现了分歧。但绝大多数人都是"见钱眼开"的，他们显得异常兴奋，对迪士尼的所作所为大加赞赏。也许，硅谷的动荡让 Infoseek 没有了安全感，其需要一个如迪斯尼一样财大气粗的靠山。

有了迪士尼的帮助，雅虎在 Infoseek 决策人的眼里更是显得一文不值，全世界 90% 以上的人都知道迪士尼，雅虎怎能与之相比？迪士尼是成熟的企业品牌，能更好地经营品牌建设，雅虎只是个初入江湖的愣头青。

这样一来，用雅虎的例子说服 Infoseek 决策人的李彦宏，就变得更没有发言权了。然而，他们都没有想到，当年的愣头青后来却曾计划收购品牌大师 Google，虽然最终并未成功，可其却成为"全球收购最多"公司之首，实在让人大跌眼镜。换言之，眼下的不可能，未来也许都将成为可能，一如李彦宏极力说服 Infoseek 公司研发搜索引擎一般。

　　李彦宏似乎对迪斯尼进驻 Infoseek 公司一事没有太多想法，他的直觉告诉他，迪士尼虽然是豪华奢侈的饕餮盛宴，对 Infoseek 更是不可多得的免费大餐，但从现实的角度看，迪士尼也是块难啃的骨头。就像背着一大箱钞票参加赛跑，金钱颇丰，却负重累累。Infoseek 很难再像一个纯粹的互联网公司那样迅捷、灵敏地奔跑了。

　　当时，李彦宏曾和朋友说过，迪士尼收购 Infoseek，相当于给后者买了个"保险"——永远不会倒闭。现在看来，他玩笑般的预言真的应验了。GO.COM 的股票将会全部换成迪斯尼的股票，这样一来，就真的变成了不死之身，可也无法再让人找到其在工业中独有的激情了。

　　对此，李彦宏选择了沉默。这次事件，击碎了他心中的梦，他需要重新定位自己的美国生活，以寻出最佳出路。

　　而对于 Infoseek 的最终决定，李彦宏认为决策者并非为了 Infoseek 的发展，他们只是想成为这场毫无意义的职权尊严争夺战的胜利者而已。在他看来，那些华而不实的决策者们没上过几天网，对于网络的理解程度远远不够。

3

洗尽铅华，百度诞生

失落，回国圆梦

1998 年 9 月，Infoseek 对外宣布，自己已经找到靠山，背后的土豪正是一代企业品牌大师迪士尼。这一时期，李彦宏沉默不语。

GO. COM 这个名字随即放出，紧接着迪士尼公布了 CEO 钦点的 GO. COM 标志。黄底绿芯的标识，看起来有点像交通指示灯，没什么特色。可就是这个其貌不扬的标识，却给迪士尼带来了不小的麻烦。

财大气粗的迪士尼强势入主互联网产业，让其在短时间内成为业界焦点。当时，有一家和 GO. COM 名字十分相近的公司，在迪士尼发布新标识后，那家公司觉得有机可乘，一直纠缠着迪士尼索要赔偿。

Goto. com，就是当时向迪士尼提出索赔诉讼的公司，当时它还名不见经传。迪士尼在业内是"无人在上，万人在下"的超高端公司，根本就没把小虫一般的 Goto 放在眼里，高处不胜寒的迪士尼甚至觉得，在解决办法之中，唯一不能做的是收购，因为 Goto. com 这样的公司没有半点价值可言。可让迪士尼万万没想到的是，短短一年之间，Goto. com 的股票市值竟然超过了 GO. COM！

Goto. com 的确十分难缠，搞得 Infoseek 一直官司缠身，随后标识被强制改动，并赔款求和。一转眼，GO. COM 已被停滞了 10个月。

10 个月，对互联网时代来说意味着什么？

1999 年 1 月，迪士尼宣布 GO. COM 正式对外开放。经过漫长的 10 个月整合期，Infoseek 推出了全新的免费电子邮件系统，并且使用了以 GO. COM 结尾的新域名。而当初那位宁死不改，执意敲板 Infoseekmail. com 的人，却在 GO. COM 发布后成了网站负责人。

错误的选择，必定会带来错误的结果。不久，GO. COM 内部存在的问题逐一暴露出来。

Infoseek 作为一家纯粹的互联网公司，在运作上与传统企业迪斯尼存在着太多分歧，两者互不兼容。而作为大哥的迪士尼又怎么会妥协？即使他不可能永远都对。

Infoseek 和迪士尼之间的问题，就像放大了的李彦宏与 Infoseek 之间的矛盾。此后的一年时间里，存在于 Infoseek 内部的多方分歧，让其创始人下定决心，将公司直接卖给迪士尼，他本人再也忍受不了这种同床异梦般的生活。

1999 年 8 月，Infoseek 名下的全部股票都转成了 GO. COM 的股票，一个时代的先锋者就此倒下，曾经让李彦宏满腹激情的 In-foseek，彻底消失在华尔街人声鼎沸的街头。

在 Infoseek 逐渐销声匿迹的那段时间里，人们还是会通过键入 www.Infoseek.com 这个网址来访问 GO.COM，但 Infoseek 品牌却以这样的方式被无情地扼杀了。

这一时期，李彦宏有些茫然若失，曾经在他内心中那片充满激情的净土，如今也已尽是兵戎，不再安宁。

多年之后，www.go.com 也关闭了。在迪士尼接手后的若干年内，Infoseek 仍处于巨额亏损的状态，无论如何经营，都不见好转，迪士尼无法忍受这种侮辱性的失败，最终做出了无情的决定。现在，连 Infoseek 的影子也不复存在了。

与 Infoseek 的羁绊，让李彦宏难以忘怀，后来每次提起，都不禁为这段往事唏嘘长叹。对他而言，GO.COM 的关闭就如同人的生老病死，是预料之中的事情。可得知 GO.COM 关闭的消息后，心中难免流露出无限伤感，脑中的回忆就如时光穿梭机一般，将他带回那个让他魂牵梦绕的科技帝国——硅谷。

一个个鲜活的事例证明，硅谷并不是富人的天堂。在这里没有人愿意为金钱低头，任何一位业内先驱者都不会选择在传统大公司工作。

迪士尼没有意识到这个问题的严重性，并且忽视了李彦宏这颗希望之星。迪士尼一直认为，每一个人都应该为成为迪士尼的一员而骄傲。但现实毕竟是现实，迪士尼只能用高额的薪酬来挽留这些仅存的剩余战斗力，只求他们能在这里多逗留几个月。

那一时期，李彦宏开始晓得"在高处流失，在低处获得"的道理。迪士尼在最开始的时候就低估了潜藏在互联网产业内的巨大难题，其想用牺牲 Infoseek 品牌的办法获得 GO.COM 的崛起，可最后，传统行业在失败的验证过程中证明了，想在互联网领域重新建立全新的大众品牌形象，并不是一件容易的事。

正如李彦宏所说，肩负着迪士尼这个重担，就算是拥有更多强劲的翅膀，也无法再次冲上云霄了。

在迪士尼收购 Infoseek 这件事上，让李彦宏多少宽心的，可能只是他赚到了不少钱。在他刚加入 Infoseek 时，就得到了一笔数目不小的股票期权，那时 Infoseek 的股票只有 5 美元，但到了 1998 年底，居然涨到了 100 多美元。

李彦宏的账面上获得了不菲的利益回报，一夜之间，他成了 90 年代的美国百万富翁，但这个时候，他选择了离开。他说："我并不想再去任何一家公司，自己的命运自己来掌控就好了。在别人的掌控下，不管你有多厉害也是没用的。"

对他来说，在 Infoseek 任职是一件非常体面的事，或许在未来还有机会成为迪士尼的高层，但他并不想要这种生活，他渐渐从 Infoseek 将自己抽离出来。自主创业的愿望，开始在李彦宏的内心膨胀，但他并没有盲目作出决定，而是一直在等待时机。

1999 年 10 月，在 Infoseek 和迪士尼一片混乱之际，李彦宏作为专家被邀请回国观礼，参加中华人民共和国建国 50 周年庆典。

此次回归，李彦宏的态度与以往截然不同，他的目光变得更加敏锐。在国内，越来越多的人把互联网络看作是生活的一部分，每个人的名片上都会出现 E-mail 地址，互联网和人们的生活交集越来越密切，他似乎看到了属于自己的机会。

李彦宏意识到，最能释放自己内心潜在激情的地方就在祖国。此时，他已经无法按捺自己回国创业的冲动，于是他放弃了

Infoseek 全部的股票期权，决定回国。

在回国的飞机上，李彦宏的脑中闪现过曾经在 Infoseek 的一幕幕画面。在悲喜交加的情绪中，夹杂着一丝不情愿的失落。

他是因为兴趣选择了计算机，在这个领域中他又被其工业魅力所吸引，从一个学者变成了一个技术人员，可在商业的威力下，他强烈而又独特的想法备受阻力，如果这样随意地剥夺他施展抱负的权利，就如同要了他的命一般。

Infoseek 错误的商业决策让李彦宏心灰意冷。在他心里，搜索引擎技术拥有无限宽广的发展前景，是 Infoseek 取胜的法宝，但决策者们放弃了这个可以起死回生的机会，将曾经注入了无数技术者心血的 Infoseek 拱手让给了迪士尼。这是令李彦宏最难接受的。

李彦宏说，"想要改变这样的局面，就应该让我在某些方面说了算才行。若是这样，我倒不如选择自己创业。"

90 年代时，全美国有成千上万个互联网公司。如果选择在美国创业，将会错失太多机会。更何况他是移民，在很多方面都要碰壁、受阻，得不到平等的政策待遇。想要获得大 VC 的认可，更是难上加难，而回国创业则少了诸多壁垒。

李彦宏是个梦想家，梦想着有一天能用自己开发的技术改变亿万人的生活、改变整个世界。初入硅谷的时候，他怀着对科学技术单纯的喜爱，在拼命、奋斗。经历了现实的烤磨之后，他终于明白，"要是想从本质上改变人们的生活、影响世界，仅凭单一的技术力量是远远不够的"。

8 年的美国之行，让李彦宏感受到了最真实的 IT 产业。他不但在搜索引擎技术上获得了巨大成就，还用互联网技术改变了美国的社会模式。

李彦宏始终坚信，IT 技术会改变整个中国的发展现状，并且会促使社会在前行的过程中不断进步。是时，李彦宏化作一团闪电，从大洋彼岸把自己的搜索引擎技术带回了祖国，他希望自己在带回更多商业机会的同时，实现自己的梦想和价值。

融资创业

在某种程度上说，Infoseek 的决策人反而帮助了李彦宏。错误的战略选择和对他的无情拒绝，让他自主创业的念头更强烈，这也是另一种"因祸得福"吧。

回国前，李彦宏抓紧一切时间开始筹备。前期的准备工作并没有他想象的那么简单，单靠他一个人的力量实在是孤掌难鸣。

在此紧要关头，他的太太马东敏为他举荐了一个优秀人才。这个人是马东敏在美国时的同学，也是后来百度创始人之一——徐勇。李彦宏和徐勇见面后双方才得知，原来两人是北大校友，徐勇是北大生物学专业的博士后。

初见徐勇，李彦宏和马东敏并没有提及创业的事。当时徐勇正忙着拍摄一部名为《走进硅谷》的纪录片。在该片拍摄时期，李彦宏为徐勇提供了很多自己在硅谷的亲身经历，便于他借鉴。

时间久了，李彦宏用这种巧妙的"方式"将自己推荐给徐勇。慢慢地，徐勇对李彦宏的事情了解得越来越多，两人也很快成为志同道合的朋友。

由于拍摄的关系，徐勇认识了很多投资商，当他们得知李彦宏想要创业，便给他介绍了不少这方面的新朋友，徐勇本人也很看好李彦宏的想法。

一个慵懒的周末午后，李彦宏邀请徐勇来家里，两人像过普通的周末一样，共同商议了一个惊天大计。当时，李彦宏没跟徐勇兜售出自己的全部想法，只是先拿出了一份保密协议。

徐勇显然有些吃惊，他知道李彦宏一向办事保守、谨慎，可也不至于如此兴师动众啊，保密协议都出来了，看来事情非同小可。徐勇带着疑惑，愣坐在沙发上，缓过神来后他反问自己，到底相不相信李彦宏？这个问题在他的脑子里还没转上一圈就有了答案：相信，绝对相信！

从两人的经验来看，签署保密协议并非是什么奇怪的事。在美国闯荡多年，徐勇早就适应了那种追求细节的商业行事风格。

两人顺利签完了保密协议后，李彦宏神神秘秘地对徐勇说："我们回国做搜索引擎吧。"

徐勇是个生物专业博士后，表面来看跟搜索引擎八竿子打不着，但他也是个紧跟时代步伐的人，对于世界经济的动向都了如指掌。多年前，他就看好互联网产业，尤其对搜索引擎的未来前景充满信心。此时李彦宏点燃了他心底那根深埋的导火索，可谓"正中下怀"，因此两人一拍即合。

李彦宏追求工业中的刺激，徐勇则对产业前景充满了向往，其实这都是硅谷人独有的冒险特质，这让两人的创业热情如火星撞地球一般强烈。

徐勇在商业嗅觉方面要比李彦宏更加敏锐，而且他性格外向，总能给人一种似曾相识的亲切感，在极富有感染力的交谈中，能让人对他产生毋庸置疑的信赖感。他和李彦宏一样，内心深处都藏着无数的不安因子，李彦宏想要做一些能影响社会、改变普通人现有生活的事，徐勇也一样喜欢去做不同寻常的事，挑战不同的人生。

相比之下，李彦宏更加内敛，更加沉稳，更善于思考。也许，他内心最深处对于科技产业的那份执着，才让他在创建百度上有着不输给徐勇的热情。

性格上的互补，让两人在创业过程中形成高度的默契，在公事中滴水不漏，这种创业搭配，是日后百度成功的必要条件之一。

今时，搜索引擎已深入到普通人生活中，多数人都能熟练地操作搜索引擎，且运用自如，但在当时，这只是一个未来时代的新鲜产物。

搜索引擎的概念其实很笼统，它所指的其实就是根据设定好的策略，用特定的程序通过对互联网上信息的采集，继而根据用户的需求进行有组织的筛选后，呈现出的检索服务系统。

在互联网发展的早期阶段，雅虎当仁不让地成为了网站分类查询功能的佼佼者，在搜索领域一枝独秀。所谓网站分类目录，即是由人工整理维护后，通过对互联网上被索引的网站进行精挑细选，在简要的描述之后，再次进行分类，并依托于用户的需求放在不同目录下。

当用户进行查询时，系统通过一层层点击情况来查询用户想要找的网站。故此，人们将这种基于目录的检索技术称为搜索引擎。但从严格意义上来讲，它并没有搜索，而是在分类查找，算不上真正意义上的搜索引擎。

互联网中的信息量浩如烟海，在没有任何秩序的情况下，形成一个个独立的个体，就像是图书馆的每一本书一样。而网页就是承载这些书本的书架，那么搜索引擎呢？它正扮演着图书管理员的角色，在你需要的时候，它会为你绘制出一幅详细而又清晰的地图，供你随时查阅所需要的任何存在于网络中的信息。这样看来，李彦宏和徐勇要做的，宛若是个无限大的图书馆，馆内有海量图书和随叫随到的"图书管理员"。

自互联网时代开启，海外归来的娇子们在中国筑起了通往IT巅峰的大门。国内的网站正如雨后春笋般纷纷林立，千姿百态，各具特色。

李彦宏和徐勇所谋划的商业模式，是通过打造全世界最好的搜索引擎给门户网站，以获得盈利的经营模式。

确定了方向，两人要解决眼下最要紧的事：钱。

徐勇拍摄纪录片时认识了很多投资商，因此正在四处找钱的两人马上有了目标。那段时间，李彦宏每天开车东奔西走，穿梭于旧金山的大街小巷，游说着每一个可能帮助他们的风险投资商。

华尔街的金钱气味十分浓重，而硅谷则是创业氛围最广域之处。在这里，最不缺的就是才华横溢的设计师和毫不差钱的风险投资商。只要你敢想、敢做、可以拿出好项目，就有人愿意给你投资。

李彦宏是纯正的"技术男"，在硅谷小有名气，他打算做互联网络公司，且是在市场无限的中国做，这对一些风险投资商具有极大的吸引力，其中有3家风投公司表示了明确的投资意向。李彦宏和徐勇仔细考虑后，选择了半岛基金和诚实投资公司。

这两家公司虽然决定投资，可在正式签字之前，还是要有所"考察"的。他们在询问李彦宏之后得知，搜索引擎需要半年时间才能做出，于是他们称，若是多给钱，是否能做得更快？李彦宏当即表示，这并非钱的问题，他必须要保证做出的东西的质量。

　　李彦宏不是见钱眼开的人，这让投资人心里有底了，凭借他们的经验，投资便是投人，看准了人，这项投资才更有价值。

　　在签字当天，一位投资人还曾借故跑到房间外，打电话给 Infoseek 的威廉张，在电话中问："罗宾李真像传说中那样厉害吗？"威廉张回答，"罗宾在引擎技术上的造诣可以排进世界前三。"

　　一句话，算是彻底让投资人放心了。两家投资公司最终决定，向李彦宏和徐勇投资 120 万美元，这让两人大吃一惊，因为他们最初觉得，若是能融到 100 万美元就相当不错了，想来，多出的 20 万美元，便是投资人对他们的信任。

　　拿到了风险投资的李彦宏格外高兴，而更让他兴奋的是，太太怀孕了。对他来说，这样双喜临门的事情是他这辈子都从未感受过的。

　　1999 年圣诞节的前一天，李彦宏搭上了返往祖国的飞机，眼下，中国这块他熟悉却又陌生的故土，能否真的如他所期待的那样，充满无限的商机？

"七剑"聚中关

　　带着创业梦回国，到底是一种怎样的心境？或许李彦宏会有点惆怅，毕竟"老东家"不听劝，而自己也未能依托它的平台实现梦想。不过，能借此机会独闯天下，反倒是失有所得了。

　　回到国内，落脚北京，李彦宏马上要扬起自己的创业风帆。而在远航之前，他得先找个大本营。

　　北京资源燕园宾馆，系北京大学下属的涉外三星级旅游宾馆，坐落于北京大学西南角。这里不仅临近中科院、北京大学、清华大学、人民大学等数所重点大学，更是中国硅谷——中关村的核心地带。

这里是李彦宏最喜欢的地方，闹中取静，四周绿树成荫，宛如喧嚣都市中的桃花源。这里经常会有来自各大学府的高材生，是称得上"人才济济"的圣地。

李彦宏毕业于北大，有一点北大情节，他钟情于这里也情有可原。更重要的是，日后可以从这个人力资源丰富的宝藏中吸取新鲜血液。

他觉得，丰富的人力资源对于以技术研发为核心创业的公司来说，是最强大的后备力量。因此，与其说这里叫资源宾馆，不如干脆叫做"资源馆"，就地取材，行"拿来主义"。

李彦宏在资源宾馆租下了1414、1417两个套间做办公室。租下之后需要装修，花费的时间较长，加之装修后气味较大，不能马上进入办公室，他便利用这段时间先把团队人员名单确定了下来。

在筹备公司上，李彦宏所花的时间并不多，关键在于搭建技术研发团队选择人员比较耗时费力，必须找那些真正可以一起做事，同甘共苦的同路人才行。李彦宏有很多人选，但要以"0"为起点，在短期内便产生化学效应，就并不是一件容易的事情。

思前想后，他最先找到了刘建国。

刘建国在IT业内也算是小有名气的人物，曾作为核心人物参与过由国家自然科学基金委员会和国家计划委员会资助的大型研发项目，可谓见多识广，在拥有丰厚内在实力的同时，还具备对金融市场的敏锐嗅觉和纵观未来发展前景的广阔视野。

李彦宏选择刘建国的另一原因是，刘建国的成名之作就是依靠搜索引擎技术得来的。他组织开发的天网中文搜索引擎在当年轰动一时，其作为中国当时最好的搜索引擎而备受关注。

刘建国更像在松下信息技术研究所兼职以前的李彦宏。那时，他是个典型的学院派，1988年从西安交大毕业后，直接进入了北大计算机学院攻读硕士学位，毕业之后一直留校任教，是纯粹的理论研究者，但随后，在美国伊利诺伊州立大学访问时，他的人生态度开始发生巨变。

1998年，刘建国结识了李彦宏，两人一见如故。当时李彦宏在清华大学做了关于搜索引擎的讲座，作为天网的核心设计者，刘建国被李彦宏邀请参加讲座。原本，两人应就此结下共同谋事之缘，可由于各种原因，两人失之交臂，竟未能见面。

当时，从技术上来说，天网已达到很高的水平，李彦宏一直都在关注它，这毕竟是国内IT业的显著成果，对技术一向痴迷的李彦宏怎会放过这个机会？因此，刘建国也是他最想见的人之一。

其实，李彦宏还在美国时，就想邀请刘建国一同商议创业之事。他给刘建国发了一封电子邮件，内容很简单，主要是介绍自己和对搜索引擎以及国内IT业未来前景的一些看法，他诚心地邀请刘建国加入自己的团队，共同做这个项目。

几个小时后，刘建国回复了邮件，并未明确表达己见。可有此开端，在之后的一段时间里，两人一直用电子邮件交流。在技术见解、搜索引擎在未来的重要性、对整个互联网的看法上，两人意见相仿。而就具体的技术能力而言，两人更是伯仲之间。

白驹过隙，转眼间，两个从未谋面的搜索引擎大师，就这样达成了初步共识，但谨慎的刘建国还是有些顾虑。

英雄之间固然心心相惜，可毕竟是两个活生生的人，是有迥异思想的。是时，刘建国还在学校当教授，且刚晋职不久，举棋不定也是在所难免的。

北大的教授是有"序别"的，分为一到六个等级，教授是一二三级，副教授是四五六级，刘建国当时是四级副教授，不是"正"的，却也是副教授里级别最高的，而就他的学识和能力来说，转正无需多少时日。房、车、社会地位都有，这多少禁锢了他的心，不知不觉就容易耽于安逸。

就在刘建国左右为难之际，一位远在美国的朋友给他发来了当年李彦宏轰动硅谷的论文。随后，刘建国重新整理了李彦宏的背景和详细资料，他发现，李彦宏有着超强的搜索引擎技术，在美国技术专家的排位中位置靠前，而且还是个充满激情、创新无限的热血分子，不论是技术还是人品，在业内都首屈一指。

正所谓英雄两相惜，刘建国对李彦宏的态度开始发生转变，从质疑变为欣赏、钦佩。他觉得，李彦宏是个值得信任的合作伙伴，更是个靠谱的朋友，完全能在一起共事。

刘建国也有自己的一条尚且模糊的创业路，李彦宏的出现，则让他的路更为清晰。那个年代，在国内找这样的合作伙伴如同大海捞针，更重要的是，这样的针到底存不存在都是个问题。此时，李彦宏横空出世，刘建国的心活了。他在迷惑中得到了"解脱"，于是决定离开北大，投奔李彦宏。

这样看来，促使刘建国加入的并不仅是李彦宏的个人品质和过人能力，更多的是他自己前卫的思想。

从 1995 年开始，刘建国就投身到了搜索引擎的研发中，从美国西海岸刮来的 IT 闪电风暴，撼动了世界的互联网模式。在互联网商业化模式不断成型的时候，刘建国意识到，利用搜索引擎技术推进互联网商业化，才是创造利益的最佳方法。

更何况自身工作所带来的局限性，在很多方面制约了他在搜索引擎技术上前进的脚步，甚至令其动弹不得。北大虽然为他提供了便利的条件和优良的团队，可李彦宏的一个想法让他如梦初醒：只有投身实际工业中，才能让自己创造的技术实现其真正的价值。

经过一番思想斗争之后，他向北大递交了辞职报告。

大家都震惊了，他的同事不明白他这么做的缘由，父母也不理解他为何轻易舍弃大好前途。人人都知道北大绝非谁想去就能去的，别人都削尖脑袋往里扎的时候，他却一声不吭地挥手道别，着实让人费解。

在巨大的压力和质疑声中，刘建国加盟李彦宏的团队，成了公司的第一名员工。

不久之后，刘建国向李彦宏推荐了原天网的核心成员周利民、雷鸣，两人加入公司后主要负责架构设计。

此时，重要组成部分人员已经齐备，但李彦宏还是觉得"光有骨头没有肉"不行，公司还需要一些纯粹的技术人员，也就是高科技劳动力。几个人都是做技术的，想法都很直，于是就把当初选择"资源馆"的理由拿了出来，决定就地取材，他们随即把目光投向了附近的高校。

当年，互联网是大热门，能进入互联网公司的机会实在难得，很多公司随随便便就可招来一大群人，有在校学生，也有社会人士。李彦宏的公司也不例外，没过几天，公司的团队初步组建完毕：除了李彦宏、刘建国、雷鸣，还包括正在中国科学院读研究生的崔珊珊、在北京交大奋斗的郭眈。

公司的两个房间分配得很合理，李彦宏和徐勇在 1417 房间，这个房间主要作为办公室和会议室，供客户洽谈业务。1414房间则主要用作工程师的办公地点，一共有10个座位，还算宽敞。

屋内设备齐全，李彦宏希望一切办公条件都尽量美国化。在墙边有休息桌，桌上放满了食物，很多人都说这就是百度免费早餐的最早雏形。墙壁上还有一个简易的小白板，主要用于发布重要信息和工作流程。

时光荏苒，转眼到了2000年年底。随着王啸的强势加入，这才实现了"七剑客"真正意义上的大集合。第一次全体员工会议正式召开，7人分别是：李彦宏、徐勇、刘建国、郭眈、雷鸣、王啸、崔珊珊。

公司的办公室不大，7人只能盘腿坐在办公桌上开会。这次会议看起来没有多么正式，但李彦宏将话题转到关于搜索引擎的研发上时，屋子里的气氛瞬间升温。会议上大家各抒己见，每个人对搜索引擎都有不同的想法和意见，7种思维就这样来回碰撞着。

会议结束后，也就到了下班时间。当日天气微凉，众人的心却是暖和的。几个人缓缓走出了资源宾馆的大门，奔往各自的方向。他们都在期待着明天继续。他们很难想象到，网络新时代的未来正因他们的齐聚而改变，在不知不觉中，他们已踏上了中国互联网事业的新征程。

此时他们尚且不知，一个叫"百度"的搜索引擎会改写中国互联网的历史，会震惊整个世界。

小试牛刀

百度的公司结构很简单，只有一个研发部门，主要由刘建国负责，而李彦宏和徐勇更多的时间则是投放在市场运营和业务扩展的事务上。

单一的公司结构，是百度日后成功的另一大关键因素。公司的目标也很明确，全心全意做搜索引擎，公司上下也只有这一个计划项目。这样一来，整个公司都能心往一处想，劲往一处使，在短时间内将产品推向市场，免去了风投公司的诸多顾虑。如此，更多的赞助资金更容易进入公司，使研发速度更快。

百度日后成为中国最大的搜索引擎公司，可当时它却并不是国内最早做搜索引擎的网络公司。百度成立时，国内已有很多知名网络公司在做搜索引擎，而且做的都不错，比如天网、悠游、OpenFind 等。李彦宏当时觉得，眼下做搜索引擎似乎有点晚。就像当年在硅谷做电子邮箱时，他也觉得只赶上了末班车，但也不是不能做，一步一个脚印的行走，有时可能好过大步向前。李彦宏的稳健之风，在初创百度时已为公司的日后蓬勃发展定下了基调。

李彦宏之所以认为搜索引擎能继续做下去，主要原因就在于，当时几家知名网络公司都是"机器人"搜索引擎，并不智能。

互联网发展初期，信息量没有现在这么大，而且超链也不像现在这么复杂，所以这类搜索引擎完全可以应付互联网用户的需求。

然而，互联网狂奔一般的发展速度，让这种搜索引擎模式逐渐暴露出其速度缓慢、信息量匮乏等诸多弊端，这就为百度创造了机会。

分类不明确，会导致回馈信息冗余，在冗余的情况下就会出现太多无用信息，这样一来，用户还要花时间自行分类查找，搜索引擎方便快捷的应用意义也就此失去了。李彦宏追求完美，这些问题在他眼里都是亟待解决的。很多人都觉得李彦宏有"强迫症"，创建百度也是因为他接受不了传统搜索引擎不够便捷的缺点。这或许算是李彦宏剑指互联网的原因之一。

七剑客在工作上都很卖力，他们的付出也很快见了成效。不久，百度推出了自己的第一款产品——搜索引擎软件。当时，百度的技术人员只有设计理念和双手，所有程序都是在键盘上一个键一个键敲出来的。

苦是苦了点，可百度轻松欢愉的工作氛围让员工们乐此不疲。

在公司，除了李彦宏和徐勇具备社会商业经验，其他人都刚刚走出学校的大门，刘建国更是被多年来学院派气息束缚成了一个单纯的技工。故而他们不会拉帮结派，没有勾心斗角，心中只为了一个共同的目标奋进。

崔珊珊和郭眈还在上学，还没有和学校完全划清关系。白天在实验室上课，晚上就会到公司工作，白天已经累了一天，但仍会精神饱满地投入到百度的工作状态中。

自 2000 年的 2 月起，北大资源宾馆 1414 房间的灯就从来没有熄灭过，所有人都绷紧了神经，透支着全部才华，编写代码、测试程序，人人分工明确，不会出现任何冲突。

同年 5 月，"打了鸡血"一样的百度员工，用夜以继日的疯狂工作状态，向世界推出了百度自己的第一个中文搜索引擎，其中索引了 500 多万个网页，这使得当时全中国的百度用户在极短的时间内就达到了 1 000 万以上。

按照最初的设想，百度的主要目标是成为各个门户网站的搜索引擎技术供应商，即在他们的网站中加入百度的搜索引擎，来实现站内搜索的功能，让百度搜索引擎成为一种捆绑式的站内应用。随后，门户网站就要向百度支付一部分技术费用。

当时，给各大门户网站提供搜索引擎技术的是一家来自台湾的公司。这家供应商很有名气，而百度还只是个毫无作为，只有两间办公室，员工不超过 10 人的小公司，各大门户网站凭什么要舍大取小？而若让他们舍大取小，那么必有缘由。

李彦宏和徐勇想，想让百度的搜索引擎入各大门户网站的法眼，首先就得打造一批有公信力度的样板客户，而其 1 000 多万的百度用户群，就是很好的开端。

两人经过不懈努力，一个月后，为百度迎来了第一家大客户——硅谷动力。这个大客户不是主动找上门的，而是李彦宏的主动推销成果。他当时考虑的很简单：首先，硅谷动力有良好的基础，不会把自己的品牌做坏；其次，百度的风投赞助商和硅谷动力有一定关系，这无疑是一个免费的保险，而且业务问题更容易靠沟通来解决。

在李彦宏把百度搜索引擎带到硅谷动力的第一天，整个团队便紧张地守在服务器前。时间一分一秒地过去，大家都屏息凝神。当第一个用户出现时，整个办公室沸腾了，李彦宏也再一次感受到了曾经在硅谷所期待的那种激情。

万事开头难，有了硅谷动力这第一个客户打响头炮，百度中文搜索引擎的地位也逐渐稳固了。打铁趁热，李彦宏又跑去 Chinaren 寻找商机。

Chinaren 是当时国内优秀的社区网站，虽然后来被搜狐收购，但企业形象和业内口碑一直十分良好。找到这个客户，双方很快就联手研发了中国第一个提问式搜索引擎——"孙悟空搜索引擎"。

2000 年 6 月，李彦宏为让百度的名声更广，在北京香格里拉大酒店举办了一场新闻发布会。这场发布会主要是为了推行客户体验，针对生活中经常出现的一些问题，让到场的记者亲身体会百度搜索引擎带来的便利，让获取资源和信息成为一种乐趣。

可惜天公不作美，没想到发布会刚开场就遇到了停电事故，网络被中断，演示不能正常进行，全公司上下一时间不知所措，有力难为，就连李彦宏在台上说话时都破了音。

出了这样的插曲，只能提前进入记者提问时间，但这样尴尬的场面，让记者都不知道应该问点什么。主持人一再提示，就是不见记者做出任何反应。原因是，他们对搜索引擎未曾有过最真实的体会，没有更深入的认识，甚至会有人觉得李彦宏和百度的所有人在做一些莫名其妙的事，这又让他们如何发问呢？这就是百度当时的处境，第一场发布会就遭遇了冷眼和嘲笑。

不过，李彦宏和全体百度人不气不馁，没过几天，他们便调整好了最佳状态，而新闻发布会的失败，也只被他们当成了一次"剧情曲折"的暖场表演罢了。随后，李彦宏和徐勇调整了工作方向，将工作重心转移到了产品和客户拓展上。

伟大的事从来都不会有完美的开端，可一定有精彩的过程和完美的结局。同年8月，百度迎来了春天，中国三大门户网站之一的搜狐成了百度的客户。自从有了搜狐这个"巨幅广告"，百度在客户拓展方面更加畅通无阻，接连迎来了新浪、网易、263、Tom.com等大客户，它们都是国内最尖端的门户网站。

客户们的好评，是李彦宏带领百度前进的最大动力，他对百度的未来充满信心，全体百度人也为努力得到的收获欣喜不已。可是，随后的一次翻天之变，却差点断送了百度的大好前程。

4

突围，寒冬中崛起

股市崩溃，坚持希望

迷茫中的探索是一种坚持，永远不要停止前行的脚步，无论处境如何艰难，要相信，一切都只是暂时的。

2000 年，中国互联网产业发展神速，网民数量暴增，每天都在刷新互联网业的各项历史纪录。国内各大网络公司纷纷崛起，市价翻倍增长。

中华网在纳斯达克上市仅 6 个月的时间，就募得了 3 亿美元。这不仅加快了国内各大互联网公司向纳斯达克迈进的速度，也让世界各地的风投公司看到了中国互联网公司，意识到了中国概念股巨大的利益空间。

在电影《大腕》中有这样一段经典台词："做网站是在做什么啊？网站就得砸钱，舍不得孩子套不着狼！网站靠什么？点击率啊！点击率上去了，下家就跟着来了。你砸了多少钱进去，后面加个零直接就卖给下家。"这描述的就是中国当年互联网行业最真实的形态。

这是一个惊人的时期，一个让人难以忘怀的时期。大把大把的钞票轻而易举地就被装进口袋里，所有人都瞄准了 IT 行业，希望能在短期内从中牟获暴利，因为，那时候的互联网行业，就是个让人一夜暴富的行业。

然而，此时很多人都没有意识到，危机正一步步靠近，IT 业的寒冬即将到来。

2000 年 3 月，春回大地，全世界都显得生机勃勃，到处是繁荣兴旺的景象，可就在这时，美国传来噩耗，股市开始崩溃了。

此前一路飙升的纳斯达克股市，毫无预兆地疯狂下跌，到了年底，已跌破 2 000 点。其中，李彦宏曾经效力过的道·琼斯工业，其股票指数竟然在一个交易日内大跌 627.78，创造了历史新低。由此，IPO 陷入停滞状态，股市专家纷纷表示，这是一个永不翻盘的股市。

刚上市不久的中国各大网络公司也都在劫难逃，无一幸免。其中，网易损失巨大，纳斯达克股价最低的时候跌到了 0.4 美元。

投资者们曾疯狂追逐的宠儿，现在却变成了烫手山芋。在此期间，原定于在华尔街同期上市的 11 家网络公司，此时只剩两家，而正筹备上市的互联网公司，也不得不将上市计划无限期延后。

一时间，互联网产业的"末日"来了。

来自美国西海岸的互联网业初登中国时，曾给中国 IT 产业带来了雨后甘露一般的清爽。而此刻，另一股来自美国的经济风暴，正用其灾难本性摧残着中国网络市场，硬是将刚刚崛起的中国互联网产业拖落马下，一拳打倒。

中国互联网的美好未来，仿佛在一夜间都化作泡沫。国内网络公司无一幸免，不少刚刚起步的小网站以及与网络相关的科技公司相继倒闭、破产，一些经营不到一周的新公司也都随即失去了继续走下去的信心，中国互联网市场进入了前所未有的冰河时代。

就在中关村乱作一团之时，"百度"却异常平静：市场运作正常，员工专心开发新产品。其实，李彦宏也没有锦囊妙计，只能走一步看一步。他心里很清楚，百度现在只是处于崩溃前夕，一切都是暂时的，麻烦早晚会找上门来。只是，纵然前途堪忧，他也没打算放弃。在那个网络达人们无比纠结的岁月里，他和徐勇每天在办公室里密谋"大事"。

彼时，百度不断成长，市场越做越大，成本也随之不断增加。创业之初那120万美元的风投资金几乎消耗殆尽。李彦宏知道，有备无患胜过坐以待毙，虽说风投们在这个非常时期个个神经紧绷，可就百度现状来看，若不想死，二次融资是唯一的解决办法。

所谓无米难为炊，李彦宏创业的秘诀之一就是：在资金还没用完的时候再去找新的资金。多年之后，当百度成功跻身纳斯达克，他说："永远不要在你的钱花完的时候去融资，因为这个时候，你急需用钱救命，很难与投资者站在平等的位置上。"

当时，行业环境非常不好，没有任何一家与金钱相关的单位愿意进来搅这滩浑水。经济萧条导致的现金断流问题，成了各大互联网公司的通病。很多网站，不是久久不更新，就是完全无法登录，中国互联网如一潭死水，就算还有活着的网站，也都是

"半死"状态。

在这样的情况下，投资人都谨慎起来，最安全的办法就是远离互联网行业。他们都觉得，此时的互联网行业已是"无底洞"，投钱越多，损失就越多。

互联网行业瞬间从天堂坠入地狱，那个曾经被人们争先恐后想要进入的潜力行业，眼下只能是大家无奈之余的一声叹息。

李彦宏和徐勇有些迷茫，当下的局势，想要在二次融资上获得成功，难度不亚于让互联网行业起死回生。在此生死存亡之秋，李彦宏反思，如果转换思路会怎样呢？他和徐勇一番商量后，在融资方面有了新方向——把融资的重点从金额转移到资金质量上。

此时，李彦宏认为，百度处于非常时期，不能病急乱投医，在投资商上也要仔细选择。钱投进来之后，必然会出现股份，这样会影响到公司未来的发展。如果彼此间出现不限人的问题，金钱的动力就会变成阻力，而且在上市后，投资商是否能有足够的资金来继续支持也是问题。

其实，他们的问题是显而易见的，在当时的情况下说服风投商，也许只有李彦宏能做到。精明的风投商们需要百度证明自己的实力，如此他们才愿意从口袋里往外拿钱。这就像卖掉水缸里的金鱼，整缸金鱼都已死掉翻浮在水面上，只有一条还在缓慢地游着，现在要让人买走这条金鱼，谁敢买？

李彦宏的辛苦常人难以承受，有时他甚至想过放弃，直接把公司卖掉，幸运的是，他选择了坚持。

诚实合伙投资公司的名字与其行事作风一般无二，他们对李彦宏和百度的信任成了百度未来发展的最强动力。不久，诚实风投为百度带来了第二轮的融资带头人——德丰杰全球创业投资基金（DFJ）。

出于对中国网络市场现状的考量，德丰杰对百度进行了慎重调查。当时的负责人是刚从新加坡国家科技局转来德丰杰的符绩勋。在进行调查的那段时间里，他每天都要在资源宾馆及附近出入，时不时地还要拍照做记录，如特工一般。

符绩勋对百度留下了深刻的印象，其中最深刻的即是，百度办公室的灯总是亮着的，大家每天都在拼命工作，通宵达旦，这让他没有任何理由不认为，这是一家有潜力、有希望的公司，日后必将成为行业内的明星。

他回到德丰杰后，把情况反馈回总部，风投商们经过磋商，敲定了对百度的投资意向。这一消息是振奋人心的，只是李彦宏仍对风云突变的互联网市场随时可能出现的变数忧心忡忡，生怕投资者会反悔。直到资金到账，他纠结着的心才终于放松了。

好事成双。在德杰丰决定投资百度后，投资商 IDG 也决定加入。这是一种连锁效应，就如最初为百度搜索引擎选择客户时，李彦宏就表示过，要选择正确的客户，因为他能变相地拓展市场。

在"互联网行业"这只猛虎使人谈而色变的时候，两大世界顶尖风投公司都选择了百度，这也被业内人士称之为"始作俑者的投资之一"，因为在那时候，没有任何一个人会觉得百度可攀至无人触及的高度。

两家风投公司在经过几个月的详细商议之后，于 2000 年 9 月共为百度注入 1 000 万美元的赞助资金。

冲动不一定是魔鬼，也可以是天使。当年主持签约仪式的 IDGVC 杨飞回忆，他对李彦宏的"一见钟情"，完全依托于李彦宏的人格魅力。

其实，在决定投资百度的前一夜，杨飞整晚没睡，他清楚对百度的投资需格外谨慎。不过，他看到了李彦宏对搜索引擎的执着，他相信百度的技术实力，所以最终在互联网的寒冬期毫不犹豫地选择了百度。

事实证明，杨飞的冲动没有让他损失半毛钱，反而在百度上市后得到了数以百倍的投资回报。2005 年，百度成功上市纳斯达克后，为 IDG 基金创造了数额高达 1 亿美元的回报，这笔曾经被业内视为最"风险"的投资，却成了风险投资界的一段佳话。

2000 年 9 月的一个下午，李彦宏召集了公司全体员工，他想把公司融资成功的好消息告诉给大家，但却激动得说不出话来。他平复了一下情绪，才安静地宣布了融资成功的消息。此时，李彦宏再度激动起来，兴奋地对员工说："大家可以算算，每个人值多少钱。"

话音未落，在场员工已欢呼雀跃了，公司拥有 1 000 万美元，当时只有 27 名员工，这些员工自然是身价大增的。随后，公司全部员工工资上调5%！

在互联网行业大萧条的时代，让所有 IT 人都不敢去想象的事情，此时却如此奢侈地正在百度公司的内部激情上演。是时，百度算是中国互联网行业未来的希望之一，当其能继续前行的时候，整个行业都为之高兴。因为这可以证明，互联网有救了。

彷徨，探寻发展方向

二次融资，是百度发展史上最重要的转折点，此次融资的成败，直接决定百度能否挺过这场惊天浩劫。

最终的结果是喜人的，百度很幸运。

在时间上，这次融资是百度在剩余资金尚能应付互联网市场萧条期的时候开始进行的，若再晚几个月，至 2000 年末中国互联网市场形成全面大萧条时，相信真的没人有勇气再把钱放在中关村。

在诚信上，李彦宏拿到第一笔风投资金时，他谨慎的按需分配、公司高效的运作方式、良好的市场前景，都等于是给投资商吃下了一颗定心丸，由此，诚实合伙投资公司才有勇气为百度介绍新的合作者。

一言以蔽之，百度的存活不只是运气使然，更在于有李彦宏这个靠谱的领导者。

顺利拿到赞助资金，李彦宏终于可以把精力重新投入到百度的发展层面上。对于长远发展和新的商业模式，他着实花了不少心思，就连二次融资的资金分配问题，他都慎重再三。

李彦宏的想法一如既往，若把时间和精力都浪费在如何解决员工工资的问题上，百度在用完这 1 000 万美元时，也就到了公司关门大吉的时候了。他最先想到的，是如何在全新的商业模式中减少巨额开销，在导入期也为百度推出"竞价排名"，以此奠定资金基础。

其时，坚挺的中国互联网行业坚强地挺进了 2001 年，虽渡过了 2000 年那段动荡不安期，但网络萧条后的阵痛仍在国内延续。

曾经门庭若市的互联网公司，此时却门可罗雀。有点底子的都在忍饥挨饿强挺着，撑不住的干脆破产走人。相比之下，百度倒是提前渡过了难关，显得生机盎然，可好日子没过多久。

2001 年的夏天特别炎热，酷暑令人心神不宁。彼时，国内各大门户网站都已将百度的搜索引擎植入到网站中。也就是说，在别人都在行业内苦苦挣扎之际，百度已开始垄断国内搜索引擎市场了。这并不是矛盾，而是差距，是百度的优势创造的差距。

百度的市场份额正在疯狂增长，搜索量也随之不断刷新记录。讽刺的是，在外界都艳羡百度干的如火如荼之时，却没人知道，此时的百度非但赚不到钱，甚至还是负盈利。

造成这种局面的根本原因，即是各方之间的利益矛盾。

当时，新浪、搜狐、网易都在使用百度的搜索引擎技术，可他们并未将其看得那么重要，他们觉得，搜索引擎有一定的存在价值，其所创造的流量价值也很明显，但远远没有广告带来的直接利益丰厚。加载一个搜索框并不麻烦，而除了流量提升外，门户网站本身在获利方面并未得到显著的提升。因此，他们不甘心支付百度高额的搜索引擎技术费用，于是，压低成本、拖欠账单的状况便屡屡发生，简直成了常态。

此时的百度有些骑虎难下，门户流量和搜索请求量形成了鲜明对比。用户通过搜索引擎技术获得门户网站后，对门户网站进行访问，访问量越大，搜索引擎的使用率就越高，这样一来，浏览门户网站的用户的搜索请求量也会越来越高，按此循环，随后反馈到百度服务器的信息量就会增大，会对百度服务器和带宽造成巨大负担，而百度为了提供更优质的服务，就需要不断升级带宽和服务器，砸进去的钱也就不计其数了。

不消说，门户网站和百度之间产生了人人可见的利益冲突。门户网站想用最少的钱得到最优质的服务，但他们却不明白，搜索引擎技术就如"一个萝卜一个坑"，还是那句话，要想做 IT，就得多烧钱。

　　百度作为一家被投资的公司，一定是要以利益为最优先考虑的，如果一直"干烧"，几个 1000 万美元都不够。思量及此，李彦宏心里清清楚楚，这样去发展百度，最终死路一条。

　　那么，要怎么解开这个疙瘩呢？

　　那个时候，李彦宏和徐勇只要一有空闲时间，就会跑去很远的地方寻求安静，探讨公司未来的发展方向。

　　李彦宏渐渐地意识到，百度最初市场的定位是吸引门户网站，以搜索引擎提供商的身份获取利益，但现实情况却截然不同，给人打工的商业模式明显不是盈利的最佳办法，百度目前最应该做的，就是重新拟定未来的发展方向，找到真正的盈利模式。

　　在没有任何方向之时，李彦宏最先想到的是做软件。这样一来，搜索引擎技术就能以软件的形式卖给网站，客户不仅保留原有的门户网站，还可增加一些形式各样的特色网站。

　　理想很丰满，现实太"妖孽"。此时 IT 业仍处在萧条期，"灾后"的重建工作并未完成，诸多公司都在想办法存活。更何况，当时的搜索技术只不过是个锦上添花的功能，未有雪中送炭的疗效。

　　最后，经过公司内部商议，李彦宏决定尝试另一种新的商业模式：开发并出售互联网内容分发系统软件，简称 CDN。此举缘由，即是当时国内平均硬件设备建设十分落后，普通用户上网速度十分缓慢，而 CDN 软件正是用来缓解这一问题的。CDN 可以帮助用户在其请求连接的活动范围内找到最近的服务器，这样就能提高访问速度，达到加速的目的。

　　这个软件不是百度首创，最早是由美国麻省理工大学的几个学生开发的，随后他们成立了 Akamai 公司，大获成功。股东建议李彦宏将这个技术复制到百度，相信必能扭转局面。

在消耗了大量人力、物力之后，这一软件终被开发出来，遗憾的是，由于中美两国市场差异过大，软件刚推出不久便被流放了。李彦宏再次陷入事业困境，往日高大潇洒的他，失去了曾经充满阳光的笑容，整日愁眉不展，身体也跟着抗议起来。徐勇一直劝慰李彦宏应休息一段时间，好好调整一下状态，可他哪有心思安稳？

在此关键时刻，一个"小天使"救了他——女儿出生了，这下他想不休息都不行。

李彦宏是个典型的顾家暖男，到了美国之后，整天看着女儿傻笑，忘却了往日忧愁，彻底进入了放假的状态。一转眼，他已在美国待了半个月之久。那时他最喜欢做两件事，一是整天抱着女儿，二是陪着妻子爬山。

然而好景不长，烦心事又找上李彦宏。这天，他抱着女儿在屋里散步，突然觉得很不舒服，刚要坐定时，胸口一阵钻心的剧痛。

在妻子的陪伴下，李彦宏去看了医生。可是"庸医"觉得，李彦宏的身体并无大碍，吃点消炎药便可缓解。但事实上，他的身体里出了大问题，胸部肌肉组织里出现了感染，长了个鸡蛋大小的肿块。这是在一天夜里，他再次剧痛难忍，去别家医院再次检查后方知。

医生要求李彦宏立即做手术。术后，李彦宏很快出院，医生却连药都没开，只是交代马东敏要按时为李彦宏清理伤口。家里没有进行麻醉的条件，而没有医生的处方也很难拿到止痛药，在休养那段时间，李彦宏每天都要在家里演一次"关二哥刮骨去毒"的重头戏。

经过一段疗养，李彦宏的病总算有些好转，也到了回国的时候。李彦宏很早就想回来，主要是怕自己让妻子太过操劳。另一方面，百度未来的发展问题迟迟不解决的话，无异于看着百度等死。

那段时间，李彦宏很彷徨。眼看着网游平地崛起、短信平台日渐昌盛，一个接着一个的新鲜网络事物如天降奇兵一般登上舞台，在短时间内，中国的互联网市场已将搜索引擎技术抛在了阴暗的角落。

李彦宏的很多朋友都劝他，不如也试着经营网络游戏，毕竟这是此时最赚钱的。更何况，就百度的现实来说，有了资金才能走出困境。

李彦宏坚如磐石，毫不动摇，他觉得搜索引擎还有很多待开发的巨大潜力，必须深挖细作，找到适合百度的最佳商业模式才行。

很快，李彦宏做出决定，把百度做成一家独立的搜索引擎公司，直接面对终端客户。这一明智之举，今天回过头来看，不失为百度历史上最具里程碑意义的决策。

在逆境中前行

李彦宏从美国归来后，身体还未痊愈，不得不再次入院。

躺在病床上的他，脑子里都是关于百度的一幕幕，他双眼紧盯着天花板，身体上的疼痛就像互联网萧条期过后的阵痛一样，继续刺激着他的敏感神经。只是，他一刻也不停地思考着百度的未来。

百度一直都以"在你成功背后"作为公司的经营口号，这也是百度的生存模式。然而，该模式对客户的依赖性、对利益的局限性都过大，已经成为百度持续发展道路上的羁绊。李彦宏知道，若想让百度走出僵局，必须找出更适合百度发展的有效模式。他将这个过程中的自己，称为"从纯粹技术工程师向企业领导转换的过程"。

李彦宏自身所具备的领袖条件，并不亚于专业的管理人才，这是他与其他专业技术者和管理者最不同之处。

提起李彦宏想将百度打造成一家独立搜索引擎公司的构想，这并非突发奇想，而是与其经历密不可分。

早在1996年时，李彦宏就已发现了搜索引擎中存在的诸多严重"作弊"问题，这一现象主要表现在：网站的后台管理者可根据自己的意愿，让自己的网站或网页出现在浏览器的最前排，让所有人最先看到。

不过，当时的搜索引擎技术并不发达，主要依赖于词频统计原理设计而成，所以，这个问题很容易被人利用。比如搜索 APPLE 这个词汇，虽然搜索者并不是 APPLE（苹果公司）的工作人员，但他们之间存在利益关系，那么就在网页上将该词反复写入，或是将网页标题中加入更多的"APPLE"，这样一来，APPLE 就很容易出现在搜索结果页面的最前端，这无疑是对搜索引擎搜索结果真实性的最大挑战。

接触的越多，李彦宏越发意识到，若将这个"作弊"现象合理利用，或许会带来意想不到的另一番效果。

当时，他正在给《华尔街日报》的金融系统做设计，在工作中很依赖搜索引擎，时间长了，他发现了这些问题，但他那会儿还不具备将"作弊"现象转化成财富的能力。

几个月后，他率先创建的超链分析技术发布，正是这个技术，解决了存在于搜索引擎中的作弊问题，使网页质量的排序与基于相关性的排序能完美结合在一起，这项技术也因此在美国获得专利，他还将超链分析技术植入到 Infoseek 的 GO.COM 的搜索引擎中。

这项专利技术的发明和运用，改写了世界搜索引擎历史，将这一技术带入了新的高度，为此领域开启了另一扇财富之门。

光阴似箭，李彦宏很快又开发了另一项极具互联网市场价值的创新技术——GO.COM 图像搜索引擎。到了 1999 年年底的时候，全世界大多数搜索引擎都已更新为超链分析技术。

此时，问题出现了。搜索引擎在技术上既然拥有这么高的地位，为何大多数搜索引擎公司仍止步不前，前途一片迷茫？关键问题并不在技术，而是商业模式。不管你拥有的技术多么强大，多么先进，如果不能实现或是产生相应的回报，企业一样无法继续生存。

李彦宏亲眼目送了 Infoseek、LookSmart、Inktomi 等老牌互联网公司的相继离去，它们各个都从如日中天到惨淡经营，这是个值得深思的问题。

这些老牌劲旅，难道真的不善于做搜索引擎？别忘了，李彦宏便出自 Infoseek 公司。

在这个世界上，总有人会第一个吃螃蟹。Goto.com 推出了一项新技术，其发明的付费排名搜索引擎，让搜索引擎技术在互联网行业中有所复苏。曾经和 Infoseek 官司不断的 Goto.com，此时转做搜索引擎公司，并为搜索引擎技术创造了极高的商业价值。

Goto.com 的商业模式为：用关键词竞价，根据网站的出价金额来决定出现在搜索结果上的位置；当搜索结果被点击时，则产生竞价的对应费用。

这种模式很好理解，出的钱越多，被搜索对象就越会出现在显眼的地方。这样一来，用少量的投入就可换回大量潜在客户，如果同行业内的两家公司同时对一个关键词竞价，将会创造更多的经济收益，还能有效地提升企业知名度，并促进消费额度的增长，实在是牛掰的办法。

打个比方，用户在搜索栏中输入水果时，搜索引擎就会自动检索与水果有关的网站，并根据竞价标准为这些网站排名。排位靠前的网站，便增加了客户浏览量，从而获得更多利益回报。因此，被检索的网站获利，提供检索的搜索引擎也能获利，一举数得。

传统媒体行业存在的固定成本，制作成本和后期广告投放成本都很高。Goto.com 的出现，游刃有余地解决了这样的问题，在降低了推广成本的同时，扩大了宣传效果，也最大限度减少了中小企业的经济负担。

不管什么行业，其中的大型企业毕竟是少数，中小企业数量大。对于它们的推广投入，似乎很难获得更高的利润，但由于薄利多销，并且在互联网中为中小企业提供服务所消耗的成本微乎其微，故此这一利基市场反倒能贡献更有吸引力的报酬，而此种商业模式，也成了最赚钱的模式。

只是，这种以中小企业为主要客户源的模式，让李彦宏想到了一个纯粹的美国人的理论。美国《连线》杂志主编克里斯·安德森是个对数字敏感的人，他能从数字中研究出万事趋势。一天，他和朋友 eCast 首席执行官范阿迪聊天，范阿迪说，自己在数字音乐点唱的统计数字中发现了一些秘密：大部分听众都对98% 的冷门音乐有着很高的需求，这说明冷门音乐其实也有巨大的市场需求，于是他把自己的理论称为"98 法则"。

克里斯·安德森对"98 法则"颇感兴趣，借由这个貌似不合乎情理的理论，他开始着手研究各大互联网零售商的销售数据和传统零售商的销售数据，他经常用亚马逊和沃尔玛做比较，最后发现了一个极其符合统计学原理的规律——大数定律。

这个定律若是用图像表示，则是我们熟知的"抛物线"形态，主要以两端低中间高的山峰式概率分布模式呈现。安德森在后续的研究中发现，过去的那些因概率低或需求低的尾部，却成了互联网产业的另一商机。

这个发现，就是后来享誉世界的长尾理论——在成本和效率同时作为制约因素时，人们只会去关注一些重要的人或事物，如果用正态分布曲线来描绘这个现象，那么被关注的人和事物就会出现在曲线的顶部，而尾部就是那些被忽略的部分。但在网络中，客观因素所带来的制约小了，关注成本就会大大降低。这样一来，尾部就可能被关注到，相比较现实生活，尾部的效益率是与头部相同的，甚至会超过头部。

在传统的营销理论中，80% 的利润是由 20% 的客户提供的，这就是著名的"二八定律"。这个理论主要描述的是，在企业的客户服务中，将主要资源都放在 20% VIP 客户上，来获得更高的利益。长尾理论的出现，则彻底颠覆了"二八定律"，并被 IT 朝圣地硅谷奉为圭臬。

1998 年 2 月，Goto. com 的收入远远超过了同行业的其他公司，作为第一家付费排名搜索引擎供应商，它的成功令人目眩。次年，Goto. com 成功登陆纳斯达克，首股价曾一度飙升至 30 多美元。2001 年，Goto. com 将公司名字改为 Overture。

成功的例子，给了李彦宏重大启示，他将这些案例和经济理论整合起来，找出了一条更适宜百度的经营模式。他觉得，付费排名模式让一度被忽视的搜索引擎技术起死回生，扭转了他在互联网中的败局。此后，搜索引擎不再需要单纯地依赖于门户网站，而可凭借自营的商业模式获取利益，完美生存。因此，对百度的长久发展来说，Goto. com 的付费排名模式宛若当头棒喝。

李彦宏把自己的想法告知了徐勇，徐勇觉得很靠谱，两人经过对资料的分析和缜密思考，决定在结合中国市场实际需求的同时，将百度商业模式转变为竞价排名模式。

多年后的今天，李彦宏又对"竞价排名"这个名词提出了新看法。他觉得，这个词其实并不准确，竞价的确左右排名，但结果并不完全由竞价而定，排名的合理性才是排名规则的核心。

百度上线，推竞价排名

李彦宏经过了一番历史与现实的考量之后，决定了将"竞价排名"定为百度主要的商业模式，并将这个提议带到了百度 2001 年年度董事会会议上。

这次大会，李彦宏未能亲身参加，受制于之前的手术，他的身体不适合奔波操劳，只能在百度深圳分公司总经理办公室通过网络参加这次年度股东大会。

相比较出国前，李彦宏整个人的状态更好了一些，虽然身体上仍有病痛纠缠。但这次，他显得信心十足，因为百度的未来有着落了，资金有了，发展方向也有了，现在就等着股东们同意了。本以为，股东们会一票通过他的提议，让他始料不及的是，关于百度脱离门户网站，转做独立搜索引擎网站，并开展竞价排名的计划，却遭到了股东们的一致反对。

仔细想想，股东们的反对也是情有可原的。竞价排名是新兴网络模式，股东们对此并不是特别了解，想要在短期的内看清市场走向，确实有些强人所难。更何况，中美两国网络市场结构和环境都存在着巨大差异，虽然 Goto.com 的竞价排名模式大获成功，但未来可能出现的问题和困难，却是无法预知的。

李彦宏自己心里也清楚，在全球互联网行业仍处在困难期的情况下，百度最需要做的是稳扎稳打，做好眼下工作，尽量少犯错误，没有必要去承担更多的风险。然而，现实处境不允许他做太多考虑，百度必须殊死一搏。

事实上，李彦宏的做法的确有些冒险。百度的全部收入，主要来自为门户网站提供搜索引擎技术，来赚取微薄的服务支持费用。如果转型做独立的搜索引擎网站，将会和门户网站形成对立关系，在没有客户的时候反而丢掉了原有的大客户，这令其连眼前的微薄收入都无法维持。

而竞价排名很难在短时间内获得利润，产品适应市场的周期和用户接受竞价排名的过程，其时间是无法估算的。从投资的角度看，股东们的担心也是正常的，如果失败，百度必死无疑。

在会议上，每个人都在强调自己的观点，气氛十分紧张，最初的意见交流也变成了愈演愈烈的争吵。

面对各方的反对意见，李彦宏像变了个人似的，毁掉了平日大家眼中那个处事冷静、理智，连大声讲话都不会的文明人形象，他用尽一切办法来说服投资方，在争论过程中越来越激动。

转眼间，会议已进行了几个小时，手中的电话都已热的发烫了。李彦宏打定主意，现在正是紧要关头，一定要坚定自己的观点。在他充满激情的言辞辩论之后，反对方仍未松口，即便他的计划和观点清晰明朗，也都于事无补。

李彦宏发火了，他对着电话怒吼道："不让百度做独立搜索引擎网站，那就别干了！"然后将手机狠狠地摔在桌子上，散落的碎片飞的到处都是。这是他第一次让别人见识到自己的火气，而且是大动肝火。

李彦宏一贯的自信，在这个时候被一次一次挑衅，他从不用情绪解决问题，但只要是他认准的事情，也没人能改变。

磨来磨去，投资人被李彦宏说服了。在又一次会议上，股东们全票通过了李彦宏将百度转型为独立搜索引擎网站的提议，并在网站上线的同时，实行竞价排名模式。李彦宏回到北京时，他们告诉他："其实，你的观点，到现在我们都不是很接受，但是你的态度打动了所有人。"

最终，李彦宏赢得了投资方的支持，他的个性在这次争夺战中起到了决定性作用。IT泡沫时代过去之后，华尔街的感觉不比往昔，从前那些大梦想家一般的CEO，已没办法用天花乱坠的对未来的规划来赢取投资人的信任了。

李彦宏一直少言多行、少承诺多兑现，这使得一切怀疑都变成了理所应当的信任。这是他的风格，天性的朴实，不会含沙射影地去表达自己的想法。他的小心谨慎和脚踏实地，才是最能让投资人踏实砸钱的品性。

百度此后的发展，让李彦宏"操碎了心、磨破了嘴、身板差点没累毁"。在Infoseek公司时，他显得是那样轻松，但在百度，他却白了第一根头发，可这一切于他而言，都是值得的。

2001年9月22日，百度中文搜索引擎网站www.baidu.com

正式上线，百度也就此成功转型为面向终端用户的搜索引擎网站，同时施行了竞价排名的商业模式。

百度推出竞价排名的第一天，盈利1.9元钱，第二天盈利3元钱，到了第四天时，这个可笑的数字已经变成了两位数，第五天时奇迹般地超过了200元。按照这样的增长率，百度实现天文数字般的收益绝非天方夜谭。

百度商业应用产品部经理王湛，迫不及待地将这个喜讯以电子邮件的方式告诉给公司的每一名员工。时至今日，王湛仍留着这份见证了百度历史的电子邮件。当时，竞价排名系统每次点击率收费10分钱，当时直接被称作"shifen"系统。

2001年12月，百度在竞价排名系统上的累计收入已超过12万元，平均每天都有1000多元的收入。

随后，李彦宏为百度制订了2002年的全新销售计划。在公司内部会议上，他问大家："今年的竞价排名的销售收入目标应该定多少？"有人说50万，有人说100万，李彦宏用心听着，一直在摇头。这时有个年轻人站起来，大声说："200万"。李彦宏还是摇头，最后他慢条斯理地说："我觉得应该是600万。"

当时所有人都被他爆出的这个数字给吓傻了，竞价部门的员工对自己毫无信心，好多人表面上不敢说什么，心里却一阵唏嘘。按照600万的目标，每天的收入至少要达到18000元，而现在每天只有区区2000元，就算李彦宏再领导有方，这个数字也太不靠谱了！

百度上下，除了李彦宏，没有一个人相信这件事能实现，但在李彦宏一贯的坚决态度下，这个目标还是定了下来。

百度以独立网站的姿态推出后，了解的人不多，知名度仍很小，每天的流量微乎其微，主要的流量来源，仍是各大合作门户网站的搜索贡献而出的。这样的现实，怎能让 2002 年的"600万"目标成真？

此时，李彦宏要面临的新问题来了。手中资金有限，如何将公司规模做大？如何让中国互联网用户意识到百度的存在，并熟知百度的使用方式和实际存在价值？这都需要慎重的规划和考虑，而且这是两个亟待解决的问题。

地里不生无根草，皇天不生无路人。不久，新浪帮了大忙，让百度一跃而起，成为群众眼中的互联网新星。

2002 年 3 月，很多用户和往常一样，频繁地在新浪网站上用着百度的搜索框，但搜索页面并没有像平时那样立即显示出搜索结果，而是突然出现了一行字："新浪欠费，百度停机，如需要更好的搜索结果，请登录 www. baidu. com。"

当时，拖欠搜索引擎公司服务费的风潮仍很盛行。新浪拖欠百度搜索引擎技术费用，百度也无他法，只能停止服务，可万万没想到，这一不起眼的举动，却成了让百度一翅冲天的东风。

那时，像新浪这样信息丰富、内容全面的大型门户网站少之又少，所以每天用户流量巨大。多数用户会通过新浪首页的搜索框检索关键词汇，来寻找自己感兴趣的信息。而在"停机事件"之前，却从来没人知道那小小的边框背后，居然盘踞着一家名为百度的搜索引擎公司。

不管新浪怎么争辩，欠债还钱是天经地义的事，最终新浪考虑到自身发展及诸多方面因素，做出让步，付了钱后，百度继续提供服务，两家公司也继续保持合作关系。自此之后，百度的用户流量开始以几何倍数递增，其知名度也不比从前，已慢慢成了街知巷闻的搜索大将。

在竞价排名方面，百度先后争取到了康佳、联想、可口可乐等国际知名企业的信任，它们纷纷成为百度竞价排名的海外客户。

在几方面助力共同作用下，百度 2002 年销售额达到了 580 多万，虽然距离目标还差 20 万，但如此激增的销售额不早已说明问题了吗？李彦宏，果然够胆、够劲、够牛！百度的全体员工，也由此士气大涨，对百度的未来充满信心。

同年，百度自北大资源宾馆搬到海泰大厦，曾经那个盘腿开会的小公司驻址，已经容不下这个逐渐庞大起来的精英团队了。伴随着搜索引擎竞价排名模式的成功，李彦宏又荣获了"中国十大创业新锐"的美誉，接二连三的好事，让百度上下兴奋不已。

当时，国家正在建设中关村西区，四环开外，到处是熙熙攘攘的繁华景象，这似乎也在昭示着百度的未来，必定繁花似锦，一路顺畅。

百度上"头条"

不管做什么事情，对手的强度总与你的能力相匹配。

进入 2002 年 4 月，百度竞价排名的业务量开始疯狂增长，所有人都已不敢想象百度将会在下一分钟创造出怎样的奇迹。

百度一路走来，一路艰辛。从创建到灾难中幸存，从融资千万美元到做独立搜索引擎网站，一个又一个惊人创举，让全世界关注互联网的人都在苦等一个结果，到底是百度好还是 Google 好？

2002 年时，Google 历经几年的发展，迅速成长为业界翘楚，且其业务量开始向全球扩张，这也就令百度与之必然存在比较、较量。既然成长了，就要接受挑战。李彦宏心里很清楚，与Google的交战是早晚的事，就算不去考虑如何超越对手，对手也会在暗中想着如何牵绊住自己。因此，想要从容不迫地应对Google的挑战，首先要让自己变得更强。

百度当时的业务量正处在高歌猛进的阶段，但从公司员工能力上看，似乎与之有些脱节。百度的员工都很优秀，只是并无应对公司发展如此之快的经验，显得有些吃力。同时百度内部懂营销的人不多，运营管理方面的人才也十分稀缺。徐勇是团队中最擅长营销的人，可也是分身乏术，难以在高速发展的状态之下面面俱到。

在早期的百度公司里，半路出家的人太多，这就导致了需科班出身的人解决的问题，总得不到恰如其分的对答。若想要应付现在的发展速度，必须找一个在能力上与这样的发展速度匹配的企业管理强者，他不仅要在能力上强悍，心理上也要有超强的承压能力。这样一来，百度的综合管理工作才能步步登高，起码达到标准化水平。

就当时而言，百度内部出现的管理经验匮乏问题，在业务处理上暴露得格外明显。包括李彦宏在内的百度管理层，一直都在为寻找专业的管理人而挠头。正在李彦宏"众里寻他千百度"之际，朱洪波跃入百度团队的视野，他的出现，的确帮了百度大忙。

朱洪波是个标准的职业经理人，当时他正就职于汉普管理咨询公司，担任副总裁之职，主要负责业务发展和销售工作。朱洪波有 IT 行业的工作经验，曾在用友软件做过高管，离开用友时仅30 岁，可谓青年才俊。这样的人若是进入百度，想想都是相得益彰的事。

2002 年 3 月时，春寒料峭，一天晚上，经由朋友引荐，李彦宏与朱洪波见面了。第一次见面，双方都显得有些拘谨，客气的让彼此都觉得很不自在。索性都通过公司运作，一会儿的功夫就进入正题了。

朱洪波对互联网行业并无太多概念，只是对软件市场稍有了解。在见到李彦宏之前，他甚至会为搜索引擎行业化的现实而惊讶。他从没用过 Google、百度，甚至不知道 Google 怎么读，最多就是通过各大门户网站的搜索功能找一些资料。他怎么也想不到，此时坐在自己面前的，就是小搜索框背后的老板。

一番交谈过后，两人对彼此都有了些了解，且产生了强烈的好感。算不上一见如故，也大抵觉得志同道合。李彦宏在谈论竞价排名商业模式的时候，表现出了他一贯的激情和自信，朱洪波为此深受感染，仿佛看到了自己和百度一同创建未来的美好景象，还有搜索引擎行业的无限潜力。也由此，他觉得与李彦宏共事准没错。

与所有接触过李彦宏的人一样，朱洪波眼里的李彦宏也是务实的，不过，李彦宏对搜索引擎发展前景过于乐观的态度，让他稍有担心。

在李彦宏眼中，朱洪波是个整合管理的能手，不仅擅长市场营销、推广，且对市场人员与技术人员之间的沟通也有独特的见解。最重要的是，他有着丰富的市场管理、营销经验，这是百度目前最稀缺的。

朱洪波身上另一个让李彦宏眼前一亮的闪光点，便是他的创业经历。朱洪波不是安逸享受之人，当年在用友时，就已有了自己独立的创业计划，后来，互联网产业大潮席卷而来，却毅然决然投身于大潮之中，此正值用友上市前两个月。

离开用友后，朱洪波一直努力施行着自己的创业计划。可机不逢时，公司刚成立不久，就传来了美国纳斯达克崩盘的噩耗。更关键的内因还在于，他的创业方向有点偏差，这导致了他第一次创业的失败。因此，他心里一直都和自己憋着一口气。

李彦宏觉得，失败的经历对男人是最宝贵的历练，经历了挫折和重创之后，人会变得更加成熟、谨慎，才能理性地面对困难，更好地处理问题，这样的心态对百度未来的发展极有帮助。因此种种，李彦宏更坚持要把朱洪波拉到百度。

2002 年 5 月，李彦宏成功地挖来"墙脚"，朱洪波成了百度的一员，他的职务是高级副总裁，主要负责百度市场营销工作。朱洪波是百度成立以来首位外引的职业经理人，对百度的发展起着极大的推动作用。

朱洪波刚到百度时，竞价排名的商业模式已开始出现变化，其主要销售工作中心正在向渠道建设转移。那时，网络用户虽已达到一定数量，可仍不是庞大的基数，且当时网络需求量也没有现在这么大，很多人仍处在对搜索引擎知之甚少的阶段。

朱洪波意识到了这一点，觉得百度想从科技研发公司转型为商业推广公司，就一定要将庞大的用户群体转化成经济收益，方法便是在现有基础上继续加大市场推广力度。

朱洪波、李彦宏、徐勇三人商议后，决定创造一些具有影响力的事件，以此人为地扩大百度知名度，让更多网民意识到搜索引擎的重要性。

曾经的百度，总是给人低调、踏实、稳健的形象，而自其成为独立网站和在朱洪波的加入后，便一反常态，从幕后走到台前，每每高调示人，并积极向世界展示"心有多大，舞台就有多大"。

2002 年年底，百度想到了一个将噱头和搜索引擎结合在一起的办法——搜索大富翁游戏。此法是在百度首页挂上游戏链接，用户只需注册账号就可以玩，且每天需答满 5 个问题。这样一来，用户们则会"就地取材"，通过百度搜索找到答案。为了鼓励玩家，百度规定回答正确者可参与抽奖。

这个游戏的"发现人"是王湛，当时他正在外地出差，无意中发现当地短信平台业务做得风生水起，很多移动互联网服务内容应用服务的直接提供者，开发了很多适合手机用户的服务和游戏，这一项让他们大赚特赚。

王湛回到百度之后，把这个情况告知了李彦宏，李彦宏当即意识到，若能把这种模式运用到搜索引擎推广中，必然会带来意想不到的效果。原因很简单，在回答问题的过程中，百度搜索引擎会大派用场，久而久之，用户也会习惯性地使用百度，并能体会到百度搜索引擎带来的便捷，而且搜索都是免费的。

在推广游戏的过程中，百度在网站首页上做了很多广告，为了吸引和鼓励大众积极参与其中，还准备了丰厚的奖品。高额的投入是不会让人失望的，搜索大富翁游戏在 9 个月的运行中，共吸引了十几万注册用户，一时之间，"今天你百度了吗?"成了网友之间出现率最高的流行语。

另一方面，这款游戏还让很多不怎么触网的人加入到了百度搜索引擎的使用中来。甚至那些根本就没上过网的人都知道，互联网上有一个无所不知的"百度"。

最终，游戏结束了，百度送出去两辆汽车，一辆送给了北大的一个学生，一辆送给了北京的一个农民。有趣的是，这个得奖的学生的父亲，曾在儿子得奖的前一天与他谈条件，只要考试成绩出色，就给他买辆车，结果第二天还没等考试，他就收到了百度发来的中奖通知。

百度的这次市场推广活动无疑是成功的，其让中国大部分网络用户意识到了搜索引擎的重要性和便捷性，它可以找到任何你想找的东西，美食、工作、健康、游戏……它让生活变得更有效率，也更加丰富多彩。

2003 年年初，百度与北京世纪剧院合作，举办了"活的搜索，改变生活——百度搜索激情夜"的主题活动，邀请了众多社会名流，一众当红明星、艺人以及各大媒体纷纷到场。现场通过情景喜剧、歌曲搜索等搜索引擎的功能展示，告诉大家搜索其实可以这样灵活，也可以具有生命力。

活动结束后，李彦宏还和员工们开玩笑，说这次活动比较顺利，没有像上次一样以停电的尴尬方式收场。此时的百度，当仁不让地成了媒体及众多网民口中的"头条"，他不再食不果腹，不再默默无闻。

5

纳斯达克 "封神"

收购 hao123 网站

俗话说，人有三灾六难，企业经营也一样命运多舛。李彦宏带领着百度在一路跟头中，终于跨过一道道坎，朝着最高峰拾级而上。

否极泰来。百度战胜了一次次麻烦后，终于拨云见日，逮到了一块甜而不腻的大蛋糕——hao123 网站。该网站并入百度，在其后相当长一段时间内都立下了汗马功劳，即便今日，此网站也是分类网站中的佼佼者。

最初的 hao123 网站非常简陋，可"斯是陋室，唯吾德馨"，谁说简陋的屋子飞不出凤凰？李彦宏看重的正是这份在当时复杂背景之下的简陋。

随着互联网技术的发展，上网的便捷性得以增加，网民们卸下了互联网的高科技门槛，故此用户层次和应用水平参差不齐。当时互联网上的信息分类杂乱无章，让人理不清头绪。曾有一位科幻小说家说："在互联网搜索信息，就像是一个饥渴的人想把头伸进尼亚加拉大瀑布去止渴一样。"所以，对于那些尚不熟悉网络的新用户而言，hao123网站的价值就体现出来了。

如此，对李彦宏而言，要是能收购hao123，就能将两大互联网用户群全部揽入百度怀中。加之为了能在高端中文搜索引擎领域站稳老大的位置，百度围绕着搜索引擎开发了一些新频道，而若能顺利收购hao123，其也将会在另一大网络用户群体中占到最大优势。

2004年夏，百度分公司负责人刘计平在李彦宏的授意下，乘火车赶到广东省梅州兴宁县。抵达目的地时，已是凌晨3点钟，稍作整理，待天亮后，刘计平准备去见李兴平。

李兴平是何许人也？他是一个年少有为的年轻人，24岁的他已是互联网大鳄，正与呼风唤雨的百度争夺中国互联网市场份额。

那时，李兴平在城乡结合部，卧榻于自家建的二层小楼，优哉游哉，看似清闲无比。李兴平学历不高，初中毕业，可在互联网行业是把好手，他创建的hao123网址之家，是被世界权威查询网站Alexa所公认的全球流量最大的中文网站。

那时，街头巷尾的不少网吧里电脑的开机画面就是hao123的首页。hao123虽声名大振，可首页太过凌乱，到处都是链接，网站导航也已是雅虎玩剩下的模式。而其简陋的设计，更让业内人士不屑一顾。

今日来看，hao123 具备了可以发展壮大的必要条件——大网站忽视它，也就不在意它如何成长，这样的自由空间，让它有了最初存活的可能。就这样，所有人都把它当作不足挂齿的对手，在这种漠视的放纵下，它一步步成长为了势不可挡的巨人。

hao123 做大了，那些大公司开始对它打起了收购的主意。在刘计平造访李兴平之前，已有太多橄榄枝伸了过来。李彦宏见势头不妙，便命刘计平亲自上阵，暗中密会李兴平。

刘计平出发前，徐勇一直叮嘱他，言语上保留三寸，不要逼得太紧，只要表现出此行只是为了接触就可以了。此前，看到 hao123 的强劲势头后，百度早已向李兴平发出过邀请，希望可以收购，但遭到拒绝。此次刘计平去，李彦宏希望他能找到打动李兴平的关键点。

见到李兴平后，刘计平放松了很多。此前心里还有些打鼓，不知这样一个成绩斐然的业内老大，会是何等盛气凌人。真见面了，李兴平与他想象中的样子截然不同，没有架子，人很随和，还有些内向。后来李兴平自己介绍，说他上完初中后就出去打工了，曾在电脑城给别人装电脑。

刘计平见李兴平这么好说话，便直奔主题："hao123.com 的发展势头不错，但你一个人操作公司，会面临诸多的困难。"刘计平自己也做过生意，他随即讲了一些自己的辛酸经历。

李兴平听完，深有感触，也慢慢敞开心扉，说了更多心里话。他说，公司财务、网站线下推广等都不是自己感兴趣的方面，有时很头痛。hao123 的影响力逐渐变大，稍有不测，就会引起诸多是是非非，终日提心吊胆的。其实他打心眼里排斥企业经营管理上的诸多事务，并称自己还是比较适合做个网民，每天活在自己的网络世界里，轻松自在。

透过李兴平的讲述，刘计平觉得机会来了，他看出了hao123给李兴平的压力。接着，他向李兴平描述了李彦宏对于百度收购hao123的看法：李彦宏此次出手收购，是发自内心地想让hao123有更好的发展。小规模的运营方式，会阻碍其发展。Hao123就像是一艘装满金子的小船，如果一个人划船，风和日丽的天气还好，一旦遇到暴风雨，定会觉得孤立无援，一个大浪打过来，必然人财两空。

这个比喻实在恰如其分，李兴平似乎被打动了。刘计平趁热打铁，直接给李兴平报了个靠谱的价格，李兴平虽未当即答应，却也没有反对，只称要回去和父母商量一下。

当天下午，李兴平主动来找刘计平，与之商谈了一下价格，最后敲定的价格比原来高出一点，可也完全在百度能接受的范围。一切都水到渠成了，可李兴平对商务事宜上的排斥，让刘计平出乎意料。谈到税务细节等相关问题时，李兴平的情绪产生了剧烈波动。这一切，都出在钱身上。

其一，缴纳的税务费用并不是个小数目；其二，李兴平本人不愿处理这类事情。在hao123以往的生意往来中，无论是和哪一家网站合作，hao123只接受税后款。故此，面对眼前这些让他头疼的事，情绪一上来，他当即表示hao123不卖了！

刘计平看事不妙，立即拨通了李彦宏的电话，告知详情。李彦宏很爽快，表示税务上的琐事全权由百度负责。随后，刘计平又给徐勇打电话，跟他说："很有戏，趁我在，直接把合同给签了吧。"徐勇一口答应，随后用E-mail把合同发了过去。

本以为事情到此结束了，刘计平松口气，可还没完，倔强的李兴平嫌谈合同麻烦，便找来父亲处理。他的父亲是位退休老教师，几年来都是由他为儿子打理财务。

经过这个小小的波折，最终，事情总算圆满解决。百度以5000万元人民币的价格外加部分公司股权，成功将hao123.com纳入囊中。在价格上，百度付出的的确不少，可从后期及今日的结果上看，此次"中国互联网公司收购案例中涉及金额最高"的收购现实，对于百度来说很值当。

回到公司，刘计平把此行的细节都告诉了李彦宏。当李彦宏问及此次谈判的感触时，刘计平表示，任何合作，最重要的是要在双赢的前提下赢得合作伙伴的信任。

李彦宏的坦诚，在百度的企业文化中一脉相承，他让百度的每一名员工都如自己一样坦诚。在这次巨额投资收购中，刘计平的每一个提议，都依托于双方互利的条件，一言一行，都是站在李兴平的立场上考虑。整个谈判过程中，刘计平不但获得了李兴平的信任，还赢得了他父母的信任。

此后多年，百度始终精心打造着hao123，其广告价值亦是一路飙升。那时，百度每每举行活动，都会邀请李兴平，而他每一次都得拉上刘计平，不然心里没底。

百度上市的当天，后半夜两点多时，李兴平打电话给刘计平，电话一通，他激动地问："高兴吧？"刘计平立即回答："当然高兴，你呢？"李兴平则傻笑着问："这个东西（股票）怎么卖呀？"刘计平一通狂笑。

因为hao123，李兴平和刘计平成了朋友，李彦宏也很欣赏李兴平，觉得他是个非常纯粹的人，自己的公司已经上市，却还弄不清股票到底是怎么一回事。当然，此时的他也不会意识到，百度收购 hao123，正是为了上市在做准备。

李彦宏做事一向小心谨慎，且目的性极强。收购 hao123，并不是盲目扩张，而是为了让百度更快地进驻纳斯达克。他曾说，百度上市只会选择纳斯达克，要在人家的地面挂牌，就得按照他们的规矩：上市公司的"盘子"不能少于 3 亿美元的规模。

在未收购 hao123 之前，百度尝试过上市，可因自己"盘子"小，绊倒在了纳斯达克的高门槛上。而此时不同以往，成功收购 hao123 之后，"盘子"又大又深，正所谓强强联合，打通纳斯达克的大门也变成了轻而易举的事。

百度在收购 hao123 的同时，也在全力吸纳其他公司，为的就是增加自己的筹码，加快在纳斯达克挂牌的步伐。

三次融资，上市准备

将 hao123 揽在自己怀中的百度，有了在纳斯达克挂牌的实力。此时，已没人能阻止其迅猛发展，对手若想与之竞争，唯一的办法不是下绊子，而是让自己变得更强大，用实力说话。

在与百度的数次较量中，Google 已经明白，若不加快发展速度，自己世界搜索引擎霸主的位置终将会被百度取代。因此，拓展海外市场已成了 Google 最重要的战略计划，更是当务之急。尽管其在很多国家都大受追捧，可在中国市场却表现平平。

中国庞大而又特殊的互联网市场，业已成为世界互联网大咖们关注的焦点。Google 希望快速在这片市场站住脚，否则也会面临后浪推前浪的危险。只是，百度风驰电掣的发展速度，却让其望尘莫及。为此，Google 邀请了众多研究中国的专家及学者，就中国市场为其出谋献计。

Google 辗转难眠，百度却顺风顺水。2004 年第一季度的搜索流量份额，百度已大幅超越 Google，仅第一季度的收入，就达 520 万美元之多。

随后，百度迁至中关村理想国际大厦，为攻入纳斯达克做着最后的准备。Google 疲于应对中国市场，百度则吹响了上市号角。

李彦宏在筹备百度上市方面表现的很低调。当时，很多投资银行都看出了百度要上市，每家银行都想做百度股票的承销商，最后，瑞士信贷第一波士顿和高盛两家银行拔得头筹，成为主承销商。承销商银行派出相关工作人员进驻百度，并辅助其处理上市的相关事务。

为了让此次上市能获开门红，百度在招股说明书上下了不少功夫，所有工作人员每天都要开 10 个小时左右的会议，这样的快节奏准备，让百度有更多时间对招股书中的数据内容进行更新，保证内容的时效性。

2004 年 4 月，李彦宏提议对百度的股份进行拆股。所谓拆股，即是将百度现有股票一分为二，此举的好处是，所有员工的持股期权会翻一番，这是李彦宏对百度人发放的"福利"。当时，十多个曾在百度的持股人都因故离开了公司，分布在世界各地。百度用尽了各种办法将他们找到，并签署了有关拆股的法律文件。

被找回的这些人根本没想到，离开百度多年之后，百度仍没有忘了他们，心中对百度、对李彦宏的感激难以言表。

为了加快百度上市的步伐，李彦宏决定在上市前进行第三次融资。当时，百度 CFO 的位置空缺，为了不影响第三次融资的进程，眼下最重要的，即是找到一个能担此重任的能人。

　　有人向李彦宏推荐了一位财务顾问，此人在全球范围拥有 9 年的全面财务顾问经验。李彦宏看了资料后，当即拍板，认定他就是百度未来的 CFO。

　　他是谁？他就是百度未来的财务之神——王湛生。

　　两人见面后，李彦宏向王湛生详细介绍了百度目前的财务管理情况，王湛生了解详情之后，并未表现出多大兴趣，居然拒绝了李彦宏的邀请。

　　李彦宏不打算放弃，从经验来看，王湛生是最合适的人选，此后他经常约王湛生见面。如此软磨硬泡，王湛生出于李彦宏的颜面，便答应去百度试一试，同时愿意帮助百度进行上市前的第三次融资。

　　王湛生询问李彦宏，百度现在的估值是多少，李彦宏说 1.5 亿美元，这让他不禁大吃一惊。因为他根本想象不到，2003 年还在亏本的百度，竟在不到一年的时间内赚了这么多钱。

　　王湛生找来了百度 2003 年的财务报表，可任他怎么算，都算不出百度会有如此之高估值。他对百度产生了怀疑，便把全部心思都用在研究百度的财务上。不久，百度在短时间内又赚到几百万美元，这样的成绩摆在王湛生面前，他不得不竖起大拇指，他开始认可百度，认可李彦宏。

　　CFO 的问题解决了，募集资金的计划也随即提上日程。按照估值，百度的募资金额为 1.5 亿美元，每股价格 6 美元多。当年，百度第一次融资时的股价只有 20 多美分，第二次融资也仅 1 美元多一点。此时却翻了几倍，让人惊叹。

　　按照百度每股 6 美元的价格计算，不到 4 年的时间，其"本益比"将会是此时的 200 多倍。王湛生当时和李彦宏开玩笑，叫他千万不要把这个估值告诉那些投资商，不然投资商肯定会大叫，Robin 疯了，怎么可能有 200 倍?!

李彦宏不在乎是否保密，反倒觉得王湛生这个玩笑很有趣，他想测试一下。当他提到本益比翻 200 倍时，投资商的确表现得很惊讶，虽然没有大叫，可仍露出怀疑的神情。对于这些潜在投资人的反映，李彦宏不慌不忙地解释说，不应该往后看，而要往前看，去判断百度一年、两年后的价值，而不是去看百度过去挣了多少钱。

2004 年 6 月 15 日，百度宣布，包括全美三大风投商的德丰杰在内的 8 家风险投资公司，对百度的总投资金额约 1470 万美元。如此巨大的融资额数，如此之多的投资公司，却未曾使融资进度受到丝毫影响，不到半年时间，全部谈判结束。而对李彦宏来说，他希望投资百度的公司并不只限于这 8 家。

值得玩味的是，在这 8 家投资公司中，居然出现了 Google 的名字。对于 Google 的投资数额，百度从未对外公开过。百度和 Google 多年来一直都是竞争对手，此时 Google 作为百度的投资人出现在中国市场，让一众业内人士浮想联翩，没人知道两家公司的葫芦里到底卖的是什么药!

李彦宏对此适时地做出了回应，他说："Google 作为我们的一名股东，我们要努力为之带来回报；而作为竞争对手，我们一定要超过 Google，要做得比 Google 好。"

李彦宏觉得，搜索产业的潜力不可估量，需要业内更多的力量集中在一起，将搜索产业做大，至于谁投资了百度，已不是什么要紧的事情了。

对百度而言，Google 参与投资，绝不单纯是为了赚钱。它很可能是在效仿雅虎收购 3721 的方式，堂而皇之地打入中国市场。

是时，国内大多数网站老板都先是将自己的网站做大，接着卖个好价钱，最后过上安逸的生活。可这不是李彦宏的风格，他追求的是不断挑战。对于 Google 投资百度，李彦宏说，百度和 Google 会分开运作，不会走 3721 的老路，不会让 Google 注资太多，并将其所持股份控制在百度允许的最小范围内。

如此看来，与其说 Google 选择了百度，不如说百度"主动"让其选择。

百度已确定在美国上市，而在美国，百度的知名度自然无法与 Google 相比。此时有了 Google 这个股东，"从众"心理会让很多人相信，百度是个优秀的网站，不然 Google 怎会投资？这也是在变相地向美国用户推荐百度中文搜索引擎。

百度与 Google 的联手，更像是在为统一搜索引擎市场做准备。百度是双字节市场霸主，Google 是单字节市场的王者，在综合实力相当的情况下，两强相争，不如强强联合，共分天下。

话说回来，对于 Google 的参股，百度也是无法直接拒绝的，虽说百度具备与 Google 抗衡的实力，但 Google 想要将处于弱势的百度扼杀在纳斯达克门外，也不是太难的事。综合来看，让 Google 参股，对百度有利无害。

万事俱备，只欠东风。在百度上市节奏越发明快之时，百度高层发生了人员变动。2004 年 12 月 14 日，公司举行了一个别开生面的欢送会，欢送的人，正是为百度做出卓绝贡献的"首席策略官"徐勇。

徐勇表示，在百度融到包括 Google 在内的 8 家公司的投资后，他开始有了辞职创业的想法。2004 年 10 月，在百度的一次会议上，徐勇就表示了自己想要离开百度的想法，他认为，成功是一个持续的过程，是在不断的探索中体验出来的，百度的进一步融资，已经说明其进入了相对稳定的发展时期，此时也比较适合自己离开。

徐勇离开，李彦宏感到很失落，但他支持徐勇的决定，他说："徐勇先生在百度近5年的成功发展过程中起到了重要的作用，现在公司各方面已经进入良性的运营轨道，盈利情况越来越好，所以我们对他这一决定表示理解。他对百度各项业务的发展作出了重要贡献。我们相信他将会在未来的发展中取得更多成就。"

铁打的营盘流水的兵，大将离开，队伍还得继续前进。此时的百度，全身披挂整齐，只等着站在耀眼的舞台上，敲响震撼人心的大钟！

路演之行

2005年1月31日，是百度第5个生日，其用户已达9400万。此时，在中国互联网内已有8亿多个网页，垃圾网页有2亿之多，真正有价值的网页只有6亿。

对此，百度的新闻发言人毕胜表示：如果在中国的互联网中查东西，按照每分钟阅览一页的速度来算，全部看一遍就需要1140多年。如果你用百度来查找的话，只需要一秒钟的时间，网页越多，有价值的东西也就越多。换言之，百度让查阅更便捷。

百度不断地扩充信息容量，且让查找结果更加精确，越来越多的互联网用户开始选择百度。在与同行业的竞争中，其拥有绝对的优势。在国内搜索领域市场，百度在技术上的领先，让很多同行放下了刀枪，他们不得不重新制定战略计划，以应对因百度大规模席卷市场后而无力生存的危机。

2005 年 5 月至 8 月，是百度筹备上市工作最关键的时期，为了能与美国同步，上市筹备小组已将作息时间调整为美国时间。白天，组内成员正常上班，主要负责撰写招股书和更新招股书中的数据。

美国证券交易委员会（SEC）每天早上 9 点上班，此时正是北京时间晚上 9 点左右。为此，组内成员进入美国时间工作模式，将整理好的文件提交到美国，全部工作都要在美国证交所下班前完成。也就是说，他们只能在北京时间凌晨 5 点才能休息。那段时间，上市的相关会议都选在后半夜进行。

李彦宏把招股书看作是枯燥无味的法律文件，他一直都强调，既然要上市，就得把招股书做的与众不同一点，要把百度产品更好地呈现给客户。比如，百度的贴吧、知道等功能都有哪些特色都要呈现出来。招股书也是百度说明书，让对百度感兴趣的投资人清楚地了解到百度是一家什么样的公司。

多年来，百度一直都将产品方向定位在中文搜索引擎市场，产品更多的则是突出百度在中文搜索领域体现出来的优势。对外国投资者来说，他们多数不懂中文，也体会不到百度搜索引擎的强大，而且他们根本不知道如何将百度与 Google 的中文搜索做比较。最重要的是，他们连"baidu"这 5 个字母的含义都不清楚。因此，招股书，就是要把这些问题搞定。

筹备小组日思夜想之后，在招股书的开头，就对百度因何命名做了详细解释，他们还把"众里寻她千百度，蓦然回首，那人却在，灯火阑珊处"做了英文翻译。所有人都觉得，这个点子不错，能让客户对百度有最直观的理解，但这个巧妙的修改，却被美国证交所拒之门外。他们认为，招股书的大部分读者都以英文为主，中文诗词对他们而言实在晦涩难懂。

筹备小组不得不修改设计。在新的招股说明书封面，可看到一个大大的英文 I 与 38 种"我"的中文表达，这是百度的一个大胆设计，其想用 38 个词语来展示中国语言的博大精深和历久弥新的文化内涵，让国外用户更直接地看到中文表达方式的复杂程度，同时更能将中文搜索引擎的技术含量展示得淋漓尽致。

当新的设计公开后，得到了中外媒体的一致好评。此时，所有人都知道百度的来源，而"百度"也被重新定义，"百"寓意千百次，"度"则是度量、衡量。

在上市规则中，每家公司上市前都要经历上市缄默期，期间不能以任何方式向外界推销自己的公司以及股票，且不能公开任何招股书中的细节。同时，所有参与上市的筹备组工作人员必须保证，不能和家人提及任何与上市相关的细节。

上市缄默期，对百度是一种磨练，这要求其要在中文和英文中找到融合点，且在有限的范围内，向投资者呈现出最清晰的表达。

2005 年 7 月 13 日，百度向美国纳斯达克证交所提供了最终的上市申请书，随后计划确认通过首次公开招股发行价值 8000 万美元的 A 类普通股，并得到在纳斯达克的交易代码"BIDU"。

7 月 15 日，百度发布招股说明书。百度此次招股发行约 370 万股美国存托凭证，每股价格为 19 美元 - 21 美元，总募资金额为 7500 万美元。

百度选在此时上市，是有多方面好处的：其一，盛大网络刚刚在纳斯达克上市，且表现良好，股价一路高升，已突破 17 美元。盛大领头人陈天桥的身价，也渐渐追上了网易创始人丁磊，当时丁磊是中国首富。因此，这些表现让投资者们对中国网络概念股发起了新一轮的追捧；

其二，Google 在 2004 年 8 月上市后，被誉为全球最高 IPO，它投资百度，在某种程度上来讲，起到了示范效应。

7 月 21 日，百度在香港的首次路演正式开始。当天，中国人民银行对外宣布，自 2005 年 7 月 21 日起，国内将实行根据市场需求，参考一篮子货币进行调节。因此，人民币将不再单一地关注美元，而是由多种主要货币组成更富弹性的汇率机制。

其时，人民币不断升值，对出口商品造成了巨大影响，但对百度上市而言，影响细微。李彦宏和百度的一些高官并未因此事而分心，而是一门心思地专注于路演。

路演一般会在中午或者晚上以餐会的形式举行，由投资银行出面，将投资机构的相关人员组织在一起，以问答的形式，向外界推行百度及百度的股票。有时，路演也会在一些潜在投资者的办公室进行。

在香港路演的前一天晚上，百度发现，要公开发行的那一部分股票已提前达到认购计划数额。这样的情况，遭到诸多投资者的抱怨，他们认为百度不重视亚洲市场，分配给亚洲的新股认购额太低，只有全部的 10%。这也难怪，百度登陆的是纳斯达克，自然要把大头留给美国投资者。

在香港为期 4 天的行程里，路演场次安排的十分紧密。从每天早上 7 点开始，一直要忙到凌晨才会结束。有时，一天要进行十几场会议，最少也有七八场。几天下来，李彦宏和王湛生有些招架不住了，但等到了美国才发现，香港的辛苦根本不值一提。

百度路演团队，自香港离开后又去了新加坡、伦敦。全球范围的路演，在欧洲只安排了伦敦一站。原因很简单，在欧洲，大部分用户比较认可 Google，一小部分则用本地的搜索引擎，他们对百度并没有太多概念，考虑到这些因素，对欧洲市场的开辟可以暂时放下。值得一提的是，在英国仍有一些投资者放弃了自己的假期，来到伦敦参加百度的路演活动。

路演的最后一站是美国。对百度而言，美国才是路演最重要之地。期间，由于路演频繁，每天都要往返于不同城市，为了省时省力，百度租用了一架私人飞机。

那段时间，团队里工作人员的作息时间全被打乱，每天平均只能睡 3 个小时，每每回到酒店后，才是工作真正开始时，无奈之下，他们只能把睡眠放在城市间辗转的路上。

李彦宏是百度的老大，这时便倍加辛苦，大堆大堆的 E－mail 等着他过目。路演期间，为了保证百度其他工作正常进行，他一般会在上厕所和吃饭时查看 E－mail。有时因为太累，不知不觉地睡着了——餐桌上，厕所里……都成了他的下榻之处。顷刻间，他会突然惊醒，洗洗脸继续投入到忙碌的工作中。

王湛生被"百度精神"彻底感染了，一向工作认真的他，在百度的激情氛围中更加忘我。一时间，他没有了吃饭和睡觉的概念，甚至有过连续几天不正经吃饭的经历。

那时，每个工作人员每天的必备工作，就是向身体极限发出挑战，王湛生乐此不疲。同事们都很好奇，为什么他每天都能这么亢奋？后来才知道，原来他每天都喝很多咖啡，用咖啡来代替三餐。有一天好像咖啡喝多了，精神亢奋到影响身体了，他走路时都蹦蹦跳跳的。

此时的李彦宏，也已到达身体极限，紧张频繁的路演活动让他有些应付不来。一次路演的过程中，他趁坐下时看了一眼短信，结果就在看短信的功夫，他的眼皮开始打架了，最后重重地黏在一起，拿着手机睡了好几分钟。直到台上的主持人提到他的名字，一瞬间，他又像什么事都没发生一样，利落地站起身来，精神饱满地上台演讲。

李彦宏在对投资人和董事会解释为什么要上市时说："一直到百度上市前一个星期，才理顺所有人的观点，所有投资人和董事会才认可百度上市的决定是正确的，因为上市给百度品牌带来的价值将超过卖掉百度的价格。"

一个月的路演，让李彦宏和他的百度团队如临地狱一般，这不仅是一次挑战，也是一次团结团队的过程，更是凝聚人心、枕戈待旦的过程。

创造神话

正式登陆纳斯达克的前一天晚上，本来稀疏小雨的天气一下子晴朗起来，这算是个好兆头。百度团队的每个人都绷紧神经，为上市前做最后的准备。此时，李彦宏和王湛生正在高盛的办公室开会，商议股票最终的上市价格。

在路演之前的计划中，承销商给出的价格比较保守，定价为17 美元 - 19 美元，但在路演的过程中，很多投资商因了解了百度而纷纷抛来橄榄枝。考虑到这点，承销商建议李彦宏稍微提升一下价格，定为 23 美元。待路演结束后，百度的人气不断攀升，李彦宏觉得价格应该再高一点，不然很难体现出百度的实际价值。

最后，上市价格定为27美元。这在当时并不是高不可攀的价格，但李彦宏和王湛生希望百度的股票能保持良好的发展状态，所以定下极具涨幅空间的价格。

价格提升后，部分投资商表示不满，他们向李彦宏抱怨，百度的价格在短期内长得太快，不能因投资商对百度一时的兴趣而影响百度的长久发展。李彦宏对此的回应是，大家要对百度的价格有100%的认可才行。他对百度上市充满信心，这不是盲目乐观，而是实事求是。

2005年8月5日的早上，李彦宏和马东敏从酒店出发，去高盛与大家会和，一同观看纳斯达克的盛况。两人赶到高盛时，发现会议室里已经坐满了人，他们虽已提前到场，却没想到其他人更早。

李彦宏进入会议室，一番寒暄之后，很多人都提议让他猜测一下百度首日股价，李彦宏在纸上写下27美元。

随后，李彦宏在高盛总裁的带领下，来到了位于49楼的办公室，王湛生、百度投资关系经理何坤以及被特邀出席的徐勇早已在办公室等候，在这里，可通过大屏幕直接看到纳斯达克证交所的交易大厅。

是时，所有人都神态紧张，毕竟马上要看到的是百度上市第一笔交易，这是历史性的时刻，李彦宏倒是神情自若，保持着他一贯的风格。

一会儿，百度的首席股票交易员一边接听电话，一边操作着电脑。后来有人告诉李彦宏，这个首席交易员是当初负责Google上市的交易员，李彦宏听罢微微一笑，意味深长，其他人认为这是个"好兆头"。

在整个过程中，李彦宏的话始终不多，十分沉稳，看不出丝毫紧张之色。

股票交易员双眼盯着电脑屏幕，嘴里不停在向电话另一端的客户报出最新价格，屏幕上股票信息也在不停地变换着。

11 点 35 分左右，交易员爆出了 35 美元、37 美元的价格，一瞬间出现了几十万股的需求，且没有人再卖出。此时，办公室里的所有人都鼓掌庆祝，大家都知道，百度的成功时刻即将到来！

随后，股票交易员将价格稍稍提高，仍然没有人卖。价格一直在攀升，转眼间已到 40 美元，可仍然没有人抛售。交易员继续抬高价格，当股价达到 45 美元时，周围的掌声越来越少了——他们已被快速增长的价格惊呆了！

股票价格的涨幅不断，交易员也十分吃惊。股市上罕有的价格飙升现象让他有些惊恐，声音在颤抖着，手中的电话也因手的抖动掉在桌上。

这时，徐勇激动地擦了下眼泪，回头偷看了一眼李彦宏，却见他不知何时早已泪流满面了。

当交易员将百度的价格提到 85 美元一股时，突然出现了一笔交易，他仔细看了下，是买！没错，是以 85 美元的市场价格在买！不管市场价格如何变化，这个客户一直在不停地买。

李彦宏看了看手表，原来股价疯狂的飙升，只是 5 分钟之内的事情。随即他表示，现在应该可以开盘了。

11 点 40 分，百度在纳斯达克的首笔交易告罄，最终开盘价为 66 美元。此时，办公室里所有人疯狂地欢呼着，积压已久的情绪终于可以宣泄出来，他们紧紧地抱在了一起。

李彦宏急忙拿起手机，拨通了刘建国的电话。电话里，两人的声音都慢慢开始哽咽，最终几乎说不出话了。两个男人，就这样激动地落下了喜悦的泪水。

曾经的风风雨雨，曾经的是是非非，在此时的成功面前都已微不足道。事后，李彦宏说，当时他的眼泪是因太高兴而流下的，但更多的则是为这 5 年来的含辛茹苦而流。是年，李彦宏 36 岁，这一年也是他的本命年。

下午 2 点 40 分，百度的股价仍持续攀升着，每股已超过 100 美元。

无法抑制兴奋之情的李彦宏，情不自禁地走上了纽约街头。纳斯达克位于曼哈顿 43 街街口，与百老汇比邻，交易大楼高耸入云。在纳斯达克大门外悬挂着巨大的屏幕，人们随时可以看到来自世界各地的著名企业在此上演的每一出神话。

街道上人们匆匆过往，游客们正在纳斯达克证交所门前拍照留念。突然，街道上的所有人都停了下来，汇集在屏幕前，此时大屏幕上正显示着不断飙升的百度股价和百度的介绍。

李彦宏从街角走过，步入纳斯达克楼前的街头。很多游客从屏幕上认出了李彦宏，他们用世界上的各种语言和他打招呼，也有人大声呼喊他"Robin"，更有热情的游客跑来与他合影。

此时，李彦宏潇洒地褪去西装，随手搭在肩膀上，这是一个让人难忘的动作，被无数人记录了下来。他说："我更像一个旅行者，现在走到了这一站。但这个地方不是我的家，我只是到这里来，证明自己做到了一些想做的事情。"

他说的没错，他的创业之路就像是一场旅行，在美国构想，在中国起步，在美国求学归来，在中国走上创业之路。从华尔街到硅谷，再从硅谷到中关村，现在他又回到了华尔街，对于美国，他只是一个过客，因为他的百度在中国。

李彦宏的中国情节很深。他因经常出入美国，很多网友都觉得他已入了美国国籍。为此，网友们在百度贴吧展开了激烈讨论。有网友发帖询问，李彦宏是中国国籍吗？李彦宏看到后，亲自回帖："我再说一遍，我是中国人，中国国籍。"

下午 3 点，李彦宏的情绪平复了很多，他带着队伍来到了纳斯达克大厅，做闭市仪式的最后彩排。

2005 年 8 月 5 日下午 4 点，百度纳斯达克的闭市仪式正式启动。李彦宏分别与投资人、银行机构负责人、百度团队和工作人员合影留念。接着，他公布了百度收盘价格——122.54 美元，百度市值 39.58 亿美元。

李彦宏持有 22.9% 的百度股份，此时身价达 9 亿美元。与此同时，借助百度股票，百度诞生了 10 个千万富翁和上百个百万富翁。

曾经，那些嫌弃百度融资价格太高的投资商，纷纷因未能购买百度股票而后悔不已；相反，那些质疑李彦宏将股价抬高至 27 美元的投资人，心里则乐开了花。

百度此战的成功，创造了多项记录：百度是纳斯达克历史上，第一个股价超过 100 美元的中国概念股；百度是自 Google 上市后，第一个收盘价格突破 100 美元的股票；百度是美国股票历史上，当天收益最多的十大股票之一；百度是在纳斯达克上市的外企中表现最好的企业。

一时间，百度和李彦宏的名字传遍了美国。CNBC，美国最大的广播电视网之一，愿意为了报道李彦宏而打破短时间内不重复采访同一个 CEO 的规则。在百度上市当天，CNBC 在两个时段分别对其进行了采访。

按照 CNBC 的采访习惯，采访任何一个企业家的时间都被控制在 3 分钟时间之内，而当天对李彦宏的采访，居然超过 20 分钟！同时，《福布斯》《财富》等美国知名媒体，分别向李彦宏发出了采访邀请。此足见百度对美国股市造成了怎样巨大的影响。

百度的上市，引爆了世界互联网行业的新浪潮，而这个奇迹，来自中国！

沉淀，新的起点

很多人都觉得，百度的成功上市，是因为中国将成为世界互联网市场的发展重心。而百度股价的大幅度提升，更是因 Google 过去一年平淡的表现所致。李彦宏对此不表赞同，他觉得，百度股价并非和 Google 一点关系都没有，关键在于百度自身在世界互联网产业内所体现的价值。

百度的投资者得到了非常高的回报，但他们并不知道，百度每次都会提出超高的融资估值。尽管如此，面对更高利润的回报，投资者们宁愿不去理解百度的做法。

对于百度出色的表现，也有一些人会想到 1999 年的互联网泡沫时代。国内部分业内人士忧心忡忡，害怕中国互联网市场将重蹈覆辙，再次出现 IT 市场泡沫化，毕竟股价高升的只有百度，国内其他公司仍停滞不前，这才是国内互联网行业所面临的最大问题。

对此疑惑，李彦宏作出回应，百度股价受多方面因素影响，很难做出合理评价，资本市场将股价推的很高，那都是投资人的判断。更何况，股价并不是百度的追求，百度更专注于企业未来的发展，以及对中国互联网产业所做出的贡献。

李彦宏始终坚信，以前的互联网公司都会提前想好商业模式，然后按照自己的模式招人，接着上市，得到钱之后再去发展，去干实事。此时，有很多公司都把上市作为当务之急，上市之后公司变成 10 亿美元的市值，故此，一周看到 3 家公司上市是很平常的。可现实的问题是，这些公司在成功上市之后，并没有赚到钱，因为他们没有拼搏过，不具备赚钱的能力。而此时的互联网公司在上市之前，都具备了极强的生存能力，且都潜力巨大，因而网络产业泡沫之谣言也就不攻自破了。

李彦宏创造了"百度"，"百度"创造了奇迹。

百度上市后的第二天，似乎成了"百度日"，全世界铺天盖地的新闻、报刊都在绘声绘色地描摹着百度在纳斯达克神话一般的表现。

中外报刊对百度的表现众说纷纭，但大多数都向百度和李彦宏所创造的超高股价表达了敬意。只是，不少报刊因对百度不够了解，刊出了题为"百度一夜暴富"的报道，这让李彦宏很不自在。在李彦宏的心里，百度绝不是一夜暴富，是历经千辛万苦才收获了今天的成果，百度上市的意义并非只是赚钱这般简单。

在百度之前的上市公司，都是降低价格才在纳斯达克挂牌，而百度是全价上市，且股价上涨幅度巨大，是中国公司被世界认可的表现，他们承认中国公司的实力，为中国公司海外上市买下了双保险，这才是百度上市最本质的含义。

国外的媒体单纯地报道百度在纳斯达克的表现也就算了，为什么在中国也同样是在议论股价呢？为此，李彦宏发了一封电子邮件给百度的同事，他在电子邮件中说："为什么没有人谈谈百度上市是中国的光荣，以及对于中国 IT 产业的意义呢？"李彦宏认为单单谈论股价，并不是好现象。

2005 年 8 月 10 日，百度终于完成 IPO 的全部行程。李彦宏及团队打点行装回国，于北京时间 8 月 11 日凌晨到达北京。李彦宏一进公司，便迎来了雷鸣般的掌声，内心顿时激动不已。

李彦宏回到公司的第一句话，就是："亲爱的同事们，我回来了。"只是离开三周时间，时间却显得那样漫长，让他觉得似乎已走了半辈子。

李彦宏回到百度后，在第一次会议上说："2005 年 8 月 5 日，是百度人永远铭记的日子。作为中国人，我们不应该为超高的股价津津乐道，而是要认为百度上市纳斯达克是中国的光荣。"他说的没错，在美国，所有来自中国的商品都在潜意识里被打上便宜货、不靠谱产品的标签，中国企业在美国上市，也一样会遭到如此冷遇。

百度的成功，却扭转了这个美国人对中国的错误看法，百度是在用实力说话——其市盈率已超过 2004 年全美互联网行业中的所有网络巨头。这样的现实，还平息不了那些质疑之声吗？

百度上市的成功，让李彦宏得到的不只是喜悦，更多的是民族尊严。站在纳斯达克的顶峰，他看透了这个挑剔的世界。百度在纳斯达克的成就，不单单创造了一些历史，而是得到了全世界最挑剔的投资者们的一致认同，全世界人都看到了中国公司的价值，看到了中国人的斗志。

此后，李彦宏鲜少在媒体面前出现，仿佛在地球上消失了一般。

　　经历过美国上市，李彦宏更想沉淀自己，他不觉得这是一件事情的结尾，而是一个巨大挑战的开始。少言慎行的他，对公关场合并不感冒，也许这是 IT 精英们的通病。百度成功上市后，他终于可以好好清静一下了，于是远离媒体，远离聚光灯。

　　上市成功了，可这并不代表百度完美无缺，李彦宏一直都认为，百度的发展速度有些过快，有点"不健康"，上市的过程又掩盖了百度与行业间的诸多矛盾。而上市之后，百度可在平稳的发展期悉心调整，这是百度自我修复，逐步完善的过程。李彦宏决定，百度的涉外工作全部交给其他人，自己则专注于百度内部的管理。

　　几个月后，百度上市的消息似乎暗淡了许多。

　　2005 年 12 月 22 日，在中国互联网产业品牌的年度调查中，百度当仁不让地摘得"中文搜索引擎第一品牌"的桂冠。百度旗下的诸多产品，也一并得到行业内的认可，百度地图、百度搜索、百度音乐搜索，均获所在领域第一的称号。

　　该调查是由中国互联网协会组织展开的，具有很高的权威性，李彦宏本应参加。可最后，他未能出现在颁奖典礼的现场，时任百度副总裁梁冬，以百度代表的身份领取了奖项。梁冬说："百度的成功更多是因为中国的成功。百度依托中国文字的魅力，依托这样的中国，并依托中国最可爱的网民，百度相信只有这样，才能用中国最隽永的智慧去开创更美好的未来。"

　　伴随着无数个"第一"的殊荣，百度走过了 2005 年。

　　2006 年 1 月 1 日元旦，突降的小雪映衬着新年的气息，让所有北京人的精神面貌焕然一新。这一天，全北京的写字楼都"人去楼空"，人们都去欢度佳节了，理想国际大厦也不再如往日一般热闹。百度总部位于 12 楼，上市前制作的巨幅喷画仍挂在墙上，透过玻璃，依稀可见。

"百度人民很行"几个字醒目的有些过分，让所有人都莫名地发笑。在这 6 个字旁边，满是员工们笔锋潇洒的签名。

这是百度人的风格，他们用自己的智慧，娱乐着自己每一根神经；他们用汗水，向全世界高喊"百度人民很行"！最有趣的是，每一个首次来百度的客人，都会把"百度人民很行"，错看成"百度人民银行"。

在所有员工都为"百度人民很行"津津乐道之时，李彦宏却选择冷静地思考。在这段"隐退"期他想了很多，关于自己，关于百度，他知道，在充满变数的未来，挑战无处不在！

6

百度 VS. Google

巷战 Google

百度势如破竹，凭借着竞价排名异军突起，就在此时，另一只来自异域的野兽，已朝着中国搜索引擎市场飞扑而来。

2002 年时，百度在市场调查中发现，Google 在中国市场的口碑和市场份额每天都在快速攀升，且百度用户增加的同时，Google 的用户也在增加！

一个搜索引擎的成败，关键点就在用户流量的多寡。

在百度和 Google 两强相争的初期，国内部分搜索引擎已关门大吉，如悠游、搜索客、找到啦等。他们都清楚，在搜索引擎领域，若跟百度、Google 耗着，无疑是自寻死路。

考验搜索引擎优良与否的另一个关键点，即是它所支持的技术为用户提供的体验。在体验中，用户可以了解到搜索引擎的运行速度、搜索结果的准确性、排序、更新以及对中文语言的支持等，这些都是用户最终选择该搜索引擎的标准。

百度此时所要面对的，是世界上能与之抗衡的最强大对手。无论是用户流量，还是用户体验方面，Google 都做的非常完美。更重要的是，Google 在全球有众多粉丝。

彼时，搜索领域的劲敌狭路相逢，即将在中国互联网市场上摆开阵势，一决雌雄！

Google 很强大，李彦宏对其飞速的成长由衷钦佩，眼下要与之竞技，这让他很兴奋——终于有机会和 Google 面对面较量了。也就是在将要大决战的背景下，他大胆启动了让所有百度员工为之疯狂的"闪电计划"。

李彦宏所交代的"闪电计划"内容是：在 9 个月时间之内，快速提高百度的搜索引擎技术，达到能与 Google 相抗衡的水平，并且在这段时间内，百度的日访问量要达到过去的十倍，日下载数据的信息量要比 Google 多 30%，网页速度和用户搜索内容的更新频率也要全面超过 Google，只允许他们英文比我们多，但决不允许中文比我们强。

简单点说，李彦宏的心思是，在中国地盘，一切都得听我的！

百度的规模随着全体员工众志成城而越来越大，员工也在不停地"新陈代谢"，比起创业之初，很多老员工热情减半。李彦宏和刘建国，则是希望通过这个项目，把早期创业时员工的热情再次点燃，在应战 Google 的过程中练就一支更强大的队伍。

"闪电计划"的第一项目负责人是雷鸣。

李彦宏一直都很欣赏雷鸣，称他为搜索引擎界的天才。雷鸣毕业于北京大学计算机系，是硕士研究生，人很聪明，又踏实灵活。在进入百度之前，他一直跟着刘建国做天网，主要负责网络建设和后期维护。这样的种子选手负责这样的大计划，看来是相得益彰的。

巧合的是，在李彦宏宣布"闪电计划"当天，外面下起了暴雨，电闪雷鸣。2002 年 3 月，百度与 Google 的正面交战，就在这般电闪雷鸣中打响了第一枪。

"闪电小组"在与 Google 交战中，自然没有血洒战场的英勇壮举，而是充满智慧的较量。他们买了一台遥控汽车，主要用来传递资料，这样能省去不少腿脚功夫，而不少员工为了省时，更是用滑板车代步出入各个部门。

那一时段，"闪电小组"重拾往日激情，小团队内部尽是一片忙碌之景，员工们亦是忘却疲惫，甘苦与共，当年资源宾馆内的欢乐与激情又回到了百度。

百度员工们个个摩拳擦掌，可要想在 9 个月内摆平 Google 这个来自大洋彼岸，如同猛虎一般的异国霸主，仅凭良好的心态和欢声笑语是不够的。因此，李彦宏将更多的人力、物力都投入到了"闪电小组"中，让更多老员工都感受到他对这个项目的重视程度，绝不亚于创业初期所面临的任何一次挑战。

每周例行的两次会议，李彦宏都会表现出异常严谨和细致的态度，每个工作日的工作内容，他也都要亲自过目，并详细安排。他还要求，所有员工要在早上 9 点准时上班。过去他从来都没有如此要求过，在工作制度上，百度倒是和 Google 有些相似，都是"感性工作制"，直到今天，百度都没有打卡机。

　　几个月后，"闪电计划"完成了第一阶段工作。雷鸣在工作总结中表示，他需要重新考虑自己的职业规划，因其自感在工作中稍有不足，所以决定去美国读商业学院，希望从公司的重要项目中尽快抽身而出。

　　李彦宏随即亲自上阵，监督"闪电计划"接下来的所有工作，他担任起了"闪电小组长"的角色，刘建国为"闪电副组长"。在百度的历史上，从来没有出现过总裁和副总裁同时在项目中任职的情形，"闪电计划"是唯一的一个，这并非无奈之举，而是由于李彦宏重视之深。

　　在执行"闪电计划"的过程中，多数员工倍感疲劳，面对Google 这个庞然大物，有些人甚至泄气了，觉得超过 Google 的目标有点遥不可及。部分工程师开始出现因压力过大而工作效率极低的情况，他们在规定时间内无法完成工作，需要加班时，又会出现焦躁情绪。显然，这不是好征兆。

　　有人曾打探过，Google 内部的技术人员有 800 人之多，堪称魔鬼兵团，而闪电小组只有区区 15 人，如此悬殊的差距摆在众人眼前，这岂是天地之差所能形容？一瞬间，闪电小组内的若干战将打蔫儿了，整日忧心忡忡，反复问自己："我们真的能战胜Google 吗？"

　　李彦宏见势不好，挺身而出，组织了一次动员大会，会上他积极鼓励大家："我们是在自己的国家'打仗'，你们每个人平时不都对 Google 不服气吗？这回真刀真枪干起来了，谁怕谁？"

　　在会议上，他反复向战友们灌输一个思想——做闪电计划这个项目，你们今天会恨我，但是明天你们会爱上我。同时，他轮流询问战友们同一个问题——你有信心吗？崔珊珊、郭眈……每个队员都给予了李彦宏肯定的回答。李彦宏用这样的激励方式，点燃了每个队员的小宇宙，也激发了他们的战斗热情。

李彦宏的鼓励没有白费，闪电计划顺利渡过了项目中期。中期所完成的任务量，达到了目标任务的98%左右，这是个让众人都始料不及的结果，当初没人相信会做的这么出色，这样的事实，也更坚定了他们势要达到100%的决心。

那时的李彦宏，白天会见客户，晚上接待媒体，不停地推广闪电计划。事实上，对他而言，对战的结局不是将Google排挤出中国，而是让所有中国网络用户意识到百度的存在，中国人有自己的搜索引擎，且并不比Google差。

2003年6月，中国教育报发起了题为"GoogleVSBaidu——两大搜索引擎对决搜索之巅"的万人公测，这是首次将百度和Google摆在公众面前进行一对一的较量。中国电脑教育网通过网络征集了1万名体验者，他们在登陆中国电脑教育网所提供的网站后，网站会出现一个网页，一左一右，分别是百度与Google。

为了保证对比结果的公正性，中国电脑教育网将网站做了技术处理，登陆者只能看到搜索框，左右两边完全相同，没有logo，没有颜色，完全无法区分百度与Google各在哪一边。当用户进入测评页面时，百度和Google将会随机出现在左边或右边。每个体验者可任选一组关键词，用两个搜索引擎分别查询，并且每个体验者至少比较三次，这样一来，万人公测就会有至少3万组比较信息。

6月4日，经过为期一周的评选，在3万个比较结果中，约有55%的人认为百度比Google好用，有35%的人认为Google比百度好用。结果一放出，便出现了各种猜测，一时间众说纷纭。

有人认为，百度在幕后利用公关关系对结果做了手脚；有人更是笃定地说，这场对战完全是由百度在幕后指使的，比赛结果也只是百度宣传自己的噱头。

如果万人公测真的是百度实施的营销策略，那也要承认，李彦宏的作战计划又一次达到了目的。百度用"田忌赛马"的方式，借用了 Google 的名气，激发了国内用户的爱国情怀，从而提高了百度的人气。

不管外界如何评价这次比赛，最终结果摆在眼前，此时的百度已有资格且具备与 Google 正面交战的实力。

最终，百度在这场正面交战中取得了胜利，闪电计划的后期，李彦宏所期望达到的所有任务目标都提前完成。结果是辉煌的，但百度的胜出并没有让 Google 退出中国市场，而是让更多人删掉了 Google 的链接，选择了最适合自己的百度。

"迷糊哥"的迷踪拳

当一个企业屹立于领域巅峰之位时，成功的快感已不能让它得到满足，它更需要一个对手来证明自身存在的价值。此时，赚再多的钱也变得毫无意义，独孤求败，只能赚到寂寞。

百度与 Google，与其说是棋逢对手，不如说是天造地设的一对宿敌。在这个世界上，很难再找到像它们这样，各个方面无限接近于自己的对手了。同样的硅谷创业经历，同样的艰辛发展历程，同样的技术领域，同样的运作模式，同样的网站风格，同样的企业文化，就连在纳斯达克创造的辉煌都如出一辙，最重要的是，两家公司会一直坚持对收购持股计划做最全面的保护。

两家公司唯一不同的，也许只是上市时间的差距，还有地理位置的不同，一个在美国的车库，一个在中国北大资源宾馆。

时间飞逝，百度上市前的第三次融资，Google 出人意料的出现在 8 家风险投资公司的名单上，两家公司的高调融合，再一次成为全世界的焦点。往昔对手，今日队友。Google 入资百度，外人看来相得益彰，实际工作却"貌合神离"。百度登陆纳斯达克，拉开了中国企业冲击美国市场的序幕，Google 进入中国市场，也吹起了国际大户进攻中国网络市场的号角。人们会高呼前往美国的百度为"华裔 Google"，而对只身来到中国的 Google 则称其为"美籍百度"。

引擎大战早已打响，此番中国之战又将出现何等盛况呢？Google 注资百度，让人产生了无限联想。究竟是百度"欲擒故纵"，还是 Google "醉翁之意不在酒"？

百度接受了 Google 的注资之后，竟意外地在一年时间内席卷了纳斯达克，这不禁让人再次产生疑问，到底是施密特重蹈雅虎覆辙彻底失败，还是另一个惊天阴谋的开始？

李彦宏不愿透露 Google 在此次融资中的具体注资金额，Google 却自己爆料：用 499 万美元得到了百度 2.6% 的股权。

很多媒体都认为，这是 Google 决意争夺中国市场的开始。业内资深人士表示，Google 的注资行为，必然是为了收购，毕竟它不会笨到自己出钱去养一个"怪物"一般的对手。此前，除了雅虎和 3721 的先例之外，还有 eBay 注资易趣的事实。不过，大多数网民还是愿意相信，两家公司是为了共谋搜索大计，双剑合璧，强强联合。

雅虎中国总裁周鸿祎说，在中国的互联网市场上，尤其是搜索行业，Google 和雅虎中国的争夺战早已开始，主打品牌争夺战。而百度的另一大劲敌——中国搜索的总裁陈沛则认为，其实 Google 注资百度并没有太大的问题，对国内的搜索市场来说，只不过是两个对手变成了一个更厉害的对手。当时，Google 正处于上市缄默期，并没有对此做太多回应，直到今天，Google 仍然没有对外表示过注资百度的任何想法。

对此，李彦宏用他一贯的自信和执着坚决声明，Google 并没有得到百度的绝对控股权，百度也不会让 Google 拥有这样的权利，而 Google 方面也从未提起过关于百度运作方面的投资。百度更多的则是希望能借助与 Google 的合作机会，将百度的名字推销到海外市场，且通过技术上的学习，来促进品牌效应、增加品牌能力。

李彦宏很早就说过："Google 是一个成熟的搜索引擎，它比其他任何人都了解百度的价值。"当然，他心里其实也很清楚，Google 无疑是百度最强大的竞争对手，只是两者之间的关系并没有外界渲染的那样丰富多彩，彼此只不过是单纯的企业与股东的关系。在 Google 的产品中，也包括中文搜索，所以在行业竞争方面，一定要将两者分开才行。

他还表示，身为股东的 Google，其实是很被动的，在很多方面，在不暴露自己的商业计划的同时，还要与百度做适当的交流。

遗憾的是，李彦宏的解释显然无法满足人们对"百谷之战"的好奇心。随后，百度用行动向所有人展现了两家公司在合作后的精彩表现。

Google 虽然没做任何表示，但其很多动作却明显说明了问题。Google 很清楚，百度在中国国内具有超大的搜索市场份额，然而在整体技术、团队实力、经济实力、品牌效应等方面，它并不能与 Google 抗衡。甚至于，在某些方面来看，百度与雅虎、微软都不在一个层面上。

雅虎的 YST 技术推出在即，并且通过收购 3721 得到了更多的中国网络渠道；Google 也在此时选择继续融资，其融资金额将达到 27 亿美元，在资金、技术、实力等方面的富足，决定了其想要大步迈进中国市场，是无法阻挡的。换言之，百度通过收购 hao123 提高整体实力后，雅虎、Google 也都在疯狂地给自己补给养分。

在李彦宏眼里，Google 有着潜在的"暴力"行为，Google 不是想进入中国市场，而是想拥有中国市场。

百度当时的实力，虽然已由创业前期转入盈利期，但整体实力与 Google 相比，仍然显得单薄很多。因此，百度上市被众多媒体描述成对战 Google 的唯一方式，所以，很多人在当时并不看好百度上市。

原因很简单，中国概念股在国际市场上属于新鲜产物，很难得到海外投资者的青睐。更何况，2004 年时，盛大融资金额从 2.5 亿美元降低到 1.5 亿美元；此时 Google 即将上市，百度作为雅虎和 Google 的竞争对手，如果选择上市，在融资方面将会受到很大阻碍，投资者们很难对百度建立信心。

从另一方面来看，百度上市的想法应是谋划了很多年的，李彦宏利用百度上市前一年的准备时间在观察 Google，并且避开了与它的直接比较，而若与 Google 同期上市，Google 将会大幅度瓜分融资金额，百度很容易像盛大一样"流血"上市。

最终的事实证明了一切假设的荒诞性，李彦宏成功带领百度登高而呼，且呼声越来越高，高出了任何业内人士的早期估算，这是令人难以置信的。

对于 Google 而言，想要进入中国市场，只有两种方式，一是收购，二是创业。Google 在中国市场上的运营，其实并不成功。在毫无作为的情况下，团队不够完善，甚至服务器都选择放在美国。

对此，很多人认为，Google 降低在中国的投入，并且避免了重复建设和设备资源浪费，是在为通过收购的方式进入中国市场做准备。同时，美国市场显然已无法满足 Google，它在美国的互联网广告市场已经逐渐趋于饱和状态，不得不选择扩展欧洲市场、亚太市场，甚至是日本市场，中国市场也是 Google 的必然选择。简单点说，Google 如果一直在美国发展，未来的路将越来越窄。故此，想来中国，就得先和百度搞好关系。

不得不说，Google 的设想很完美。首先，在技术上，两家公司都是围绕"竞价排名搜索"在建立业务，而且百度在创立第一天就与 Google 十分相似，若能得到百度，完全不需要做太多工作，直接改掉域名，改掉 logo 就可以了。这样一来，不仅一举多得，还能在拥有百度的流量和资源的同时，将本土市场顺利揽入怀中。

显然，现实绝不如想象那样简单。其实，Google 也很担心，如果收购失败，百度在上市之后将会扩充资金空间，会对 Google 施加更大的压力，如此，Google 在中国的市场将会再次被压缩。

另一方面，一旦 Google 不通过收购的方式进入中国市场，很难在短期内建立起完善的本土团队。因此，Google 注资百度，也许是无奈中的唯一选择，抱着"走一步算一步的心态"，用"迷糊的迷踪拳"掩饰着自己无法在中国市场上取胜的迷茫。一言以蔽之，注资百度才是 Google 的唯一办法。就像李彦宏所说的，Google 其实很被动。

击碎施密特的"算盘"

此时的 Google，大有骑虎难下之感，只能硬着头皮继续前进，因为它一旦放弃中国市场，就是变相地向百度投降。作为 Google 的董事长，施密特对自己的豪言矢志不渝。

在百度上市之前，施密特仍然信心满满地对外宣称，Google 将在 2005 年全面进军中国互联网市场，而在谈及进入之后的具体运营模式时，他显得底气不足，他说，具体的形式要看与百度的谈判结果。

李彦宏心里很清楚施密特葫芦里卖的是什么药，Google 注资百度之后，只有两种选择：第一，Google 只单纯做股东；第二，双方合作。李彦宏建议 Google 选择后者，通过双方合作，Google 可以拥有百度更多的股份，甚至最后可以成立合资公司。

其实，对 Google 而言，这是最好的选择，只要合资公司成立，其便顺风顺水地来到了中国。不过，野心勃勃的施密特根本不满足于此，他一心想着收购百度。可惜，施密特随后犯了一个大错——他的狂妄自大断送了自己的大好计划。估计日后，他都会感叹自己当年真的是"养虎为患"了。

施密特迅速来到中国，于 2005 年 6 月的某个夜晚，秘密前往北京中关村理想国际大厦。

施密特的举动，被外界媒体称作"Google 收购百度的延续"。

他坐在位于理想国际大厦 12 楼的百度办公室，此时的他，心里最大的感受就是，"中国版 Google"居然在舒适程度上完全不输给 Google。他自以为是的优越感，在面对眼前的现实时彻底消失了，他原本愉悦的心情也顿时乌云密布。

李彦宏给施密特递过一杯咖啡，两人便谈了起来。至于两人到底商谈了些什么，至今没人能透出详细信息。据说，施密特在谈话中提到过关于收购的建议，而且对百度来说是极其诱人的条件。不过，李彦宏态度强硬，对于施密特的天价合约他不仅没有动心，反而明确告诉施密特，百度要上市，百度要独立上市，百度要在纳斯达克独立上市，上市之后还要坚持独立发展的道路！

几天后，百度向外界发表了"百度独立宣言声明"。当 Google 员工将这个消息传达给施密特的时候，这位久经沙场的商界精英气得半天说不出话来。

李彦宏是在后来听说施密特生气的，他骄傲地对外声称："百度的中文搜索技术是强大的，人才是最好的，渠道是最完善的。"

从当时来看，人才，是 Google 在中国发展的最大阻碍之一。双字节远比单字节变化更多，同样是做用户体验，中文搜索引擎需要更多的时间去积累大量用户信息，Google 想要在短期内便开发出胜过百度的中文搜索引擎，简直是痴人说梦。

同时，Google 在销售模式上，也要因中国市场而发生改变。在美国，Google 可以运用其擅长的直销模式，而在中国，更多的则是要选择代理模式。这样一来，Google 在面对百度相对完善的营销渠道时，想要去重新打造一个与之匹敌的销售渠道，在时间上将是无法预计的。

在中国，使用百度搜索引擎的用户早已突破 1 亿大关，而在美国，搜索引擎的普及率则达到 67%。从数据上很容易看出，此时搜索引擎已渐渐取代了门户网站，在未来很可能成为互联网应用范围内的霸主。

就在施密特因不甘心就此败下阵来，而重新制定新计划的时候，李彦宏却悄悄地走上了曼哈顿 43 街。

在百度成功登入纳斯达克时，施密特一下子傻眼了，他意识到了自己的失策。百度的上市，说明施密特的收购计划已彻底泡汤。

施密特有些慌了，定了定心神，他还是冷静地接受了这个事实。随后，他带领 Google 精英团队来到中国，迅速展开了自建中国区总部计划的实地考察工作。与此同时，Google 身后的微软正在伺机而动。Google 与微软之间的"摩擦"，将会在不久的将来演变成正面冲突。为了避免后院起火，Google 不惜重金将当时在微软任职的全球副总裁李开复招致麾下，以此来辅佐自己与百度的世纪之战。

李开复来到 Google 以后，主要负责 Google 在中国市场的研究工作，并担任 Google 中国区的总裁。对于 Google 来说，李开复是中国战略中的"鬼牌"。他了解中国市场，熟悉中文应用，他有中国人最本质的东西，因此，Google 把所有对中国市场的美好梦想，都押在了李开复身上。

在百度上市前，李开复已在 Google 任职。对此，李彦宏微笑回应，他觉得施密特是个很有趣的人。很多专业人士认为，Google 此举，是想通过建立中国总部，加上李开复的中国效应给予百度双重压力，这样一来，Google 就可以降低投资者对百度的关注度，影响百度在纳斯达克的表现。

这个道理很简单，Google 的全球品牌效应具有足够的说服力，现在有了李开复的加入，就说明 Google 也具备了中文市场的竞争力。这样的话，投资者就会认为，Google 同样拥有这样的实力，为什么还要选择百度呢？外力施压，百度的股价就会被压制，甚至降低。

从道理上看，形势的确可能朝着施密特的设想发展。然而，现实令其大失所望，也证明这一切都只不过是他的臆想罢了。

施密特本想借此机会对百度落井下石，却没想到百度居然力挽狂澜，扭转局势，借着 Google 的"东风"扶摇直上，其风光程度已经超过了当年的 Google，真可谓搬起石头砸自己的脚。

事实上，李彦宏早就料到施密特会在百度上市前出怪招，故对此早有防备。他对百度上市做了周密的计划，终而将施密特收购百度的幻想彻底扼杀在了摇篮里。

Google 作为持有百度 2.6% 股权的股东，并没有出现在献售股东的名单上，导致 Google 在毫无防备的情况下套现了手中仅有的百度股权。李彦宏可谓神机妙算，为了避免施密特从中使诈恶意收购，便制订了"牛卡计划"来应对。这一计划，可谓是为施密特量身定做的。"牛卡计划"与新浪推出的"毒丸计划"颇有几分相似。新浪曾用"毒丸计划"抵挡了盛大的强行收购，并保住了所有股权。

从百度的招股说明书上可以明显看出，其在纳斯达克上市之后，将股票分为 A、B 两种，即将新发行的股票定为 A 股，原始所持有的股票定为 B 股，并规定，1 股 A 股的表决权相当于 10 股 B 股的表决权。更重要的说明是，一旦某组织、公司买下 B 类股票，B 股将立即转为 A 股。

当百度 IPO 结束之后，全部新发行的 A 股将占总股本的

10%，而李彦宏与百度的其他高管拥有百度总股份的 35% 以上，其他大小股东则占有余下的 54% 的股份。这样一来，就算 Google 将除李彦宏之外的所有股份都买下，由于 B 转 A 的机制，Google 所拥有的最终表决权也将低于李彦宏和百度高官。换言之，Google 不管怎么收购，都无法通过控股来支配百度。李彦宏在"牛卡计划"上稍稍用了点小心思，便成功地反击了施密特。

纵然如此，施密特也并未对百度死心。随后，他发动自己的老板布林和佩吉，通过各种各样的方法来游说李彦宏，并屡次表达"合作"意向。就连李开复都被施密特怂恿，在 2005 年美国之行时，向李彦宏和百度示好，并称，我们愿意跟所有的公司合作，包括竞争对手。

让他们遗憾的是，不管怎样游说，李彦宏丝毫不松口，他的目标很明确：百度是中国的百度。时至今日，施密特仍对百度垂涎三尺，可也仅能是垂涎了。

互联网的战斗

百度与 Google，生来似乎就"势不两立"，一个是中文搜索之王，一个是国际搜索霸主，他们之间的明争暗斗，随着时间的推移并未曾平息，反而有愈发激烈之势。

2013 年 3 月，CNN Money 及 Tech in Asia 发布了惊人的消息，称百度每日处理的搜索量超过了 50 亿次，在搜索领域已将 Google 抛在身后。

对此，很多人都在质疑，难道百度已经超越了 Google？

据百度相关负责人介绍，这 50 亿次的搜索量分别来自垂直搜索领域、社区网站和百度联盟合作网站，其中大部分搜索量均来自中国。

2012 年 8 月，根据 Tech in Asia 的统计，Google 每月搜索量为 1000 亿次，其中每日搜索量在 33 亿次左右，比百度的确低了不少。但是，这项数据只是单纯在搜索引擎方面，并不包括 Google 旗下十分热门的 YouTube 和 Gmail。

虽然两家公司的搜索量相差悬殊，可不管是"胜家"还是"败家"，均未对此做出任何回应，不是不争，而是两个老冤家的恩怨早已从 PC 端转向了移动端。

其实，在 2012 年以后，Google 一直都在调整在中国的营收结构，以搜索引擎广告向展示广告、Android 平台等移动端过渡，并以此为主要业务。

在移动搜索布局上，Google 将出口业务作为"Google 中国"的业务支柱。所谓出口业务，即是以 Google 为渠道，帮助中国企业在海外市场投放广告，并从中获得佣金的商业模式。Google 可以根据用户的需求向不同的消费地区投放搜索引擎广告、You-Tube 视频广告、AdSense 以及手机广告等。

相对于 Google，百度更具有前瞻性，先后推出了聚合搜索、时效搜索等功能，并亲自对应用内的搜索功能进行升级。显而易见，百度在移动端的布局正在逐步加深。

不仅如此，在 2013 年百度世界大会上，百度推出的轻应用战略将彻底破除 App 之间的信息樊篱。百度充分利用了流量入口的优势，与第三方开发者遵循统一的开发标准。

而随着"百度钱包"的发布，百度将搜索、轻应用、在线支付等功能实现了无缝对接，从而改变了传统百度只能获取信息的单一功能。尔时，用户可通过百度找到各种需求服务，在线即可完成真金白银的交易。

这一创新模式对百度来说，极具战略意义，投资商和分析师亦对此一致认可。百度近年来一直都在开发成长型业务，凭借其强大的资源优势，通过以点带面的方式，提高全国范围内的服务覆盖率，扶持轻应用开发者，提供多方面的支持。

相比之下，Google 在移动搜索方面则稍显消极，并未推出太多具有实际意义的移动端产品。而从其已经推出的产品形态来看，与其 PC 端的产品相差无几，同时其固执地坚持一贯的"少即是多"的原则。

对 Google 而言，搜索结果的精确度才是王道，但这多少稍显"任性"，毕竟这是凭借自己的意愿来定义用户的需求。故而，这些问题导致了 Google 在移动端一直都未能有所建树，单纯地依赖 AdMod 移动广告，是很难在 O2O 方面奏效的。大部分传统零售商仍会怀疑，有多少互联网用户会通过点击广告后到实体店进行消费？

为此，Google 提出了一个想法，即利用手机 GPS 功能跟踪用户，来证明其广告的时效性。但从现实角度来看，跟踪本身就是一种不可取的行为，有多少用户希望自己被跟踪？

这样一来，Google 便再次为百度创造了取胜的机会。百度意在通过用户主动搜索，将能够提供需求的商户精准地推荐给用户的方式而直接进入交易环节，这显然是技高一筹。

由此，Google 意识到，要想在中国市场与百度对抗，就需利用自己的技术优势"步入"百度的发展道路。

2013 年年末至 2014 年年初，Google 先后与演出票务公司

Ticketfly、Ticketmaster 和 AXS 签署合作协议，于是，Google 的网页及地图搜索界面中将会出现这几家票务公司演出的门票，用户可以直接在搜索结果页面中下单购买。

Google 推出了服务消费功能，表明其正在向连接人与服务这条道路上发展。而在这条路上，百度已经奋斗多年，且走得十分顺畅。两相对比，Google 显然落后了，好在他及时"醒悟"，却也为时不晚。那么，Google 走这条路，是基于哪方面的考虑呢？

从百度 2014 年的发展战略上来看，服务化和智能化才是主要发展战略。服务化主要体现在连接人与服务发面；智能化则体现在人工智能布局上。

在这两方面，Google 与百度的大方向是一致的，虽然在连接人与服务方面稍逊于百度，但在人工智能上却突出很多。比如 Google Glass、Google Brain 和无人汽车，这都是其几年前的项目了，而百度却仍处于追赶状态。换言之，Google 是想在这两方面都超越百度。

其实，Google 并不注重"服务化"，它把大部分精力都放在信息搜索和数据流动上。而在服务方面，它收购了 Groupon，可最后却不了了之。

百度却在搜索服务化道路上进行得更为彻底。先是整合了糯米网，随后又开始做百度外卖、互联网金融、百度动物园、百度智能厨房等类似的服务型业务，Google 却没有任何行动。

在移动互联网时代，用户对服务的需求越来越多元化。思及此，在移动端败给百度之后，Google 不得不将业务核心转向"搜索服务化"。

两大巨头隔洋对峙，虽然转移了战略方向，但在移动端的激战仍在进行。

其实，Google 和百度除搜索领域的业务外，在其他业务上走的完全是截然不同之路。从两家公司的产品上便可一窥端倪，同时两家公司各自的理念也是十分迥异的。

作为世界上最大的两个搜索引擎，Google 和百度总是被拿来作比较，二者其实有着共同的使命，即根据用户的需求，检索出互联网世界中最精确的答案。

Google 追求的是科技和速度，在加速信息流转的同时，尽量减少用户停留在搜索页面上的时间，突出其高效性；而百度则想要通过整合数据，使用户在享受高速、便捷的同时，获得更加精准的搜索结果。

简单地说，Google 追求的是搜索时间越短越好，百度追求的则是"一步到位"。

百度不断地推出创新型产品——贴吧、知道、百科等自有内容频道，受到了用户的一致好评。而 Google 只是在面临 Faceebook 的强势崛起之后，才将 Google + 推至台前，以期在重压之下扳回一局。

事实上，百度之所以更能体现其想要让用户在搜索页面消费的服务，主要依托于李彦宏所提出的"框计算"理念，并通过"阿拉丁计划"将其实现。这样一来，便可以顺利地将第三方网站、企业的数据和服务主动与百度对接，从而使用户在搜索结果中直接享受服务。比如百度的"微购"，可以直接在搜索结果中购买服务。

除此之外，用户还可以在搜索结果中享受电商服务，在搜索结果中直接查询快递单号、邮政编号、区域电话号码，亦能在相关频道进行 MP3 下载、APP 下载等，这不仅减少了网页跳转次数，还增加了结果的准确性和高效性。显然，百度在连接与人服务上比 Google 做得更早、更优。

互联网的智能化和服务化，被两家公司视为未来的发展核心，二者均在这两方面深挖自作，并各有千秋。若说二者到底孰优孰劣，想来是难以明确给出答案的，唯一可以断定的是，他们必将在互联网时代激流勇进，书写各自的神话。

值得玩味的是，李彦宏看住了中国市场，让 Google 每每栽跟头，这倒是确有其事的，若单从这方面来看，百度显然棋高一着。那么，更懂中文的百度，其身上又有哪些需要老对手学习的优点呢？

"懂" 你才能征服你

百度因何成功？百度因何如四两拨千斤一般战胜了 Google？这一直以来都是人们乐于探讨的话题。有人认为，百度与 Google 之间的争夺热情，似乎在文化差异的影响下开始冷却，百度专注于中文搜索的开发，Google 只是单纯在做产品开发。

在中文搜索引擎市场上，Google 已没有任何与百度竞争的实力；在世界搜索引擎市场上，百度仅依靠中国市场就可超越 Google。因此，两家公司的争斗，并非纠结于文化差异，市场背景也起到了至关重要的牵制作用。

很多人喜欢拿百度和 Google 做比较，但真正懂得搜索引擎的用户都明白，百度和 Google 放在一起作对比，并不客观。

随着科技的发展，互联网神速般地更新，这也使得百度与

Google 在新产品的设计理念上出现了巨大差异。

百度的一切产品，都是围绕着用户体验开发设计的，其更懂得互联网用户的需求；Google 则坚持以研究先进的技术为主要发展目标，并没有考虑到用户是否真的需要这些技术。因而，百度赢得了更多用户，Google 只是拥有了更多追随者。

一些百度元老都曾打过一个比方：Google 就像是高高在上的太阳，百度则如神秘深邃的黑洞；太阳拥有强大的能源基础，任性地释放着让人无法抗拒的光芒，但大多数人只能被动接受，Google 并没有考虑过对方是否真的需要；而黑洞则是通过其内部的不断努力创造出更具有针对性的能量，并将这种能量转化成对事物的吸引力，这样一来，用户会更主动地去选择它，直到依赖，无法自拔为止。

Google 与百度的终极目标也不相同。Google 像个有理想的青年，其意在索引地球上所存在的每一条数据信息；而百度同样是个有理想的青年，但他旨在为用户提供最便捷、最快速的信息获取方式。Google 给人一种"我要做什么"的感觉，百度则给人一种"我要如何帮助别人"的感觉。相比之下，Google "以我为主"，显得很自私；百度则"为人奉献"。

百度虽然想法单一，但目的十分明确。百度的员工从来不会为索引了多少网页数量而获得成就感，他们更在乎的是互联网用户能通过百度解决多少问题。

说 Google 重技术，其实也并非盲目进行技术创新，它拥有很多极具创新性且十分炫丽的产品，这自然依赖其强大的科技研发能力以及雄厚的资本。Google 的研发原则很简单，鼓励技术人员发挥天马行空的想象力，只要员工敢想，Google 就会努力去实现，它有能力去承担任何产品失败所带来的后果，因此，它每年要在新技术研发上投入超高额的成本。

不过，相对于市场的需求来说，这种天马行空式的创造力未必是一件靠谱的事。前百度产品副总裁、首席产品架构师俞军曾说，"一些非常炫的产品和技术，百度并不是做不到"，最主要的原因是，从李彦宏到产品经理，再到工程师都不想做，而从互联网市场的现实情况来考量，这种产品的受众率并不大。

百度做产品，首先看好市场的需求量，根据最终的使用情况进行判断，只有在拥有大量用户，能够切实地帮助用户的前提下才会去做。俞军说："从某种角度来讲，百度是比较利他主义的，这种价值观更符合互联网时代的精神。"

虽然有这样的差异，但中国的搜索引擎市场对 Google 来说，并不算是最难啃的骨头。如果 Google 付诸全力进行博弈，想要大量占领中国市场份额，不是做不到。在中国投下几十亿或者更多的资本，对百度是件极其恐怖的事情，可对 Google 不然。对此，李彦宏也承认，"Google 真的这样做了，百度难免会有很大的压力。"

事实上，百度与 Google 在以往的市场争夺战中，并没有过多的胜算，可以说是铤而走险，就算 Google 没有全力迎战百度，百度的压力也已经很大了。当然，百度能走到今天，并不是对手心慈手软，而是得益于其坚韧不拔的奋斗精神。

诚然，百度有时也会"走运"，这个幸运点就是在对手犯错误的时候，百度抓住了快速发展的机遇，奋力一搏，将可能变成现实。

李彦宏说："百度也有自己的优势。"他指的优势，主要体现在两方面：第一，百度已经取得了中文搜索引擎市场的主导地位，无论从哪一家公司的市场调研报告来看，百度在中文搜索领域的市场占有率都是第一；第二，百度专注于做搜索引擎领域，并且大部分产品只针对中文市场。所以，在市场与竞争对手做较量的时候，它拥有更多的优势，能在最初时段发现用户的某些重要需求，并优先满足用户需求。

从搜索引擎的发展历史来看，任何一家搜索引擎公司在起步阶段都曾受到市场的欢迎，并不是依靠资金实力获得成功的，他们都专注于技术，把所用工作重心都放在用户体验上。当他们被用户关注，并且喜欢上这种感觉时，他们就开始赚钱了，也就有资本扩展技术领域，实现产品多元化，从而进入门户网站领域或者其他行业。遗憾的是，这个看似顺畅的成长之路，大部分公司都走得举步维艰。这也就是为什么百度成功的原因，其对搜索引擎的态度总是保持着专一、执着，在纳斯达克所有上市的互联网公司中，没有一家公司如百度一样只专注于搜索。

对此，百度从来没有动摇过。在门户网站市场最火热的时候，百度并没有一头扎入；在短信红得发紫，大把赚钱的时候，百度没有一头扎入；在网络游戏公司一家接着一家上市的时候，百度也没有一头扎入。专注于搜索，成就了今天独一无二的百度。

或许，在未来的若干年之后，百度不必再为自己做什么而发愁，只需花费更多时间，把已经做得很出色的搜索引擎做得更好。但是，百度对搜索的执着，并不代表它放弃了其他市场。对于并不擅长的行业和领域，百度以收购的形式进入。对此，李彦宏有一句经典的阐述，"不被市场接受的技术没有商业价值。"

若是想让技术在市场受宠，首先要明白用户要的是什么。为此，百度专门成立了一个部门——百度搜索行为研究实验室。研究室设在北京大学的一个实验室里，这里是百度用户研究团队的一个重要组成部分，同时也是中国第一家搜行科研中心，从这个实验室出来的优秀产品，都要经过无数次的用户体验研究后才会被投放市场。

搜索行为主要有3个研究目的，分别是探测（enplone）、改进（improve）和确定（confirm）。在这里，百度的搜索引擎技术可与北大的科研成果完美地结合在一起，团队内部采用国际先进方法来研究，如焦点小组、现场研究、可用性测试、日志分析等国内从来没有出现过的试验方法。这样的好处在于，在研发的过程中，能准确地掌握用户的搜索动机及使用习惯，继而得到更加全面的用户搜索需求信息。

百度以往的市场调研方式，是去市场对网民进行随机询问调查，而在搜索行为实验室中，则是开展应用性研究。首先，要有样本，而不是仅仅做出虚拟产品，将样本拿去给用户感受、评价，并通过观察用户上网动作来获得数据。百度搜索行为的研究宗旨是："行为比数据更重要。"

其实，百度搜索行为实验室中的研究员，并不只是单纯地在实验室内进行研究，他们经常会深入到互联网用户群体中进行搜索行为的实地考察。一般情况下，研究院会根据研究对象的需要，选择6种不同类型的互联网用户。其中，有精通网络的，也有很少上网的。然后，研究员们会将提前设计好的页面展示给这些用户，让他们进行搜索体验，并从中得到最真实的结果。

这种实验方式所得到的结果，并不只是用户使用产品后的意见反馈，研究人员们通过对体验用户的语言和行为习惯的记录，进行市场需求分析，并发现搜索引擎中需要改进之处。

而从实际情况来看，这种研究方式不仅在搜索行为实验室中会用到，在客户服务部、产品部、UE 部、技术部等所有部门都会经常用到。通过进行多种研究，最后拿到一手数据，再经过不同部门间的信息交流和鉴定，最后拿出终极结果。

如今，在百度内部已拥有 20 多种研究用户搜索行为的方法，针对每一种用户，百度皆有的放矢，为的是获得更有价值的数据，继而"从群众中来，到群众中去"。显然，说百度更懂中文，是因为其更懂中文用户。

"用户体验"是上帝

百度的成功，在于用户体验，那么所谓的用户体验，是否能更形象一些？难道只是单纯找来几个互联网用户使用百度的新产品，然后再去总结"用后感"？

在百度百科中，"体验"被定义为，满足用户的需求。对于百度产品，李彦宏下了这样的定义——新开发出来的成果，只有在用户都对其有所需时才能被称为"百度产品"，否则，不管做的多么绚丽多彩也都是枉费心力。

百度旗下的所有产品，都依照统一的原则，即从产品功能上满足用户需求。百度将搜索、贴吧、知道、音乐等应用比作生活中的商品，有的是衣服、有的是汽车、有的是一部手机，根据用户的不同需求，对产品不断地设计、改变功能，使产品形成所需要的"任何形态"。在这个过程中，设计人员不仅了解到用户的最新需求，也对用户更好地使用新产品起到了引导作用。

百度在产品使用价值上下了很多功夫，可这仍不是其努力的全部。它要做的是创新，并提倡将搜索引擎个性化，让用户体会到个性探索的乐趣。如百度设计的一些特殊的小图标，用户可以在网页通过识别图标来确认是否是百度的产品。这样一来，在满足用户需求的同时，亦能进行需求拓展，并再次满足这些需求。

百度产品的另一大特性，即"操作简单"。手机软件技术飞速发展，便利了人们的生活，但同时也让手机 app 在操作上难度大增。手机有上百个功能，很多功能对使用者来说其实用处不大，或不是不想用，而是因操作不便，只能放弃使用。同样，虚拟产品也存在这样的问题，百度在这一点上即做到了操作简单，在避免复杂操作的同时，在产品的应用上也要做到极致。

在百度系统中，对文辞有一条严格的规定，即"说'您'不说'你'"，用"网友"而不用"网民"。在亲切的同时也要做到简单无误，这样用户才会得到更好的体验。

与这些特性相比，百度还有更高级别的特性，即视觉特性。百度产品从风格上来看，并没有一直停留在提高用户功能需求的层次上。在用户需求被满足的同时，拥有轻松愉快的享受过程也同样是用户体验的一种。对百度产品感兴趣的用户，都是因百度操作的简单性、亲切的浏览界面、简单直观的视觉效果才接受其产品的。

百度人每时每刻都在思考其产品的真正实用价值，除了产品带来的超高流量，并创造价值之外，还有什么价值？

百度员工用贴吧说明了这个问题。百度在刚推出贴吧时，制定了一个目标计划，即若将贴吧带来的流量定为目标之一，那么贴吧就不会做到今天。因为，想要创造大流量很简单，如美女照片、敏感话题的文章、明星虚假绯闻，这些都是快速提升流量的利器，但这把双刃剑会一直抑制着百度社区产品的良性发展，最终只能自取灭亡。

有人就此提出了疑问，既然百度的产品能如此轻而易举地创造超高流量，那么不法分子是否会利用百度的这一优势，给社会带来混乱呢？这是一个值得深思的问题。搜索引擎所能创造的经济利益巨大，因此互联网点击率成了"注意力经济"的一个重要指标。

一些网站已经发现了这个指标，并通过一些特殊技术对搜索排名实施作弊行为，为的是让自己排在搜索结果靠前的位置。这些作弊网站，便被称作垃圾网站。

如果网络上出现一些热点新名词的时候，垃圾网站就会加以利用，使之成为最厉害的"作弊工具"。

不过，很多业内人士认为，垃圾网站并非百害而无一利。它在破坏市场规则的同时，也推动着搜索引擎技术的进步。

在搜索引擎发展初期，搜索引擎开发者为了能提高搜索的时效性和价值性，便开发了 metatag，即"超文本标志语言"，这一技术主要用来表现网页和网站的属性。

然而，此时混迹于互联网的人已经意识到，搜索结果排序的背后，隐藏着一个巨大的利益空间。故此，明白这个道理的网站开始追逐利益，不顾一切地增加网站流量。

这些垃圾网站会在 metatag 中加入超多的关键词和与网站毫不相关的流行关键字，比如，在上网时经常会看到一些网站上隐藏着各种各样的链接，一不小心就会有很多窗口强行弹出，并跳转到作弊网站设置的网页页面。如此，为了推动搜索引擎技术的 metatag 优化技术，就变成了"搜索引擎作弊工具"的基础技术。

那一时期，中国的互联网市场已经变成了满是搜索引擎作弊网站的泥潭，且依赖泥潭存活的人约有几十万。

此时，Google 也在全力对抗有作弊行为的垃圾网站，但建立一个完善的反垃圾网站系统要经历很长的周期，且对技术有极高的要求，所以 Google 也无法在短时间内拿出更有效的解决办法。

在搜索引擎与垃圾网站的长期对抗中，前者一直处于被动状态，并没有做出适当的反击。因此，能让用户使用到健康、绿色的搜索引擎，业已成为百度用户体验的又一特性。

当年"芙蓉姐姐"最走红的时候，百度里就有"芙蓉姐姐"的搜索关键词，通过该关键词，可检索到 1340000 个网页，其中前 40 页中，主要是各大门户网站关于"芙蓉姐姐"的信息。而在 Google 中，真正与芙蓉姐姐有关的信息早已被作弊的 blog 挤出搜索结果的 40 页之外。

百度之所以能正确地显示搜索结果，并不是因其搜索引擎在系统上偏好各大门户网站的新闻内容，而是其已在搜索引擎系统中添加了作弊网页自动删除功能。故而，符合"芙蓉姐姐"的网页内容会出现在正确的位置。

可即便如此，垃圾网站也没办法彻底革除，在搜索中，垃圾网站永远都会存在，它们的作弊行为会随着搜索引擎技术的发展而不断进步。遗憾的是，政府相关部门还没有对搜索作弊行为加以法律限制，所以搜索引擎只能依靠自己的技术力量与之战斗到底。

垃圾网站作弊行为随着业态的发展越发猖狂，互联网用户无法忍受弹窗所带来的困扰，于是大量反垃圾网站的人才脱颖而出。百度成立之初，就设立了反作弊的特殊部门，专门研究如何解决搜索引擎作弊行为。在长期的反作弊战争中，百度不仅培养出了一批优秀的反作弊网站精英，还吸纳了大量反垃圾网站专家加盟百度。百度将这些反作弊网站人才称为"百度最为宝贵的人才之一"。

对于使用搜索引擎的用户来说，任何需求的满足过程都始于关键词检索，这个过程不只是一次体验过程，而是由无数次检索构成的全面体验。而搜索作弊行为也是依赖于关键词而生的，其对用户造成困扰，用户就无法获得优质的搜索体验。

同时，用户可按照自己的个人意愿来判断搜索引擎的好与坏，随时都有可能更换搜索引擎，在更换时，不需消耗太多时间，不需支付任何成本，这样的零代价转移，对搜索引擎来说也是巨大的挑战。

这般来看，百度的未来仍非一片坦途，幸而，它在面对任何挑战之时都以为用户提供最佳体验为根本，这或许是它在一次次巨大考验面前，仍不会走上盛极而衰之路的保障。

7

一个百度，N 种打法

向海龙加盟

　　没有任何一家企业可以随便成功，艰难险阻，千锤百炼，这些都必不可少，经历了洗礼，方能突出重围，走向成功。

　　百度也不例外，从公司成立之初，争议和质疑似乎成了百度新产品的代名词。可对李彦宏来说，任何挫折和磨难都可化作成功的动力。

　　百度竞价排名模式非常成功，在国内颇受好评，很多代理商都对这个新的广告模式充满信心，也会为得到百度的代理资格兴奋不已，宛若中了彩票头奖一般，毕竟竞价排名是一条众所周知的赚钱新渠道。

　　凡事有例外，在百度的代理商中，也有个别不听话的。一家名为"巨网"的公司，就经常自作主张，不按照规定做业务。为了步调一致，百度取消了与这家代理公司的合作关系，但令其意想不到的是，巨网公司竟与媒体窜通，制造虚假新闻，故意模糊事实，随即，种种猜测和质疑之声接踵而至，给百度造成了巨大负面影响。

　　幸而事实最终被澄清，百度也免遭一劫。通过此次事件，李彦宏意识到，百度的代理制度存在巨大缺陷，唯一的解决办法就是"整合渠道"。随后百度决定，将所有代理商体系重新布局。

　　2005 年 3 月，百度成功收购了上海企浪公司。

　　企浪公司的创始人向海龙，毕业于华东师范大学计算机专业，大三时开始创业，毕业后创办了企浪，公司主要业务为虚拟主机、网站构建。

　　公司建立之初，由于市场需求量大，公司业务很多，始终都保持着强劲的发展趋势。为了便于运作，向海龙找了几个同学帮忙在网上做企浪的业务推广，旨在提高网站建设和虚拟主机等关键词的出现频率，让企浪的搜索结果出现在百度排名的较前端。

　　那时，搜狐也在用百度的搜索引擎，其发现了向海龙这种运作方式，便欲制止。向海龙十分聪明，借着这个机会找到了搜狐，表明自己愿意花钱保住虚拟主机、建站等关键词的排名。

　　搜狐相关负责人听向海龙这么一说，反倒不知该如何回应。当时，鲜有人接触过这种推广方式，想要赚钱，却不知道要价多少。最后，两家公司简单商议，向海龙以每月 2000 元的价格买下了关键词位置，不久，企浪成了搜狐最大的代理商。

　　百度刚推出竞价排名的时候，也在上海做过推广，但由于百度的门槛较高，很多有意向的公司只能望而却步。当时，公认的主流网站只有新浪和搜狐，大部分人对百度没有太多信任，且获得百度的代理资格需缴纳10万元保证金，这让一些中小代理商根本负担不起，而新浪和搜狐是不需要任何代理费的。况且竞价排名在市场上还未曾凸显出卓越的成效，中搜、163.TOM也都在做推广，因而百度并不是他们的唯一选择。

此时，百度正因上海代理商位置空缺而苦恼时，向海龙主动抛出橄榄枝，希望与百度二次合作。其实，向海龙在做代理商之前，曾购买过竞价排名的推广服务，那时他已意识到百度竞价排名蕴藏着无限广阔的商机。

如此，两家公司一拍即合，企浪顺利成为百度上海地区代理商，不久之后，成为了百度最大的代理商之一。

企浪加盟的第一年并没有什么起色，进入第二年的盲目消费期之后，其表现便出乎其类，拔乎其萃。仅2004年，企浪的竞价排名销售额就增长了270%，成为百度上海代理商之首，仅次于北京最大代理商。

在李彦宏眼里，上海市场和竞价排名拥有同样的潜力。上海市场极其重要，对百度未来的发展有着巨大的推动作用。为了能稳定百度的销售实力，李彦宏决定把向海龙拉进百度。很快，收购事宜进入流程，并顺利谈妥。

对于企浪与百度的合作，向海龙表示出了急切之情。他说，他之所以接受百度的收购，有两个原因：第一，百度足够强大，李彦宏足够强大；第二，他个人非常注重市场推广。

其实，企浪算是个家族企业，在管理上存在很多隐患。向海龙是想通过与百度的合作，学习到更多、更专业的企业管理经验。故此，他才同意了李彦宏的邀请，两家公司也就愉快地"合作"了。企浪为百度上海分公司，向海龙为公司总经理。

向海龙得到了自己想要的，李彦宏呢？成功收购企浪，对百度同样是一件一举两得的事：一方面，能提升团队的销售能力，并可在企浪原有的市场基础之上，进一步拓展百度在上海的市场空间；另一方面，百度断了搜狐的销售渠道。企浪是搜狐在上海最大的代理商，此时企浪归属百度，搜狐就只能重新找一家新公司负责上海的广告业务；遗憾的是，其后找来的那家新代理公司在诸多方面都远不及企浪。或许，这也是搜狐之后"狙击"百度的原因之一，毕竟百度"挖墙脚"了。

百度上海公司成立后，李彦宏便开始陆续在国内各大城市成立分公司，这其中，成绩最好的依然是上海分公司，其在两年的时间里，创造了百度历史上客户数量第一和销售额第一的业绩。

上海分公司的发展一日千里，可相比之下，其他城市分公司的发展却显得十分缓慢。不久，李彦宏把向海龙派去北京，予以辅导并进行考察。

向海龙到了北京分公司后，根据北京的市场情况做了详细调查分析，他很快就发现其中存在的严重问题。在向李彦宏汇报时他说：北京到处都是钱，就是捡不起来，因为管理太差。

对此，李彦宏并没有给向海龙太多意见，只是表示一切都按照他自己的想法去办就行了。

向海龙接过北京的职权之后，表现出一如既往的勤勉的工作态度。每天早上，第一个坐在办公室里的人永远是他，待员工到齐之后，他再开始部署工作、调整业务。且多数情况下，他总是最后一个离开公司。

这下，员工们曾经的抱怨和懒散，都被向海龙的热情和勤奋冲淡了。他的良苦用心也很快收到成效，经过一番整改之后，北京分公司在业务和业绩上有了明显起色。李彦宏对此并无多言："只要把北京市场交给向海龙，就可以放心的去做其他事情了。"三言两语，已尽表他对向海龙的信任。

向海龙在北京只用短短几个月时间，就对分公司的组织构架、业务流程、销售方式等进行了重建和调整，且在短期内解决了诸多实质问题，仅 3 月份的业绩增长速度，就已经超过了百度在国内所有分公司的平均增长速度。

随后，向海龙被提升为百度副总，全权负责百度竞价排名业务在全国范围内的销售管理工作。

百度北京公司的问题顺利解决后，在李彦宏的建议下，向海龙又马不停蹄地赶到百度华南分公司，继续做业务销售方面的管理工作。

如此快速的发展，让百度本身也有些不堪负荷。稍有疏忽，潜藏在各个方面的管理问题，就会暴露出来。尤其是环节中的问题，若不能及时调整，将会出现连锁反应，令某个问题在某一范围内快速滋长，终而出现"千里之堤，毁于蚁穴"的局面。

向海龙把全部精力都集中在业务销售上，希望百度能走上更精细化的发展道路，将所有市场统一、规范化管理。

鉴于营销模式尚不统一的情况，百度专门成立了业务支持团队，包括培训部和人事部。根据各地区不同的情况，先后在华东、华南、华北等地区成立了网络课堂，为百度全国各地的分公司提供优秀人才，代理商和分公司的工作人员都要在当地的网络课堂学习、培训后，才能正式上岗。

向海龙的到来，促成了百度业务的整合，是百度发展史上的另一个转折点，这对百度未来的发展具有积极的指向性意义。

精准广告投放

一个篱笆三个桩，一个好汉三个帮。李彦宏率领百度一路全速前进，可他一人之力毕竟有限，团队才是促成他最后登顶巅峰的决定性推力。在百度的"城市化扩张"中，向海龙的大力协助，让李彦宏有了更多时间去为百度的未来走向做一番详细思量。

通过对市场的观察，李彦宏慢慢发现，竞价排名模式经过市场的打磨后，变得愈发完善，在网络销售平台将会有更广阔的发展空间。只是，它并非完美，虽然能通过关键词准确地定位商品，可是结构形式太过死板。就像人们的日常生活中，不会单一地只对一件事感兴趣，喜欢用电脑上网获取信息的人，也会借助手机达到目的。窥见这个盲点，李彦宏看到了一种潜伏于互联网营销中的巨大商机。

如何将这个商机提炼出来，还有待李彦宏细细思虑。

随着人们对商品的需求趋于个性化，受众的注意力也失去了大方向，被细分到不同区间，加之传统广告已很难再勾起消费者的购买欲望，仅凭利用消费需求，显然无法获得更多利益。

李彦宏知道，关于互联网用户使用网络搜索商品，完全可通过跟踪用户搜索的关键词及网页轨迹，并通过复杂的数据分析来得知他所需求的商品。不仅如此，通过这个方法，还能知道用户对所需商品的关注程度，综合这些数据为用户制定广告，自然会更有的放矢地将广告投放率转化成客户购买率。

但这一切，都需要先进的数据分析技术和尖端的搜索引擎技术，既能对关键词进行语义分析，还能对所有用户的历史网络浏览轨迹进行统计和跟踪。而能够满足这些要求的互联网公司，唯有百度。

考虑清楚后，李彦宏带领百度团队研发了名为"精准广告"的全新广告模式。精准广告，主要以百度闻名世界的搜索引擎技术和庞大的网络用户行为数据库为基础，对互联网用户的上网行为进行"分化式"数据分析，根据广告主的广告投放需求选择目标用户，将不同的广告分配给检索该关键词的不同用户，从而将广告进行一对一推广，按照用户反馈效果进行收费。

李彦宏将百度技术上的优势，转化成了广告传播优势，用精准广告特有的能力，将分散在网络各处、拥有相同需求的用户整合在一起，为广告主提供了一个绝对理想的促销平台。该广告模式被投放在百度的各个频道，以及百度旗下的所有广告联盟网站。

其实，早在精准广告推出之前，百度已经开发过相关的广告模式。当时叫"关联广告"，是精准广告的前身，但经过测试和市场调查分析，发现关联广告并不能将数据精确到单个用户，只能涵盖某一群用户。故此，并没有取得多大成功，也渐渐被人们所遗忘。

百度"精准广告"推出不久后，便受到了全世界各大商户的追捧，其中包括世界 500 强中的奔驰、宝洁、欧莱雅等高端需求商户。各大媒体也纷纷锦上添花，对其进行详细报道，这一模式还被媒体称为"实现历史性突破的新型广告模式"。

百度的第一批客户，包括：摩托罗拉、宝马、兰蔻、AOC、迪斯尼等来自不同领域的高端客户。其中，宝马尝试性的精准广告投放极具代表性。

宝马的客户群，以中高端人士为基础，因此其极为重视目标消费人群。当时，由华阳联众广告公司的客户总监隋丹负责宝马相关事务。隋丹从业多年，对客户服务方面具有足够的经验和独特的分析能力。出于宝马的利益考虑，她很认同百度的精准广告。也正是在她的劝说下，宝马决定尝试百度的精准广告和搜索推广。

在宝马投放精准广告之后，百度对广告效果做了跟踪调查，通过得出的数据进行比对，来进行精准广告投放效果的衡量。从数据上可明显看出，宝马此次采用的精准广告模式的推广效果极好。

事实上，宝马对广告投放并没有太高要求，只要能把广告呈献给最需要的人即可。而这正是百度精准广告所能创造出的价值，因此宝马其后多次与百度合作投放精准广告。

宝马最开始投放精准广告的产品是宝马3系汽车，然后是5系，最后宝马的全部产品都参与其中。通过百度的精准广告投放，宝马得到了更多真正愿意选择宝马的客户，精准广告也成了宝马唯一持续使用的广告模式。

除了宝马这些作为第一批实验客户的品牌之外，精准广告还受到了房地产、数码、汽车、金融、奢侈品、酒类等行业内高端客户的青睐。

在宝马之后，一汽大众也决定对甲壳虫投放精准广告。大众有个很有趣的做法，在百度精准广告的用户范围内进行随机问卷调查，主要调查被投放的客户在看过广告后，对甲壳虫汽车有哪些想法。

据调查结果显示，在收到该广告的用户中，89%以上的用户看过广告后开始对甲壳虫汽车产生了兴趣，超过40%的用户因广告而有了购车打算。

如此高效的广告形式，让戴尔也有了"尝鲜"的想法。

早在 2002 年，戴尔就已在做百度竞价排名的业务了。不过，对于生面孔——精准广告，难免有些质疑，在决定投放精准广告之前，戴尔显得很谨慎。

为了能更准确地比较出媒体投放效果，戴尔也同样做了个有趣的测试：其同时在不同广告形式的广告公司进行广告投放，且在每家公司提供的广告中留下了不同的客服电话。广告投放后，通过对每个电话号码的来电次数及电话咨询转化成商品订单的转化率统计，来判断哪种广告最佳。

戴尔执着地认为，只有电话的来电次数才是衡量广告费用的最终标准，测试的结果有些遗憾，从精准广告所达到的效果来看，百度的成绩不算达标。李彦宏为了留住大客户，只能尊重戴尔的意见，将两家公司的合作计费方式予以修改，并采用咨询电话数量来计算广告费用。

为了能使精准广告这一改变历史的广告模式带来更多商机，百度在内部专门成立了一支由精英组成的精准广告服务部门，团队中招募了来自各行各业的专家，在保证广告主经济利益的同时，专家们提供了战略方案、效果勘测，并根据广告所达到的效果，对广告投放模式予以优化、调整。

精准广告的优势和所创造的价值有目共睹，在精准广告推出的一年多时间里，百度接纳了来自 19 个行业的 300 多个客户，这其中包括奔驰、宝马、沃尔沃、奥迪、路虎等国际知名汽车品牌，还有来自世界各地的房地产商、家电企业。就连同为互联网公司的易趣、eBay、阿里巴巴，也都一并"送钱"给百度了。

　　然而，就在投放企业和百度都在为精准广告所创造的傲人战绩欢呼时，一个恼人的声音出现了。很多人在弄清了精准广告的工作原理后，都提出了同样的问题：精准广告定位用户并跟踪用户上网轨迹的行为，是否侵犯了个人隐私权？

　　不久，李彦宏赶到上海，有幸在英国领事馆见到了英国首相，当提及精准广告侵权的问题时，李彦宏显得有些激动，两人也就"隐私权"问题展开了一番激烈辩论。

　　布朗认为，百度的"精准广告"能够知道用户每天都在搜索哪些信息，知道用户的喜好，还知道用户购买哪些东西，这样的行为应该属于侵犯用户隐私的行为，很多媒体还没有意识到这一点。而且，百度通过用户的个人信息赚钱，应该向用户支付对应的信息费用。

　　对此，李彦宏则表示，虽然百度知道了很多用户的个人信息，但实际上并不知道用户的具体身份，并且保证百度绝不会做出任何对用户造成伤害的行为。而且，百度一直以来都在向用户提供免费服务，只有赚到了钱才能够把服务做的更好，并提供更多的服务。

　　此时，布朗有些张口结舌，他便问李彦宏："未来的搜索引擎会是什么样子？会不会越来越智能？"

　　李彦宏则回答："人工智能只是其中的一部分，更多的还要靠百度知道这类产品来匹配自然语言的检索请求。"

　　对于精准广告的审视之声褒贬不一，而百度在设计精准广告的初期，就已意识到了这个问题，因此百度拿出了并没有侵权的证明。

　　李彦宏说："首先，百度不是根据 IP，而是根据 Cookies 来记录用户搜索行为的，Cookies 是用户在网上留下的痕迹；其次，百度虽然知道这个用户有可能买什么样的产品，但是并不知道这个用户是谁。百度从来没有真正记录过用户具有隐私性的信息，也不会把有可能比较敏感的产品广告，通过精准广告的方式投放给消费者，更不会向广告主提供任何一个客户或者消费者的隐私信息。百度只对受众进行一个相关性的排序，进行广告展现。"

抛开百度的对与错，其产品为人们创造的便捷性是不可否决的。精准广告作为以技术为王道的新型互联网营销模式，不仅使消费者与商家之间的供需应求关系更加准确，还推动着广告行业走上了新的高度，让互联网广告展示了其应有的价值。

百度联盟，合作共赢

网站之间的合作，是网站成立初期，快速提高流量的最佳办法。

百度在创业早期时，也经常与多家网站合作，其合作方式为：将百度尖端搜索引擎技术免费提供给各家网站使用，它们只要将百度提供的搜索框代码编写在网页的程序中即可。

当时，很多网站并没有独立开发搜索引擎的能力，就算有这样的技术，也不足以满足用户对搜索服务的需求。百度的这种互补方法，在网站行业间很受欢迎，在自己获得用户流量的同时，还为其他网站提供了便利条件，且推广了搜索引擎，可谓一举多得。

其实，百度推出竞价排名之后，与百度合作的网站都能从其收入中得到一部分提成，这种合作形式，便是百度早期的"网站联盟"。

2004 年，百度决定成立"网站联盟"。在此期间，百度在公司内部组建了发展联盟部，主要为网站联盟提供运营及发展等方面的相关服务。很快，联盟的队伍迅速壮大起来。随着业务量的快速增长，愿意与百度合作的网站越来越多，成员包括站长、网吧、电信、运营商、各类网站、大型软件公司，同时产品也在不断增加，从网页搜索框到网页主题、文字连接、图片与视频分享等，已被细分到每一个小环节上。

是时，百度联盟已经推出了多种业务形式，包括搜索引擎服务的推广、网站推广、开放平台合作。其中，平台指百度联盟推出的先锋论坛、联盟志、常青藤成长计划、互联网创业者俱乐部等多个服务交流平台，以供小伙伴们之间交流学习。在百度对百度联盟的推广和运作下，联盟内的很多企业及网站都得到了巨大的提高，并加速发展。

2011 年，百度联盟的注册成员数量已突破 50 万大关，每天的曝光次数超过了 45 亿，在国内外与 500 多款知名软件品牌合作，并为各大网吧提供互联网应用和救援服务，百度的搜索引擎，已经在全世界数亿计用户面前亮相了，可以说，当时的百度已影响了整个中国。

其实，百度并不是第一个推行联盟计划的公司，这之前，也有一些网站想到了网站联盟的形式，但最终都以失败告终。

鉴于失败的案例，百度联盟发展部做了详细的数据分析，他们认为，国内的大部分联盟形式都是从国外直接拿过来的，基本是换汤不换药，可由于文化差异和市场环境的不同，并不适合中国。想要让国内的联盟快速成长起来，就必须重建真正符合中国市场现状的联盟合作经营模式，而国内市场环境过于混乱，很多企业并不按照常理出牌，实在让人头痛。

反观百度，之所以能成功结交天下网络，除了其尖端的搜索引擎技术之外，还得益于其优秀的团队，他们能很好地掌控联盟的发展节奏，而在必要的时候，李彦宏也会对棘手的事做出最正确的判断。

对此，很多人都不服气，觉得这个节奏并不难把握。但事实上，这的确是个技术活，一旦出现问题，便很难收手。

原因是，联盟是在别人的市场上卖自己的东西，若是掌控不好，就会引起不必要的争端，在最佳时间犯错误，或是在不利的时间做正确的事，都会产生负面效果，也浪费了资源。而百度善于积累，尤其对信誉的积累更是其成功做好网站联盟的关键。

世界上最成功的网站联盟，是始建于 1996 年的亚马逊。亚马逊通过这种方式，为联盟内的网站提供各种各样的收入来源，将成千上万的网站养活，这也使得亚马逊成为网络 SOHO 人赖以生存的最经济渠道。

百度即是借鉴亚马逊的联盟模式，并将该模式改造得更加本土化。由此，百度联盟才能在国内成为规模最大的网站发展联盟。

几年之前，Google 也曾发起过网站联盟，但发展情况并不乐观，很难像百度联盟一样做的有声有色，也许，是"水土不服"的缘故。

对百度而言，联盟就像一个龙蛇混杂的小江湖，网站或是企业之间高低有分，千差万别，只有先了解彼此间的差距，才能知道这个联盟中最需要什么，然后再根据实际情况互帮互助。而成员之间也存在很大差异，在年龄上、教育程度上、行业观点上、目标上都迥然不同。

有的网站负责人年纪小，没有足够的经验，但敢拼、敢做、敢创新；有的站长年纪偏大，有足够的社会历练，可缺少了互联网的创新意识。表面来看，两者之间可以进行互补，但他们的差异却成了两者间的屏障。故而，在很多决策上，联盟无法采取一刀切的方式。在满足各自所需的同时，将差距最小化，才能促进联盟的进一步发展。

同时，百度也想让各位站长明白一个道理，加盟百度，并不是为了得到微薄的利益分成，更多的则是为了自身发展，自身快速发展所带来的价值，远大于利益分成所得的蝇头小利。

为此，百度将联盟定义为"发展计划提供者"，对成员们提供一条龙式服务，从沟通到服务，及时了解联盟伙伴的发展情况，让伙伴们得到更好的发展。

经过联盟内成员们的共同努力，很多站长的确有了巨大进步，在知识水平和行业认知方面亦有很大提升，这也促进了成员之间更为密切的合作，联盟内部的关系也由此越发融洽。

在百度联盟实现共赢的同时，百度整体实力也在不断提高。从 2005 年到 2007 年，百度通过百度联盟获得的收入逐年增长，联盟内成员所得到的分成也越来越多，从最初的几百万发展到后来的几个亿。

百度联盟内部，有着极高的体系要求，每一位联盟成员都被良性地约束着。这不仅能保证业务人员专心服务于需要帮助的伙伴，也能再度循序的提升自己的能力。曾有成员说，百度联盟和其他网站联盟最大的差别就是，百度联盟的业务人员从来不会在联盟身上获益，而其他网站联盟则都是采用"大鱼吃小鱼"的方式来压榨成员网站——"赚钱少分，赔钱多摊"的办事原则，让所有成员不得不选择退出。显然，这样的合作不是共赢，而是独赢。

百度联盟刚成立时，发展部的员工们热情并不高，大多数员工认为百度联盟并不是百度的核心产业部门，在公司内甚至有低人一等的感觉。事实上，他们还没有意识到百度联盟的关键，这样的心态也严重拖缓了百度联盟的发展进程，若不及时改变，百度也将重蹈那些失败联盟的覆辙。

李彦宏站在百度的最高位置，将一切尽收眼底，百度联盟当时并没有为百度贡献分毫，可其对百度未来的长期发展却是个巨大的推动力：首先，它可以为百度提供非百度业务的业务平台；其次，它能快速稳固百度在行业内的地位和影响力；第三，它能促使百度接洽更多的业务；第四，它可以有效限制竞争对手。

既然有这么多好处，员工们若是再好逸恶劳，岂不可惜了？为了提高员工对百度联盟的认知，以及让联盟创造更大价值，李彦宏多次到部门内部，不断地鼓舞员工的信心，刺激他们打起精神。

他对员工说，如果没有发展联盟部门，业务部门哪来的辉煌战绩？公司上下这么多部门，不可能所有部门都追着聚光灯跑。不管联盟现在的业务处于何种位置，但在座的每一位工作人员都要对自己的工作重视起来。大家需要的是斗志昂扬，而不是垂头丧气。想要得到同伴们的尊重，就要想到如何努力提升自己的技术水平和业务能力，使自己成为这个领域的专家。

李彦宏的话很凑效，百度联盟发展部门的员工很快改头换面，重新整顿部门，员工们也都有详细的工作安排，在业务划分上十分明确，每个人面对的渠道都很专一，不会出现跨平台、跨领域工作的现象。这样一来，每个人都能对自己所负责的业务了如指掌，在这样的情况下为客户提供服务，继而成了客户和伙伴们尊重的"专家"。

来自客户和伙伴的尊重，让每一位联盟成员都有了成就感，他们憋足了劲儿，继续努力，不断提升。联盟内所有人齐心协力，使得业务量持续增加，这种现实也就促成了百度联盟后期的辉煌成绩。

小事可观大势，百度之所以能在行业内拥有极高的被人尊重的地位，是因为百度的诚信从来没有输给百度的技术。百度凭靠自己的努力，为互联网行业建立了新的价值观，在壮大自己的同时，也带着整个行业一同成长。

"无线" 商机

李彦宏总是在最早的时候发现项目，却在较晚的时候启动项目，比如百度联盟。可不得不说，他往往会后发制人，让圈内其他豪杰侧目而视。百度联盟如此，无线搜索亦然。

百度作为搜索引擎行业的老大，拥有强大的技术能力和足够的资源支持，但却并未过早地开发无线搜索技术。

2005 年时，李彦宏就已开始关注无线搜索领域了，那时他派出一支技术团队，针对百度进入无线市场的切入点、用户需求以及盈利等问题进行市场调查。经过分析，百度所有高层一致认为，本着"用户能够随时随地使用百度"的发展目标，百度进入无线搜索领域，将会进一步推进社会发展，迎接下一个信息时代的到来。

口号喊的这么大，那么百度到底是怎么做的呢？

百度决定，以手机生产商作为开启无线搜索领域大门的钥匙，因此，这一群落成了百度接下来的主要合作对象。

起初，百度只有无线搜索的业务部门，因而也就"赶鸭子上架"般地让该部门主管任旭阳担任无线搜索项目的负责人，这一项目是百度的新业务，人员自然不充足。随后，任旭阳重新组建无线搜索引擎部，积极扩建团队，进行岗位招聘。是时，张东晨加入百度。

张东晨是对外经贸大学的毕业生，后拿了北大 EMBA 学位，他上任后的第一个任务，就是寻找一家品牌效益较高的手机厂商，作为百度未来的目标合作伙伴。百度选择与手机厂商合作，就是要把自行开发的手机无线搜索软件植入手机，进行捆绑式销售。

张东晨第一个想到的手机厂商是诺基亚。当时，诺基亚可谓只手遮天，而百度在业内又可独挡一面，两家正是门当户对。

诺基亚当时正与百度合作进行精准广告的投放，想接触到诺基亚的中国区负责人并不难。张东晨很快找对了人，可开始向诺基亚负责人介绍无线搜索业务及相关合作项目时，对方并未表现出太多兴趣，对这个新兴产业并不感冒，觉得合作意义不大，而且还不清楚无线搜索到底是一个怎样的业务，他也没办法向诺基亚总部汇报情况。

张东晨很失望，可转念一想，为什么不直接找诺基亚高层谈谈？他来到诺基亚中国公司，见到最高领导层后，得到了一个好消息——诺基亚总部已开始筹备移动搜索服务项目了。当时，诺基亚在海外的网络合作伙伴是 Google，且合作上屡见成效。

这下，张东晨高兴了，他把这个惊喜带回了百度。然而，兴奋劲还没过，他又开始担心起来。就国内的无线搜索业务发展情况看，客户可以选择的对象很多，为什么一定要选择百度呢？更让他忧心的是，当时 Google 已经和摩托罗拉、索爱、三星达成了战略合作计划，就差诺基亚一家了，情况对百度而言自然十分严峻。

几经周折，张东晨总算和诺基亚总部负责无线搜索的工作人员取得了联系。在几次沟通的过程中，张东晨都详细地将百度的情况介绍给了诺基亚，诺基亚无线搜索负责人慢慢地对百度产生了兴趣，最终决定亲自到百度总部与其详谈。

又经过一番"心理战"，加之百度的技术优势、未来的发展规划、合作构想等，张东晨最终捕获了诺基亚的芳心。

2006 年 3 月 7 日，诺基亚宣布了与百度的合作计划，并决定在中国市场销售的诺基亚手机中绑定百度的无线搜索服务。经双方商议，确定了 4 个最受欢迎、最常见的手机应用服务，即网页搜索、图片搜索、新闻搜索、百度贴吧。

当时，诺基亚的手机大部分都是 S60 系统，在系统中有双方共同设计的搜索菜单，用户可直接在手机菜单中选择百度的搜索应用。

诺基亚中方负责人表示，诺基亚的移动搜索技术最大的特点，就是其实用性和易用性，此时结合百度的搜索服务技术，将会为中国用户呈现出更丰富的中文搜索体验。

当年，诺基亚是当之无愧的无线电话领域霸主。在世界范围内，其占据了超过半数的市场份额，与拥有世界尖端搜索技术的百度联合，势必会成为无线搜索领域的新一代王者。

百度与诺基亚成功建立合作关系之后，便名正言顺地进入了无线搜索领域。随后，百度组建了专门的研发团队。百度的无线搜索业务一经推出，就得到了广大无线网络用户的喜爱，用户流量及用户量逐日剧增。

诺基亚给百度创造了超高的广告效应，也为百度与其他大型国际企业的合作打下了坚实的基础。此时，来自世界各地的知名品牌都向百度无线搜索业务抛出橄榄枝。诺基亚就是以品牌诚信及过人的手机质量被用户追捧的，故此通过这次合作，投资者对百度的信任度也随之提升。

不久，百度迎来了微软，并与之达成了有关无线搜索相关业务的共识，同时正式启动无线搜索服务。在百度与微软合作成功之后，英特尔、华为、索爱、三星、联想、天语等众多知名手机品牌也纷纷与百度缔结联盟，就连摩托罗拉也转头放弃了与Google的合作而选择了百度。

在百度的国内合作伙伴中，联想作为国产品牌中认知度最高的手机生产商，当时其手机年销售量多达770万部；而天语手机更成为当时国产手机销售冠军。这也从侧面说明，百度占领了手机终端，除为中国用户提供了强大而又便捷的中文无线搜索服务，还巩固了自己在中国无线搜索市场上的绝对霸主地位。

是时，百度向无线搜索市场发起了全面进攻。2008年7月，据国内知名互联网分析部门得出的最新数据显示，百度已成功坐稳了中国无线搜索市场第一的宝座。

百度除了与手机厂商的合作，还加大了与无线网络运营商的合作密度，先后与中国电信、中国联通等手机通讯运营商建立了合作关系，并再一次将百度的无线搜索功能绑定在运营商的定制手机中。

到了2009年7月，百度已与中国电信的119114号码百事通服务建立合作关系，并将其无线搜索技术首次运用在 3G 网络中，使国内的 3G 用户也能体验到百度无线搜索技术带来的便捷。

3G，给无线搜索提供了更多的发展机会和更广阔的技术发挥空间，其当仁不让地成了手机无线搜索业务的助推器。3G，不仅为无线搜索创造了机遇，也为百度创造了机遇。

此时，百度的无线搜索业务已覆盖了全国，大部分用户也都愿意接受手机上的百度。百度也将网络上的主流搜索产品，一点点向移动互联网过渡，并最终实现两个终端之间的无缝连接，由此，百度推出了基于"阿拉丁"平台的名为"掌上百度"的无线搜索应用。

曾任百度 CTO 的李一男说，"无论是在互联网搜索领域，还是在无线搜索领域，百度始终保持着业界领先地位；其最大的法宝就是，永远充分的考虑到用户的需求和搜索体验。"

确如李一男所说，百度为了进一步加强用户无线搜索的体验，加大了技术上的投入，并在每一个环节进行了详细优化。这样一来，手机用户在节省手机网络流量的前提下，能以更快的速度浏览搜索结果，相比较优化前，百度的无线搜索网页浏览速度提升了 40 倍。

为了提升服务质量，百度将网页、新闻、图片、贴吧、知道、空间、地图、股票等直流搜索频道，从互联网络中移植到无线网络的手机中，便于用户能在第一时间使用这些频道，并解决了用户最直接的问题。

就这样，百度打开了无线搜索领域的大门。而在未来，百度又会在什么样的新领域策马奔腾，相信时间可以展示一切。

征战移动互联网

伏久者，飞必高。

截止到2014年9月11日，百度市值超过800亿美元，员工将近2万人，在中文搜索引擎市场上可谓呼风唤雨，占据着绝对的霸主地位。不过，李彦宏不会止步，他希望百度与时偕行，跟上时代发展的节奏。

2013年1月9日，百度在北京首都体育馆召开公司2012年总结年会。李彦宏总结发言时说："百度到今天已经走过了13个年头，现在我们站在这里，就像站在一个历史的分水岭，因为今天的中国互联网正在经历从PC向移动的转型，而百度也必须实现在移动时代的二次腾飞。"

对于百度而言，战胜竞争对手并不困难，想要颠覆自己才是目前最大的挑战。李彦宏坚定地认为，此时是移动互联网新时代的节点，打造"新百度"才是战胜自己的关键。

就在此时，李彦宏的一封电子邮件被公布在网络上，并被各大论坛及微博疯狂转载。"改变，从你我开始"，这几个字充斥着整个中国互联网，而"鼓励狼性，淘汰小资"这8个字更成为了褒贬不一的谈资。

对此，百度员工也表示，李彦宏的此番话语虽然让很多员工钳口挢舌，但这只是一封提醒大家要保持良好工作态度的电子邮件。

早在2006年时，李彦宏就已有过一次类似的举动。那时，百度在纳斯达克上市一周年，其优异的表现和翻倍上涨的股价让所有百度人忘乎所以。为此，李彦宏亲自撰写了一封名为《百度离破产永远只有 30 天》的内部邮件，发送给百度的每一个员工，意在提醒大家，不能因一时的成功而沾沾自喜，应该谨慎起来，全力备战每一天。

李彦宏曾在与产品经理交流时说："现在移动互联网的发展又让我感受到了那种久违的兴奋和激动，一方面感觉似曾相识，一方面又觉得每天都有新的东西出来，就像当年互联网刚刚兴起的时候，到处都充满了机会和无限可能。"

他想告诉员工，百度当下正处于由传统互联网向移动互联网转型的关键时期，所以大家应该重视起来，故此名为《改变，从你我开始》的电子邮件，起到的是"敲响警钟"的作用。

那一时段，李彦宏紧盯着所有人，被盯得最紧的是移动云事业部总经理李明远。该事业部由李彦宏亲自负责，每周他都至少参加一次移动部门的讨论会议。

2011 年 11 月，百度开始大规模调整移动互联网业务，李明远被任命为百度移动云事业部总经理，主要负责百度在移动互联网上最新的战略部署。

对于移动互联网这块"小鲜肉"，阿里、腾讯等"豪强"早已做好准备，伺机而动。而百度则是以其一贯的风格，总要比其他公司"慢"一些，对此很多业内人士发出质疑声。

对外界的质疑，李彦宏做出了回应："外界对百度的发展有一些质疑：百度是不是错失了布局未来的先机？是不是只能躺在领先优势上吃老本？是不是缺乏创新的动力和能力？……甚至有人觉得，百度不仅 2012 年遭遇了竞争和挑战，未来的前景也不是那么乐观。产品什么时候起步并不重要，重要的是你能做多好，以及你多快能做好。"

在 2012 年下半年举行的百度世界大会上，李彦宏带着百度的移动互联网登台亮相，这也让那些支持百度的用户捏了一把冷汗。

对于百度因何"迟到"，李明远给出了答案："Robin 是一个极具危机感的人，即使在百度的产品非常具有优势的时候，他都会时刻想着未来会怎样。但同时，他又是一个极端理性的人，他有自己的判断体系，不会跟风，不轻易动摇。"

他继续说："他认为百度切入的时机很重要。很多事情，你做早一点和做晚一点差很多。在传统互联网领域，一些人过早地投入，后来这个服务被证明确实是对的，后进来的人也成功了，但他们却因为做得太早死掉了。所以，移动也好，云也好，都不是一出来就马上要怎样，我们要有自己的判断，找到合适的时机。"

其实，李彦宏早已预见新机，了解他的人早就应在他的言论中窥见端倪。在 2011 年 4 月的百度联盟峰会上，他曾提到互联网创业中的"三大机会"，即中间页、读图时代和应用为王，这在 2011 年的互联网市场上还是鲜为人知的观点。

李彦宏的观点一出，便引发了长达两个月的讨论。不过，在高速发展的互联网时代，每个人都在讨论新的概念、观点，所以人们也很快忘记了李彦宏的"三大机会"，直到 2012 年初，所有观点逐一应验。

2012 年 4 月，Facebook 率先迈出了这一步，其斥资 10 亿美元收购仅有 12 名员工的 Instagram 公司的大胆行为，让所有人为之惊叹。Instagram 公司的创始人凯文·斯特罗姆也因此次收购身价暴涨。

Instagram 是以图片为主流发展项目的公司，这也说明了"以图片为主流内容"的公司拥有极高的潜在价值，其将成为互联网未来发展的主流产业。

与此同时，国内部分公司也纷纷行动起来，各类网页游戏公司秉承着"应用也可以做成上市公司"的大胆想法着手 IPO，58 同城、赶集网等"中间页"公司，也都开始了上市抢跑。

事实上，李彦宏所提出的"读图时代、应用为王、中间页"三大机会，指的就是移动互联网三大核心技术：媒体交互、数据挖掘及 LBS。百度语音助手成功上线后，让所有人见识到了图像识别技术在搜索技术中发挥出的超高价值，其通过搜索引擎搜索图片的准确率从过去的 20% 提高到现在 80%，甚至更高。

而今，移动 APP 行业正在爆发增长，APP 的数据管理和发掘技术，将会促使搜索引擎技术达到更高的位置。

在 LBS 方面，百度地图的应用服务，将在未来发展成为本地生活服务的搜索平台，通过提供基础服务、生活服务、应用服务、广告服务等方面来开发 LBS 技术中更多的价值。

对此，李彦宏则表示，在 LBS 方面不能制作"入口"，不仅要开发产品，还要使技术的实用化在产品中体现出来，并满足用户的需求。他说："在 PC 互联网上，大家习惯使用键盘在搜索框中输入关键词。手机上输入形式发生了变化，可能是语音，可能是图像，可能是各种各样的手势。但是人们对信息的需求仍然是非常根本的，我们会满足好这点。"

2011 年 12 月，百度推出语音识别软件和面部识别软件，李彦宏说："语音识别、自然语言理解、图像识别，这些东西学术界已经研究了四五十年，不过并没有真正将这些技术推到可实用阶段。但过去一年里，这些技术发展非常快，比如语音识别，准确率提升的速度比过去 15 年提升速度的总和还要多。而移动互联网爆发之后，需求也增加了很多，技术也随之发生了非常本质的改变，整个产业的颠覆性变革也就会很快到来。"

移动互联网的战争，其实就是"入口的战争"。李彦宏很希望百度在互联网上的优势能够延续到移动互联网上，不过他心里很清楚，百度要在移动互联网上实现辉煌，眼下还欠缺很多，他说："仅仅做好入口，对于百度这样一个公司来说是不够的，相当于我们只是把该做的事做好了，我们还要做另外一件事：打造一个移动互联网生态圈。"因此，百度云平台应运而生。

2012 年 7 月 21 日，热门 APP "心语日记"与百度签订了合作计划。"心语日记"的产品经理 Henry 表示，他们很乐意将自己的开发运营迁移到百度的云平台之上。他说："传统的开发模式之下，你需要首先完成很多后端的工作，如购买服务器、配备相应的开发和维护人员，这就像你要从 A 地到 B 地，你首先要自己修路，这个前期投入就占到整个创业成本的 60% –70%，甚至更高。"

他还做了很形象的比喻："现在等于百度修好了一条非常宽敞的高速公路，这使得后端成本降到开发成本的 10% –20%，甚至更低。""云平台的市场需求非常大，因为过去开发单机产品无所谓，但现在更多的是开发大量用户产品，当你的用户数量从 100 万增长到 1000 万级的时候，那种服务器的调度，不是一般的开发团队能够做得起来的。""未来开发者可以在百度的云平台上实现全部的开发、运营、推广、变现。"

李彦宏承诺："现在的 APP 平台碎片化非常严重，特别是基于安卓系统的 APP，生态并不健康；百度希望将其整合成一个大的平台，成为一个'APP 工厂 + APP 商店'，但这个难度可不小，是否能成功还需要时间证明。"

　　李彦宏的"三大机会"被逐一验证，但仍很难确定"新百度"的发展前景以及其在移动互联网市场中的胜算。没人知晓李彦宏下一步会做出什么样的决定，但他一贯的谨慎态度让所有人坚信，百度自会策马扬鞭，一骑绝尘！

8

决战东瀛

进击，迈出国门

2006 年 5 月，百度的一条招聘广告吸引了不少人的目光。不过，这次招聘并未大肆宣扬，也没有公开太多工作内容，只是简单地说明，需要招聘两名开发搜索引擎的工程师。若是普通公司，一则招聘信息不足为奇，可百度作为行业风向标，一点风吹草动都是惹人侧目的。外界不禁揣测：百度是不是又有了新动作？

有新闻，媒体自然一马当先，他们对此的猜测是，这很可能是百度正在为进军海外做准备，暗中招兵买马，积累跨领域人才，从亚洲起步，逐步向全世界渗透发展。媒体说的有板有眼，百度方面呢？李彦宏未有过多表态，只是在被媒体再三逼问之后，才说了句不温不火的话："百度只专注于中文搜索。"换言之，无论招聘的目的具体是什么，都肯定是为搜索服务的。

招聘虽简，要求却高。应聘者不仅要在编程和算法上有过人之处，还要具备掌握日、英、越三种语言的能力。此外，考虑到本身名声享誉世界，自然会吸引不少来自国外的应聘者，故而招聘广告上又追加了一条：具备一定中文基础。

与招聘网络工程师同步进行的，是对若干名不同语言的区域产品经理的吸纳。产品经理，要负责对中国及其所负责的海外地区的搜索市场做市场分析，并时刻掌握该地区的行业竞争情况和当地的民风民俗，以及人们的生活习惯。这样的工作性质，决定了应聘者需长期驻外，因而这则招聘上，便注明"最好是两地的留学生"，兼职亦可。

不久，百度再次提出招聘附加信息，并特别强调，此次招聘网络搜索工程师属于小规模招聘，人数不会超过 10 人，至于产品经理人数，却并无限制。

最初，招聘广告刚公布时，百度并没有过于精细化，谁料应聘者接踵而至，也只能以细节作为切割利器了。那么，百度的此次招聘，意欲何为？

2006 年 5 月 10 日，百度公开了 2006 年第一季度的财务报表，相较于上一年的第四季度，净利润增长了 1309.0%，达 3520 万元人民币；股票报酬净利润增长了 4350 万元。这仅是百度上市的第一年，赢得开门红的百度，若是在这个大热时刻进军海外市场，可谓恰逢其时！

其实，将百度推向国际化道路，是李彦宏一直锁定的目标。虽然百度的口号是"百度只专注于中文搜索"，但在百度未来的规划上，李彦宏却"从来没有把百度作为一个只局限于中国的公司"。

李彦宏曾多次在百度的内部会议上表示，对于进军海外市场，百度势在必得，百度不会甘心于只做国内最好的公司，希望在未来的5年至10年之内，能成为具有世界尖端技术的高科技网络公司，成为具有中国特色的国际化企业。

李彦宏曾在接受电视台专访时，就百度的国际化问题表露衷肠："其实任何一个有实力的世界级企业都不可能放弃中国市场，在这样的情况下，我们必须要跟世界上最强的公司竞争。我们要想在世界市场站住脚，核心竞争力也必须是能够应付全球化挑战的，而不仅仅只能够应付一个地区的挑战。基于这样的考虑，我觉得中国必须诞生有世界市场、有分量、有地位的企业。现在中国有好多家在美国上市的公司，它们在中国市场上已经占了很好的市场份额，但是还没有发挥最大的作用，因为这些互联网企业都是在国内作战。作为中国的一个互联网企业，我花了一些时间思考这些问题，我得出来的结论是必须要走国际化这条路，否则终有一天也会在本土遭遇失败。"

百度是在2005年才开始着手准备进军海外市场的，但在2003年时，李彦宏的脑中就已有了决战海外的雏形，只是他从未在会议上提起此事罢了。

当时，百度在国内市场大获成功，奠定了其在中文搜索领域中的地位。那时，第一次在百度内部会议提起进军海外搜索市场的是崔姗姗，但这个提议被李彦宏否决了。

李彦宏认为，就百度当时的情况来看，并不适合马上出击，虽在国内小有所成，但进军海外市场，百度的综合实力明显不足。国内市场仍有巨大的优势和潜力，眼下百度的工作重心应该放在国内搜索市场，不能将过多的精力和资源消耗在意义不甚大的事情上。

一年之后，百度在内部工作上进行重新调整，无论人力还是资源，都有了丰富的储备。李彦宏觉得，这时的百度具备了应对国际化战略的实力，且中国市场也愈加成熟。

随后，李彦宏在董事会上提出了百度进军海外市场的战略计划，不过，这次他却碰壁了，董事会拒绝了他的计划。

其实，董事会的拒绝不是针对李彦宏，没有不信任他的意思，只是在前有 Google 后有雅虎的国际市场氛围中，后起之秀百度似乎难以完美应对"混乱"。故此，在执行上一定要谨小慎微，待时机成熟之后再行进军不迟。

那时百度还未上市，李彦宏首先打算的是进军海外市场，这也有利于其后的上市计划。不过，董事会不是他一人掌舵，股东的意见必须要考虑。幸而，这个成熟的时机未让李彦宏等待多久。

2005 年 8 月，百度在纳斯达克上市，与世界成功接轨，这成了百度挥师海外的资本。百度融资 1.2 亿之后不断盈利，在经济上也有了相对雄厚的基础，投资的方向也比以往更广。有了这样的条件，加上李彦宏必胜之信心，董事会经过审慎决定，同意百度进军海外的发展计划。

计划诞生了，但国际化的第一步要从哪走起呢？第一步走下去，后果将会如何？李彦宏再三思索。当时，所有人都觉得他会把第一站选在美国，毕竟他在美国走向了巅峰，那里有自由开放的社会环境、成熟稳定的资本市场，更有他曾熟悉的人和无数尖端技术人才，此等地利、人和之处，必然是不二之选。

可让众人大跌眼镜的是，李彦宏第一个否定的地区就是美国。原因何在？

美国是好，但李彦宏觉得，极具环境优势的美国有太多强大的对手，Google 和雅虎的老巢就在美国，微软、IBM 这些世界顶级的 IT 大佬伺机而动，每天成立、破产的 IT 公司比比皆是，就连那些坐在学校里读书的大学生也不能小瞧，说不定哪天，他们之中就可能会出现下一个"比尔·盖茨"，如此危机四伏的环境，对百度来说没有任何好处可言。

按照避难就易的战略思想，百度应尽量避免与众 boss 的正面冲突，故而所选之地不能太发达，也不能太落后。若太落后，连互联网都没有普及，会导致搜索应用率低下，继而无法发展；太发达，原因不言自明。

按照这个思路，英语地区便首先被排除在外，剩下的就只有亚洲了。

李彦宏很看好日本、韩国、越南这三个国家，并曾先后对它们予以考察。

早在 2003 年时，李彦宏去韩国考察市场，当时在其国内排名前三的搜索引擎公司都是当地的知名网络公司，遗憾的是，当时李彦宏一时想不出那几家公司成功之关键，故此便放弃了。

2006 年五一时，他一个人又去了越南考察，发现该地区相对落后，因此也只能排除。离开越南，他辗转到了日本，这次他叫来了王湛生和任旭阳，组成了"访日三剑客"团队。三人先后拜访了日本 SNS、乐天、Mixi 等排在前几名的互联网公司，还拜访了日本各大广告公司，进行业务沟通。

日本是个网络发达的国家，当时的网民数量按比例来算并不输给中国，且互联网市场要比中国更成熟，据日本贸易振兴机构的数据显示，全日本互联网广告市场规模是中国的 9 倍。日本在经历了通货紧缩之后，于 2004 年出现了经济回升迹象，国内生产总值大幅提高，创造了日本近 10 年的最高纪录。到了 2005 年之后，日本经济的回升势头更加稳固。

因此，日本成了百度的最佳选择。从日本归来后，李彦宏与众人商议妥当，将日本定为百度剑指海外的第一站。

挥师日本的"秘密"

日本是全球第二大经济体，是世界顶尖科技产物的集散地，且拥有足够宽广的搜索引擎市场，其市场规模是中国的 5 倍左右。每年，其所创造的经济利润达 12 亿美元之多，而当时中国只有不到 4 亿美元。排在日本搜索市场第三名的企业，其年收入约为 1 亿美元，而在中国搜索引擎市场排名第三的企业，年收入只有区区几百万元人民币而已。

其时，Google 在日本市场做的很出色，市场份额正在逐步扩大，但另一巨头——雅虎，在日本的日子却不太好过，市场份额正逐渐流失。从正反两方面来看，只要百度稳扎稳打，恪守风格，就一定可以站稳脚跟。

调研期间，李彦宏让任旭阳做了一份关于百度进入日本市场的可行性分析报告，旨在研究百度进入日本市场的优劣。

经由分析，任旭阳把问题都摆在了台面上：优势方面，百度有在中国成功的经验以及经典案例；劣势方面，不如 eBay、Google、雅虎等公司有在海外成功或失败的经验，这方面的缺失，便是百度最大的短板。

期间，他还先后抵达海尔、联想、趋势科技、华为等在进军海外市场方面大获成功的优秀企业，虚心地请教了相关企业在国际化道路方面的经验教训，最终整理出了一份含金量极高的市场分析报告。

任旭阳的任务完成的很漂亮，李彦宏十分满意，不久，他在百度总监会上宣布了百度进军日本市场的决定，并任命任旭阳为百度日本事务总负责人，需一手抓起百度在日本的各项事务。

李彦宏对自己的决定很满意，可在场员工一片哗然，原因很简单，雅虎在日本市场打拼多年，大半个江山都已被其收归囊中，虽然眼下市场份额明显流失，可都流到了刚进入日本市场的Google的嘴里，百度在这个时刻开进日本，无异于从老虎嘴里抢肉，真有些天方夜谭的意味了。

当然，值得肯定的是，在中国市场上，百度知名度极高，无可匹敌。但在日本市场，便没有了中文优势，等于从零开始。简单点说，百度要在一个全新的环境下自立门户，这谈何容易？

支持声和反对声同在，李彦宏仍坚持启动了百度进军日本的发展战略。员工们不能违抗命令，纷纷开始手上的工作，只是不少人心里犯嘀咕，做起事情来自然事倍功半。

为了能让全体员工明白百度进军日本绝非头脑一热之举，而是深思熟虑之果，李彦宏专门开了一个员工大会，把所有对此次计划有异议的员工聚到一起，现场解惑答疑。

李彦宏思路清晰，他把选择日本的理由总结成四点：

第一，距离近。从北京乘坐飞机到东京，只需两个半小时，就如北京到广州一般，这样更便于百度的员工频繁地往来于中国和日本两地。加之两国时差只有一小时，两地工作的员工便不必忍受倒时差的痛苦，工作效率自然不会受到影响。

此外，虽是进军日本，但日本百度分公司的总部仍设在国内，未来负责设计日文搜索引擎时，也还是会启用中国工程师。可见，这种地域上的便利，是百度选择日本的重要条件之一。

对于地域上的重要性，李彦宏还特别举了一个例子：百度创立初期，在硅谷有一部分工作人员，有国内的，也有美国当地的，他们正共同研制搜索的 Spider。原本双方通力合作，应效率百倍，可事实却是效率极低。原来，问题就出在了时差导致了两地工程师不能及时沟通上，故此他们做出的东西完全不在一个"频道"上。

这般看来，选择日本作为突破口，实在是明智至极的。

第二，思想近。日本，无论其民族习惯还是语言，都受到中国文化的巨大影响。日本也同样推行儒家文化，这使得两国人民对彼此国家的文化更容易理解。日本人学习孔子思想、研究《孙子兵法》等中国古典书籍，所以在生活习惯和处事方式上，与中国有很多相似之处。如此一来，百度便可更深入地了解日本用户的生活习惯和网络需求。

第三，熟悉对手。百度熟知日本市场上的主要搜索公司——雅虎日本与 Google 日本，这两家公司分别在中国搜索引擎市场上排第二位和第三位。对于这两个老对手，无论是其市场推广模式，还是其技术产品，百度都可谓了然于胸。雅虎日本和雅虎中国，在很多方面都有极其相似之处，尤其在网页检索方面更是如出一辙，Google 亦是如此。

另一方面，李彦宏发现，雅虎和 Google 在日本本土化模式上做

的并不完善，很多技术模式都是从美国直接"拿来"的。Google
日本的首页与美国总公司非常相似，日文版 Google 只不过是把首
页上除 LOGO 和标志性的"I'm Feeling Lucky"搜索框外的英文都
换成了日文而已。

最初，李彦宏并不理解 Google 为什么会如此敷衍了事，后通
过一家日本的咨询公司他才了解到，Google 日本和雅虎日本首页
上的"I'm Feeling Lucky"（雅虎引用了 Google 的搜索引擎），对
于日本当地人来说意义不大，那只是属于美国人的意识，故而
Google 也就未对此再做过多修改。

显而易见，Google 和雅虎在日本发展的并不十分顺畅，但这
对于百度来说，却是再好不过的事情了——他们的错，就是百度
的机会。

第四，抓住时机。日本本土缺乏有影响力的搜索引擎，这是
百度一夫当关的时机。事实上，日本做搜索引擎要比美国早，日
本电信电话公司、日本电气公司和东芝公司等大公司都曾先后在
搜索引擎上发力，且拥有过独属自家的独立搜索引擎。

当时，这些本土搜索引擎相互竞争，后来 Google 出现之后，
互联网搜索产业结构在 2000 年发生了突变。雅虎和 Google 高精
确度的检索服务，占去了日本搜索引擎市场的半壁江山，日本用
户在潜意识里形成了"日本只有雅虎和 Google 两个搜索引擎"的
想法，这使得日本本土搜索引擎产业极速萎缩。

日本人有强烈的先入为主的观念，这对百度自然是一股很强
的阻力。雅虎自 1996 年来到日本，一直被日本用户认定为是日本
第一搜索引擎，Google 进入日本市场较晚，但其技术高于雅虎，
不过历经 8 年的奋战，仍未能赶超雅虎，甚至与之平分天下都没

做到。此时百度进入日本，是否也会遭遇与 Google 同样的尴尬？

日本民众亲善欧美，对亚洲却有很强的排斥心理。中国品牌在日本并没有被完全认知，多数日本人甚至连"海尔"都没听过，可想而知中国其他企业在日本的形态。

在日本销售的大部分商品上，都有明显的"中国制造"字样，但品牌都来自日本本土，或是来自欧美的高端品牌，其中尤以意大利和美国居多。因此，在中国家喻户晓的世界顶尖品牌，却要在相邻的国家重新做起。

不仅如此，日本本土的无线网络技术十分发达，网络覆盖密度大，为了能在日本无线搜索领域占一席之地，雅虎日本、Google 日本、MSNJapan、Infoseekjp、Livedoor、Goo、AskJP、ExciteJP、Ceek、Fresheye、Nifty、Biglobe 等都已开发出相当成熟的手机搜索网站，并正在运行。

随着日本科技的不断进步，其本土搜索引擎产业也准备打翻身仗。日本政府和企业不会轻易放弃本土 IT 行业，多年来始终不懈努力，意欲重振往日辉煌。

2006 年时，日立、富士等日本科技业巨头公司与东京大学等科研机构联手，并呼吁 IT 行业单位和企业，组成了日本科研联盟，其目的，就是开发日本本土的科学技术，抵制外来产业对日本民众的思想垄断。如开发本土搜索引擎，抵制雅虎、MSN、Google 这些来自日本之外的搜索引擎公司。当然，从日本本土的 IT 人员平均水平来看，想要在短时间内复兴搜索引擎产业尚需时日。

如此看来，日本搜索引擎市场仍有极大的生存空间，仍存在大量未被开采的宝藏。李彦宏说："日本是全球第二大经济体，如果我们能够在这个市场上站住脚，百度的股票应该是 10 倍于现在的市值的。"

不过，看似诱人的日本市场，对百度来说却是个巨大挑战，为此，百度只能做好充足的准备，全力以赴！

中国复制，日本粘贴

想要获得成就，就要懂得如何去复制成功的经验。

百度不断向日本进军的同时，李彦宏正在筹划百度在日本新公司的管理团队。在他的规划中，要将日本公司的整个团队分成中、日两部分，中国工程师主要负责日文搜索引擎的技术研发，而日本团队则负责产品推广、市场调查、本地业务管理工作。不同国家的不同城市，其市场亦是具有特殊性的，这就需要有一个专门的团队来详细研究。

从国内市场来看，虽然百度在中文搜索引擎市场已占据60%的市场份额，但中国互联网渗透率仅有区区的10%。互联网市场变化过快，搜索引擎未来的发展存在诸多变数，百度很可能会遭遇各种各样的不确定性。因此，应集中精力在现有的产业上，不应过于分散精力，以免造成"丢了西瓜捡芝麻"的低级错误。

倘若百度能顺利进入日本市场，那么在中国市场上的原有产品、服务、技术等不仅要保持在业内的领先水平，还要在原有基础上不断提高。

实际上，稳定国内市场与发展日本市场，并不会有太多冲突。不过，要想把两件事都做好，就不那么简单了，就需要一位优秀的管理人员来打理这间新公司。

为此，李彦宏想到了一个两全其美的办法——将百度中文搜索引擎中已有的产品，直接复制到日文搜索引擎中。这样一来，在进军日本的产品规划上不仅节省了很多精力，也大大提高了百度日本市场的容错率。对此，李彦宏说："在中文搜索领域，我们大概做 10 个成 8 个；在日文搜索领域，哪怕做 10 个成两个，我觉得我们的投入都是划算的。"

为了完成这一简单目标，李彦宏希望能尽快找到这位可胜任百度日本首席代表一职的人，他对这位大将没有太多要求，只要是受过日本的正规教育，且在日本最大、最具规模的公司有过工作经历，同时拥有负责开疆拓境的成功经验和指导经验者即可。

即可？李彦宏说的简单，可找到符合这种条件的人，宛若大海捞针一般，实在困难。就在李彦宏为这个合适人选发愁之际，陈海腾毛遂自荐。他是何许人也？

陈海腾是中国人，进入 IT 行业之前，是国内一家旅行社的领队。1992 年时，他自费留学日本，仅用两年时间，便拿到了日本神户大学的硕士学位。

他赴日本留学的原因很简单：喜欢研究日式文化，对日剧情有独钟，很想身临其境去体会一下日本的生活。而且，他意识到越来越多的日本企业进入中国市场，若能深入地了解日本文化，必然会对自己未来的发展有所帮助，故而此次日本之行，不仅是为了体验日本生活，也是为日后开展工作打基础。

陈海腾毕业后，被日本最著名的广告公司——博报堂旗下的 DAC 公司看中，将其招致麾下，他摇身一变，成了 DAC 中国地区的 CEO。后来，他还任职过 NTT 西日本法人本部运营官、Pc-suki 公司中国厦门分公司的首席运营官、跨国公司的首任驻外代表等。

在陈海腾的光鲜履历中，最让百度看重的是其任职 Index 的管理经验。那时，加入 Index 的他主要负责亚洲地区新业务拓展和管理。当时 Index 还处于创业期，后来一步步成为日本最大的移动互联网内容提供商。换言之，陈海腾拥有创业型公司在扩展领土时期的成功经验，这恰是百度最欠缺的，加之他对台湾、厦门、上海、韩国等地的互联网市场行情也都十分了解，综合来看，他不但符合要求，且超出了李彦宏所要求的"即可"。

陈海腾的条件很棒，可他为什么会放弃自己已看到成功果实的美好前景呢？

其实他也有自己的盘算，以日本首代的身份回国发展，并非他的终极目标，与大多数日本留学生一样，他有着一颗热情似火的壮志雄心，他希望能代表中国公司在日本争夺市场、创造辉煌，并在新兴的行业中战胜世界顶尖企业，成为行业佼佼者。

正因如此，当百度发布招聘广告后，他的一位朋友告诉他，百度有一个为其量身而定的职位。恰是这条招聘广告，让陈海腾看到了实现梦想的希望，百度与之可谓一拍即合。

2006 年年末，陈海腾加入百度，成为百度员工的第二天，他便以百度首代的身份抵达日本，肩负起了安营扎寨的重任。

虽然心怀百度冲向世界的伟大计划，但凭借他多年来对日本文化以及对雅虎、Google 这些强劲对手的了解，勇往直前的百度日本，也难免暴露出了一丝铤而走险的味道。

百度在中国家喻户晓，在日本却鲜为人知，所以与陈海腾合作的日本商人，没人会相信这将会是一单决定未来的大买卖；另一面，百度越是将未来描述的无懈可击，那些对百度知之甚少者就越怀疑百度各方面条件的真实性。这还不是最棘手的，百度日本的基地建设，才是更大的麻烦。

首先，基地需大量设备、机房、IDC。在国内，这些事办起来易如反掌，而在寸土寸金的日本，想要找个足够大的 IDC，则如大海捞针一般难。说到底，就是日本人不相信中国企业，大有处处刁难之意。

虽然戴尔公司与百度合作过广告，但其仍怀疑百度的经济实力，认为百度没有一次购买几千万设备的实力。故此，在付款方式和账期方面，给百度出了难题。直到后来了解了百度的真正实力之后，才同意其提出的货到付款要求。

设备搞定，只是冰山一角，筹建新公司的麻烦比肩接踵。

在日本，高端建筑是不允许外人随意走动的，为了能靠人脉关系来解决眼下的问题，陈海腾发动了自己在日本的所有关系，包括他在 DAC 的老板，都亲自出面，多次和各大网站的负责人约定时间后，再逐家登门拜访，为的就是能让这些老板了解到百度搜索的真正价值。

然而，在日本是没有"面子"一说的，别人不会因为你是大人物就"网开一面"。吃了几次闭门羹后，陈海腾明白了一个道理：想要最短时间达到目的，就要以小人物、小公司的心态低调行事。随后，他告诫来到日本的国内员工，与日本人打交道，心理上要有坐过山车的准备，要知道自己是在创业期，应把姿态放低，但内心却要相信百度的实力。最终，陈海腾就是靠着这种诚恳姿态和百度的实力，才逐一打动了各大网站的负责人。

转眼间，陈海腾在日本已经扎寨一年了，此时百度的员工队伍组建工作还未完成。百度在日本过低的知名度，也成了老生常谈的问题，想要在这种情况下挖到高手是不太可能的。而且，百度日本公司成立初期，临时办公场地格外简陋，招聘而来的第一位员工——泉真理来报到时，居然蹦出了"这是骗子公司"的念头。即便如此，百度仍恪守招聘标准。

陈海腾来日本之前，任旭阳曾再三强调，百度日本的员工标准，必须谨遵本地化原则，与百度总部保持一致，即"优中选优，宁缺毋滥"。陈海腾不负所望，把百度精益求精的卓越理念从中国带到了日本。

除了对技术人员的需求，百度日本公司还需大量的市场推广人员以及网络广告业务人员。李彦宏对此的解释是："搜索引擎从本质上说是一个媒体，广告收入是主要的收入来源，广告公司的从业人员是比较容易理解搜索引擎和互联网网站发展的。"

星移斗转，百度日本公司的员工亦逐步到位，但很多人对百度仍存有很多疑问。在百度内部培训时，就有员工这样问过李彦宏，Google 和雅虎在日本争夺市场已近 10 年，在我们看来很奇怪的美国产品，却被日本民众沿用至今，早已经习惯了 Google 和雅虎的存在，百度要如何打破日本人先入为主的观念，并在两家公司手中抢夺市场呢？

这也是个让李彦宏一直思虑的问题。

李彦宏知道，Google 来日本时，雅虎已经势不可挡，但凭借超强的技术实力，Google 在沉寂了两年之后，便开始大量吞噬日本网络市场，到 2008 年底时，其市场份额已接近全日本的 30%。

想到这儿，李彦宏站起身来，态度坚毅地对所有人说："日本市场并不是没有机会，但百度必须要做得更好，才能够在日本市场站住脚。"

百度日本公司落成后，日本当地的中国民众都十分高兴，很多人都去百度新公司参观。有一位中国驻日本大使馆的官员到百度参观时，高兴地对陈海腾说："以前国内政府官员来日本访问，我们只能带他们去参观华为，现在也可以参观百度了。"

李彦宏给予了百度日本公司极大的支持，使得其拥有自行支配权。他曾说："日本市场需要做什么样的产品由当地团队决定，百度中国高管只教授'方法论'。"简单地说，李彦宏复制了百度中国，之后粘贴出了一个百度日本。

百度日本公司顺利起航，可发展模式仍未浮出水面，到底百度将如何征战日本，而其是否会再次面对强劲的挑战呢？

百度日本本土化

百度在日本成功建立公司，李彦宏心中的巨石却并未就此放下，最难搞的，就是百度在日本所要采取的经营模式，这点搞不定，百度自会前功尽弃。

李彦宏百思不得其解时，雅虎创始人杨致远和雅虎首席执行官特里·塞梅尔给了他不少意见。在市场竞争方面大家是对手，但在科技发展对世界的贡献方面，大家就是朋友。回望雅虎在全世界范围内的发展模式，除了美国本土，雅虎日本是绝对成功的，即雅虎不参与控股、不参与经营，只拥有少量雅虎日本的股份，以一个少量参股的投资商身份对雅虎日本进行资助，这样一来，雅虎日本完全由本土的管理者及股东经营，全部自治权都在雅虎日本公司手中。

听起来，这是个好办法，但这招适合百度吗？李彦宏左思右想后，脑子里蹦出一个字——不！

　　原因很简单，百度日本和雅虎日本在出资方式上不同，百度日本是百度在日本的全资子公司，最初就是全资控股，并在经济管理上施行高度自治。这便与雅虎迥异了。

　　李彦宏的想法很明确，在不改变百度日本资本性质的前提下，全力打造更利于百度日本发展的成长环境。另外，他严谨、保守的性格，也决定了百度不可能按照雅虎日本的生长模式发展。

　　雅虎源自美国，日本人更愿意接受；百度来自中国，不容易被日本民众信任。不过，雅虎允许雅虎日本拥有自治权的发展模式，还是值得百度学习的，这更利于百度日本快速本土化。

　　入乡随俗，百度也不例外。2007 年 10 月 19 日，一次员工卡拉 OK 大赛在百度日本隆重举行。这绝非一次简单的娱乐活动，而是百度日本公司的一场别开生面的迎新大会。按照日本本土公司的习俗，迎新会每个月都要举行一次，但因百度日本公司成立初期，杂事繁多，这次迎新会只能延期举行。

　　在经历了一年创业期之后，百度日本公司的发展也逐步走上了正轨，各岗位的员工均已到位。最早的百度日本公司只有陈海涛这一个"光杆司令"，而此刻，已有 20 名员工，其中仅有 5 人来自中国。同时，为了最大限度地日本化，公司员工的工作语言是日语，而非中文和英语。

　　2007 年，是百度悲喜交加的一年。在这一年，百度以优异的表现征服了来自全世界的投资者。据统计，该年累计交易额已超过 1000 亿美元，平均每天有 100 亿元的股票交易额，已超越了中国移动、思科等老牌劲旅，并在美国纳斯达克的 ADR 类交易市场坐在了第一的位置上，这说明，百度是所有于美国纳斯达克上市的企业中，最具影响力和表现最为突出的公司。

到了 2007 年 12 月，百度已超越中国概念股的范畴，成功跻身于全球科技股的明星行列中，自此，百度与微软、思科、甲骨文、Google 等世界顶尖网络科技公司站在了同一高度，也因此成为全球科技股未来走向的导航，更成为国内投资者在海外股市投资的又一个兴奋点。

百度在股市上的不俗表现，直接促成了百度日本公司的迅猛发展。此时，百度运营得风生水起，员工更是群情激昂。然而，就在李彦宏准备喜迎这大好形势之际，一个噩耗突然传来，他的兴奋劲儿顿时消失了。

这年 12 月，百度 CFO 王湛生在海南度假时意外离世，这对百度而言是相当"惨重的人员伤亡"。王湛生是李彦宏费尽千辛万苦才挖至百度的人才，两人早年经历极为相似，拥有同样的处事风格和相同的价值观。在短短的 3 年时间里，两人在工作中培养出了如同双手一般的默契，生活中亦是结下了深厚的兄弟情谊。尔时，这位劳苦功高的百度悍将突然倒下，李彦宏受到的打击可想而知，一时间，他陷入了无尽的悲痛之中。

在王湛生的追悼会上，李彦宏挥泪如雨，泣不成声，再也无法像往常那样平和，所有理性的情绪在这一刻全部瓦解。

直到今天，李彦宏在接受采访时仍会说，创业这么多年以来，最大的遗憾就是"百度 CFO 的突然谢世"。虽然百度今天成功了，但在百度大业未竟之时，王湛生突然离去，的确是让人难以释怀的。

面对百度管理层的人员"饥荒"，李彦宏不得不从王湛生离世的阴影中走出来。为百度日本公司觅得一位合适的总裁，成为他的当务之急。

很快，他对外宣布了百度选择总裁的几大标准：亲和、年轻、善学、明决。他说过："百度在中国的成功很重要的一个原因就是，我们更加依赖于一个本土化的团队，进日本市场我们也是这样的构想，主要依赖日本本土的人才开拓市场、发现机会，更好地提升产品和服务的品质。"考虑到本土化，百度日本公司的话事人必须是个土生土长的日本人。

经过了半年多的时间，李彦宏终于物色到了一个"狠人"：他就是曾任职于雅虎，并负责雅虎所有搜索产品的井上俊一。

井上俊一精通搜索引擎公司的所有业务，管理经验也相当丰富。1998 年时，他在著名的搜索引擎公司 Excite 日本任职 CTO，2004 年进入雅虎日本，历任搜索事业部部长、主管搜索业务的副总裁，雅虎日本所有的搜索产品都在他手中玩转，这也一步步使雅虎成为全日本市场占有率最高的搜索引擎。

这样出类拔萃的选手，恰是百度之需。如此，这个"墙角"很快被李彦宏挖到了。

2008 年 1 日，李彦宏极力劝说，井上俊一终于点头同意加盟百度，担当百度日本公司总裁一职。李彦宏曾这样评价井上俊一："井上先生在日本具有长达 10 年从事互联网搜索业务的经历，他的技术和产品经验，必将为百度日本带来新的活力。"

当时，担任国际业务市场和商务拓展副总裁一职的任旭阳也称，井上俊一加入百度，对百度日本公司业务的发展提供了巨大的推动力，他是百度发展史上的"折点"，百度日本公司接下来的各项业务都会因其立即起航。

井上俊一也的确不负所望，竭尽所能，为百度在日本扎根立下了汗马功劳。

那一时段，百度在日本所面临的挑战频频而出，李彦宏也习以为常了。同时他也知晓，欧美公司在日本的运作也大多如此，因为他们面临的同样问题是——并没有从本质上理解日本文化。这也是当初百度的海外投资人不理解李彦宏选择日本的原因，在他们眼中，日本是最难做的海外市场之一。

美国投资者弄不明白什么是日本文化，他们才会觉得日本市场很难做，可大部分中国人都清楚，日本的文化中有很大一部分源自中国，百度对日本这个国家不了解，但想要了解日本人的某些根深蒂固的文化和习惯，却不是难事。百度在这一方面的优势，是西方公司永远都无法追赶的。

为了加快百度日本公司的本土化进程，在后期的员工招聘上，李彦宏亲自定下招聘要求，"是日本人，对搜索引擎有深刻的了解"，可以没有高学历，没有丰富的工作经验，也可以不会中文和英文。李彦宏这样做，是因为他知道 Google 曾在这方面吃亏了，Google 当年的招聘要求明确规定，需具备英语交流水平，故而流失了大量日本本土尖端技术人才。

相比之下，百度的条件更显宽松，能在毫不费力的情况下找到那些被国际大公司所错过的不会讲英文的日本优秀人才。这些不会讲英文的日本人，在国际公司中只能任职一些边缘岗位，但在百度，他们却成了最熟悉日本市场的精英人才。

百度还在日本本土招聘了很多产品推广经理，所有日本产品推广方式均由他们决定。

不过，在日本研发团队中，就没有那么多日本人了，且团队规模也与北京的研发团队相差甚远，百度的基础搜索引擎技术仍保留在北京研发。李彦宏对此的解释是，这种做法，与日本本土化并不冲突。就日本的市场来说，产品和技术是分开的，技术是不分语言和文化的，而产品则会因语言的不同而出现不同的表现形式。

他说，真正的本土化指的是产品的本土化，而技术上应该追求国际化。雅虎之所以成功，就是因为它将产品和技术完全分开，将世界先进技术注入日本的产品中。

而百度日本与雅虎日本最本质的区别在于，百度在市场上处于绝对领先的位置，雅虎的技术已经在市场上走下坡路了，且越来越接近落后的位置。如此，当雅虎支持海外市场时，将会在执行力度上、可持续性发展上遭受质疑，这无疑是雅虎征战海外市场所要面对的最大问题。

故而，日本本土化道路，就是百度日本的可持续发展道路。虽然这一路注定艰辛，但李彦宏却很享受这个过程，他曾对海外媒体表示过，开拓日本市场，最重要的就是"享受这个过程"。百度未来的道路仍会充满艰辛，可李彦宏会适时地调整自己，接受未知的挑战。

出井伸之加盟

十年人事几番新，飘泊原是一场空。王湛生的离世，不免让人唏嘘不已，井上俊一的加入，又有些让人欣喜若狂，一时间，百度人事动荡，但这并未结束。

2007年6月27日，百度对外宣布，索尼前首席执行官出井伸之将以独立董事的身份加盟百度，与此同时，百度的另一风险投资人——阿沙德·贾马尔，将于6月末离开百度董事会。

　　贾马尔是德丰杰全球创业投资基金董事长兼首席执行官，他是通过德丰杰旗下的 ePlanet 风险投资基金对百度予以资金支持的。到 2007 年，他进入百度董事会已有 3 年光景。同时，他还是 Skype、分众传媒、空中网的早期投资者。当时，不少人觉得，出井伸之"替换"了贾马尔，系百度在日本本土扩张的必行之举。

　　出井伸之，绝非泛泛之辈，看看他的履历：

　　他是全日本最具权威的高级企业管理人之一；

　　曾任索尼董事会主席兼 CEO；

　　创办了一家名为量子跳跃（Quantum Leaps）的咨询公司，旨在帮助向新技术过渡的企业。直到加入百度时，他仍是这家咨询公司的 CEO；

　　担任索尼顾问委员会主席、埃森哲董事、以及《红鲱鱼》董事。

　　2005 年，他从 SONY 退出，此举是源于企业后期业绩不佳等因素。

　　如此声名不俗之人，能进入欲在日本落户的百度，这对百度的意义自然不言而喻。

　　对于出井伸之的加入，李彦宏称："我们非常高兴邀请到出井伸之加入百度董事会，他拥有丰富的企业领导经验，其公司治理才能将带给百度公司发展不可估量的价值。我们相信，有了出井伸之的参与，百度在积极稳妥地发展日文搜索平台方面将更具信心。"

　　诚然，出井伸之的加入，让百度所有的投资人都放下心来，作为日本 IT 行业的资深前辈，其毋庸置疑地会为百度带来充足的动力和无限的正能量。

李彦宏能将这样的 IT 大佬拉进百度，也并非三言两语就可成功的，他早在一年以前，就已与出井伸之有过交流。

2006 年 11 月，李彦宏与出井伸之首次见面，两人间的桥梁即是在日本宫崎召开的新经济领袖峰会 New Industry Leader Summit（NILS）。其时，与会者都很年轻，出井伸之这样的老者位列其中，十分显眼，李彦宏第一次与之会面，并未多谈。

随后，在此次会议与会者的聚会中，李彦宏有了与出井伸之面对面交流的机会。让李彦宏意想不到的是，出井伸之竟然很熟悉百度，对百度的大概情况很了解。作为索尼曾经的领导人，且是将索尼从日本推向国际化之路的关键人物，出井伸之并无高高在上之态，反而诚恳地向李彦宏提出了很多关于百度应选择何种方式进入日本市场的宝贵意见。这大大出乎了李彦宏的料想。

两人虽是第一次深入交谈，李彦宏却从出井伸之的意见中得到了很大的启发，也一眼看出他若加入百度，将会为百度创造出什么样的价值。

几天后，李彦宏登门拜访出井伸之，并决意邀请其进入百度董事会。当时，出井伸之并未马上答应。

又过了一段时间，李彦宏再次前往日本拜访出井伸之，可这次却因在场人数过多，不方便提及此事，只能等两人单独相处时再作打算。

很快，机会来了，李彦宏在乘坐出井伸之的车外出办事时，两人有了独处的机会。出井伸之的表现很让李彦宏惊诧，因当李彦宏发出邀请后，他再无考虑之言，当即点头同意。

接着，李彦宏又带着董事会的其他成员与出井伸之见面，经过商议和沟通，大家发现，彼此的想法居然是如此接近，因此出井伸之加入百度，也就成了理所当然的事。

其实，对于出井伸之来说，百度的邀请是他潜意识里等待的一个"机会"，因为他发现，日本公司未来20年会出现重大危机，在创新意识上和行业扩张上明显不及欧美公司，故而他希望百度能成为亚洲公司的代表，展现出更多亚洲公司特有的活力。

这样来看，出井伸之的加入，于百度和他本人，是相得益彰的。成为百度独立董事之后，李彦宏向他请教的第一个问题就是："百度进军日本，您给我的建议是什么？"

出井伸之回答："Find the right team.（找到合适的团队）"

李彦宏对这个答案很满意，百度日本公司的工作团队一定要有决策能力，要知道这个市场到底需要什么产品，这样才能更好地确立团队，晓得团队中所需人才，而后再去开发符合市场需求的产品。唯有此，百度在开拓日本市场的同时，才能获取更多成功的机会。

此时，出井伸之的加入，不得不说是打造"合适的董事会团队"的一个缩影。

据美国 SEC 的规定，在董事会成员中，一定要有超过半数的独立董事。百度在出井伸之加入之前，就已达到了 SEC 的标准。不过，出井伸之的加入，并不是用来装点百度董事会成员阵容的，他和其他百度独立董事一样，是本着为百度未来的发展贡献力量的。

出井伸之在日本宛若企业神话，他在日本的影响力是他国之人无法想象的，从政治领域到企业，甚至日本民众对其都十分敬仰。他在日本政界及企业界都有强大的关系网，这都将成为百度日本公司快速发展的便利条件。而以出井伸的知名度和公众影响力，打通百度与日本民众之间的信任障碍，也是不在话下的。

一次，李彦宏提到百度在日本发展过程中遇到的一些麻烦，其中包括与一些公司之间存在的沟通困难，出井伸之当即表示，"我认识他们的老板"，他马上拿起电话，简单的几句话就把事情摆平了。显然，这种工作效率对百度意义非凡。

此前，出井伸之为索尼效力了45年，他对日本市场甚至整个亚洲市场的未来走向都了如指掌。尽管索尼只是一家电器生产商，但出井伸之却在十几年前就对外界宣告："互联网和宽带是威胁制造业生存的两颗陨石。"此足见他对市场未来走向的预判性，以及对互联网市场的认知程度，这是绝不输给任何一个互联网专家或成功的互联网企业家的。

加之出井伸之有着丰富的国际化经验，这使得百度在未来的全球化道路上又多了一分胜算，这更证明了李彦宏此次选择之明智。

有了出井伸之加盟的百度，自是不同以往，百度日本的发展之路也变得愈发明朗。当然，这只是百度走向世界的一个开端，未来其将持续发力，朝着征服世界的大远景策马奔腾！

9

国际化，首抓人才

携手威廉·张

就在百度日本公司蓬勃发展的同时，北京总部的技术研发工作也在如火如荼地进行着。为了能在搜索引擎技术上进一步突破，缩小与世界尖端技术的差距，李彦宏做出决定：把曾经的老板兼启蒙老师拉进百度，与自己站在一个战壕。

其实，在威廉·张加盟百度之前，他本人就一直帮李彦宏挑选 CTO，对于他和百度之间的关系，他曾这样介绍过："也许大家都不知道，在 2000 年百度创立时，我就一直担任百度的顾问。"事实上，在百度创业初期遇到用人危机时，威廉·张就在幕后一直扮演着"救火队员"的角色。

　　威廉·张生于台湾，从哈佛大学毕业后，在次线性文本匹配算法上取得了巨大的学术成就，并荣获美国加州大学伯克利分校计算机专业博士学位。可惜，他并没赶上好时候，1991年毕业时，美国正处于经济萧条时期，互联网行业十分不景气，很多网络公司均经营惨淡。由于没办法进入互联网领域，基于个人的职业兴趣，威廉·张便选择了纽约的Cold Spring Harbor（冷泉港实验室），主要负责基因地图的绘制工作。

　　不久，威廉·张参加了Montreal的学术会议，初识李彦宏。

　　当时，李彦宏发表的超链分析报告，是学术会上呼声最高的。威廉·张认为，李彦宏的这一发明对互联网来说意义不俗，是近年来对互联网最有贡献的发明。旋即，他对李彦宏产生了浓厚的兴趣。在会议结束后，两人在走廊长椅上聊了起来，却不想这一聊十分投缘，两人整整交流了一下午。

　　李彦宏向威廉·张展示了自己远大的抱负和对互联网未来规划的宏伟蓝图。两人都是为搜索引擎技术做出巨大贡献之人，故而李彦宏出色的技术能力及对搜索引擎技术的理解，都让威廉·张打定主意——眼前这个谨慎的小兄弟，就是自己要找的人。那时的威廉·张，已在Infoseek大展拳脚了，他也急需找到一位技术工程师。

　　威廉·张后来说："李彦宏可能是我所知道的唯一一个最聪明又最专注的人。并且他的发明，现在被广泛使用，超链分析技术直到今天仍然是互联网搜索的黄金标准。"

　　经过那次交谈，威廉·张每天都给李彦宏打电话，邀请他加盟Infoseek。当年的Infoseek，在业内声名鹊起，十分强大，拥有2000余万互联网用户。对那时的李彦宏来说，能顺利加盟Infoseek，就可将超链分析技术带给这个庞大的用户群，自己在互联网搜索引擎上的伟大梦想，就可以顺利实现了。如此，他成了 Infos-eek 的一员。

李彦宏加盟 Infoseek，在实现自己互联网梦想之余，还有一个重要收获——威廉·张使得其对互联网搜索引擎产业有了全新的认识。

那时候，李彦宏一门心思研究搜索引擎技术，却从未涉足搜索引擎产业，甚至连实用的搜索引擎系统的开发过程都不甚了了。在这方面，威廉·张的确是他的入门之师。

据李彦宏描述，当年威廉·张对他言传身教，像传授武功一般，将实用搜索引擎的流程悉数讲解给自己。强强联合，才出现了第二代 Infoseek 搜索引擎 ESP 技术。

ESP，在英文中有"第六感"之意，其特点即是能准确地进行搜索，使互联网用户在使用 Infoseek 搜索的同时，宛若在运用自己的第六感寻找想要的东西一般，想什么就能搜出什么。

按照常理，李彦宏若一直在 Infoseek，虽然没有了今日的百度，可他在技术领域必将问鼎世界。遗憾的是，他没有在技术上精耕细作的机会，却意外叩开了创业之门。

迪斯尼的介入，让李彦宏最初的所有梦想都成了泡影，后其回国创业，威廉·张也选择离开，同样走上了自主创业之路。

李彦宏回国的前一天，威廉·张约他吃饭。饭桌上，李彦宏向威廉·张表达了自己归国创业的无限热情，且毅然决然地放弃了自己在美国所创造的全部辉煌，这让威廉·张惊诧之余，更生钦佩之意。或许，李彦宏的果断，也是促使威廉·张自主创业的一个原因。

2001 年夏，威廉·张成立了 Affini 公司，并开始将自己对互联网未来的幻想打造成现实。他开始从企业管理和商业模式入手，进行深入研究。

时光飞逝，转眼到了 2006 年。是年，李彦宏成功将百度推向全球最大中文搜索引擎的宝座，并在纳斯达克成功上市。曾经谨慎而又充满激情的小伙子，此时已成为 Google 在中国市场的唯一对手。而就在其成绩斐然之时，麻烦出现了，幸而，这麻烦成了缔结李彦宏与威廉·张更紧密关系的催化剂。

百度 CTO 刘建国向李彦宏提出离职申请，他想自己创业。李彦宏思考再三，点头答应了，他也不想因自己的百度理想国而牺牲了刘建国的创业梦。

刘建国一离开百度，百度在技术研发方面将出现极大的漏洞，这对发展中期的百度无疑是重创。一时间，李彦宏没了法子，只能打通越洋电话，求助于威廉·张，请他帮忙为百度物色合适的优秀人才。

在此期间，李彦宏曾多次飞往美国与威廉·张会面，两人不仅就 CTO 人选问题展开讨论，更对互联网的未来交流彼此的看法，同时亦不忘对百度的发展进行深入探讨。威廉·张很卖力，凭借着自己多年来在美国积累的人脉关系，表示将尽全力找些适合百度 CTO 的人选，让李彦宏选择。

转眼间一个月过去了，合适人选还未出现。此时的李彦宏表面镇定，内心早就开了锅，无奈之下，他再次与威廉·张沟通，想从这位良师益友的建议中得到一些安慰。

这通电话，果然没让李彦宏失望，威廉·张跟他说，其实以百度目前的状态来说，缺少的未必是一个优秀的 CTO，最大的问题，应该是百度在后续力量匮乏的情况下，如何将招聘的新晋员工培养成成熟的技术团队，并在培养过程中激发出他们的无限创造力。

听了威廉·张一席话，李彦宏茅塞顿开，他一点没含糊，直接说："既然这样，那就请你过来吧。"威廉·张倒也痛快，当即答应了李彦宏。就这样，曾经师徒的再次联手并没有多少神奇的环节，就在一个求帮，一个愿帮的情形下完成了。

威廉·张正式加盟百度之前，曾在北京考察过一段时间，回到美国后经过反复思考，他得出了一个结论："如果来百度，无论能不能帮上李彦宏的忙，自己都不会后悔；如果不来百度，自己肯定会后悔。"

几天之后，威廉·张来到了中国，刚走出首都机场大门，便跟百度的工作人员聊天，为的是抓紧一切时间了解百度，学习百度的文化。

按照百度的惯例，李彦宏为威廉·张安排了独具百度风格的"面试"。这次面试整整进行了 5 天，威廉·张不由得想起当年结识李彦宏时的诸多场景。当时，他一直和不同的百度高层谈话，平均每天交流大约 14 小时至 15 小时。

在第 6 天时，威廉·张突然意识到，自己在来中国之前做的功课远远不够，为此，他冒出了新想法。

又过了一段时间，威廉·张慢慢适应了百度的节奏，习惯了中国文化，最终决定把家从美国搬到北京。此前，他始终都在美国生活和工作，对他而言，来北京工作和生活要比百度的工作更具挑战性。此举，也是进一步了解中国，了解百度的"捷径"。

很快，百度官方宣布，威廉·张任百度 CTO，接替刘建国的工作，以百度的国际化战略的技术支持为工作核心，并继续担任百度"救火队员"角色，为百度的每一次"失火"做先期的防备及后期的补救。

在百度欢迎会上，李彦宏说："威廉一直是搜索领域的先驱，对我们掌握互联网搜索市场至关重要。我非常高兴地欢迎像威廉这样的专家能够加入我们这个团队。"

威廉·张倒是很谦虚："我非常高兴能够加盟百度。百度不仅是中国，也是全球最具有活力，最具有前景的公司之一。我期待着迎接挑战与机遇，指引百度未来的进一步革新。"

在北京工作了3个月之后，威廉·张已适应了北京的生活。

李彦宏曾多次请教过威廉·张对百度日本的看法，威廉·张则表示："虽然百度进军日本市场只是百度未来国际化战略很小的一部分，但却标志着中国互联网企业向海外跨出了一大步。"

不久，威廉·张参与到了百度日文网站的管理工作中。当时，百度日文网站正在进行集成试运行，主要是为了检测海外大规模服务器的运行情况和服务器的稳定程度。从运行情况来看，一切都很正常，威廉·张却不断地提示百度日文网站的监管人员："目前的百度日文网只是在进行大规模系统测试，暂时还是一个试验品。"

威廉·张认真的工作态度及谦虚的为人，让其大受百度员工的尊重和信任。他加盟百度后，不仅为技术团队注入了更多不同于百度传统的设计理念，还吸纳了众多尖端技术人才。

很多人都说，百度日本网站之所以能取得出色战绩，基本要归功于威廉·张。威廉·张则一贯谦虚地说："功不能归于我，是百度的技术开发团队共同努力的结果，我只是有一点点帮助……"

在百度日文网站成功后，威廉·张继续做着百度国际化战略技术和后续人才储备的工作。有了威廉·张的百度，在已有资本实力之上，又补充了强大的技术实力，这将使百度的研发技术在短时间内达到国际水平，其国际化战略的步骤也将迈得更稳。

人才争夺

科技的竞争，即是人才的竞争，因此对于人才的争夺，也演变成了百度与 Google 最直接的战斗方式之一。威廉·张加盟百度之后，便打响了一场在人力资源市场上的人才争夺战。

2007 年 9 月，百度对全国 15 个城市的 25 所高校的应届毕业生进行招聘，其规模空前绝后。尤其在哈尔滨工程大学、浙江大学，学生们的情绪都很高涨，表现出了对百度极高的热情。每一次招聘会，都会有众多学生参与，可谓比肩接踵。

在招聘会现场，威廉·张为了形象具体地向学生们清楚地描述加入百度的优势，他特地用一条名为"无敌红线"的红色曲线，来代表百度员工在公司中的成长道路。

通过这条红线，可清楚地看到近几年来加入百度的技术类毕业生的职业发展走势，并呈现出其职业发展空间、成长速度、自身能力等，且这些方面均已超过国内著名跨国公司员工的水平。威廉·张说："百度有 1.3 亿用户，占有 65% 的中国搜索市场份额，拥有丰富的产品线，强大的业务扩展能力能为工程师提供广阔的发展空间；工程师一加入百度，就会立刻接触到核心的技术和系统。"

此外，他还告知广大应聘学生，百度在业务收入方面正处于高速生长期，仅在 2007 年第二季度，营业利润就比上一年同时期增加了 109.4%，其市值超过了 100 亿美元，"挑战大、机会多，工程师能够得到快速的发展，而工程师的快速发展自然也能带来巨大的成功和高额的回报。"

为了能进一步吸引人才，威廉·张在校园品牌、招聘战略，甚至宣传语等方面都做了充足的准备。

百度成立多年来，始终坚持最大限度地为员工创造发展空间，并在 2006 年 10 月发出了口号"做舒服的虫还是骄傲的龙"。其后，更在全国范围内开展招聘活动，以"做舒服的虫还是骄傲的龙"为活动主题。

在活动现场，人们可以清楚地看到李小龙形象的巨型宣传海报，海报上明晃晃的标语清晰可见——"是做一条舒服的虫，还是做一条骄傲的龙？"此话其中之深意，即是学生在面对国内互联网企业和 IBM、微软、Google 等国际一流企业时，会做出怎样的就业选择。

百度这样做的原因很简单，在国内的公司工作，如百度，当你和身边的人提起工作时，百度的名字自然还比不上国际知名企业那样响亮，不过，在百度，你可以做领头羊；而在国际大型企业中，你很可能只是个吊车尾。这就应了一句俗语，"宁做鸡头，不做凤尾"。

百度想表达的意思便是：大多数跨国公司在中国的研发部门，与其全球技术为核心的研发部门是完全不同的两个概念，中文技术相比较全球技术过于边缘化。很多时候，被分配过来的技术项目，都是总部不愿做的项目；即便不是没人要的项目，也很可能是从印度研发部抢过来的一些没有实际意义的项目。但从当时的情况来看，中国软件开发技术水平与印度相比还有一定的差距，故此，就算是有研发项目，也都是核心技术之外的零散项目。

因而，若依照上述情况，一个优秀的毕业生"幸运地"去了Google 设立在中国的研发中心或是相关机构工作，工资待遇都很优越，却是怎么都无法做出成就的。进入这样的国际企业，大多数人或许只是去享受优质的办公室生活，模糊了奋斗目标，消失了奋斗热情，转而忘却了去实现自我价值，真正的成就，变成了一场空谈。

反观百度，这种情况并不容易发生。百度的研发平台，可让新员工接触到最新技术，从事最新的业务。百度在行业内的竞争对手都是世界顶级公司，员工对待工作时必须全力以赴，将能力最大限度地发挥出来，这便能激发出潜能，如此一来，优秀的员工会更优秀，普通员工也容易在短时间内取得最快速的成长。

为了更有力地证实这种理论，百度在招聘会上安排现役员工现身说法，讲述自己的故事。百度曾做过一部宣传片，影片开头是百度员工的自我介绍，他们来自国内的各大高等学府；第二部分是描述这些员工当时的工作内容，做什么的都有，且都是百度当下最被互联网用户追捧的热门项目。

由此，应聘的学生能更直观地了解到，原来这些加入百度的新员工，正在与百度最核心的技术打交道。而 Google 的员工，或许还在寻找自己的创作团队，或是做一些用户界面、汉化的工作，这与大部分尖端技术毫无关系，甚至是毫无技术含量，二者相比，优差自是一目了然。

或许是因为在中国的缘故，百度在自己的主场上表现得更加出色，Google 的招聘策略则明显位居下风。

百度的招聘策略，如精准广告一样，只把橄榄枝投给相互需要的人，所以招聘会的规格也不夸张；Google 似乎盲目了一些，并没有明确目标。大多时候，Google 都会在校园内大张旗鼓地做招聘活动，这仿佛是彰显自己"国际实力"的一种表现。

对此，百度人力资源部门的工作人员认为，Google 这种"没有目标性"的招聘，只会让学生抱着看热闹的心态来参加应聘，毕竟一些学生因上课等问题不能赶到现场，这都会对招聘结果产生影响。

百度招聘时，有具体流程，当收到应聘简历后，信件会发给各部门，再逐个筛选，如有通过的，便可依托互联网进行笔试，笔试时有足够的演算时间。

显然，百度与 Google 相比，更能掌控主动权。

上市后的百度，拥有强大的资本实力，故此亦不排除用真金白银的方式来表现招贤纳士的诚意。百度此时的优势已很明显，既不亚于跨国公司的名声，也不低于外企薪酬，同时亦能为应聘者提供广阔的晋升空间，这自然会使其在网罗人才上更有底气，也更有胜算。

2007 年 10 月 8 日，百度在公布"上海研发中心"的相关职务时，提供了不少如"研发工程师""测试开发工程师"等技术性较强的岗位。对于新进员工，威廉·张打算从头培养。他向员工们发放了一封自我介绍，他的目的很简单，希望员工能了解百度的文化、使命。为此，他再次做出"改革"。

在"改革"之前，百度对员工是否优秀的判断依据是工作效率，产品生产越快，且不出现任何问题，就会得到很高的评价。不过，威廉·张另有想法。他知道，想要快速完成工作的方法不限于一种，比如加班，但以这样的方式工作，最后的质量不会太高，这就证明之前的判断标准并不全面，存在很多问题。

威廉·张修改了评审标准，在考核员工和团队的指标上又额外加了两条规矩：其一，产品、构架、质量、扩展、公司的整体价值贡献的好坏与多少，不仅要与目前的产品和部门进行比对，还要有一个未来的预测范围，与未来做比较；其二，人力资源的价值。员工是否在工作中得到成长，个人能力是否发挥全面，若这两项都是否定答案，人的资源价值就无法被准确表现出来。

这个小小的改变，却让整个过程出现了巨大变化——一个团队不能看它现在有多不好，而是要看它能实现多少人力资源的价值。

威廉·张的第二项改革，是建立全新的技术委员会。

很早以前，百度的技术部门也有技术委员会，但其成长空间很小，应该让每个部门都有自己的技术委员会才行，其目的，是审核产品的技术价值、人才价值。这样一来，部门领导不需给自己部门的员工和团队打分，而是工程师彼此间打分、作比较，来判断自身能力是否得到了提高，所设计的产品是否在构架上有问题。

而技术委员会的委员们，在专心于自己项目的同时，由于需要为各个部门打分，就要全方面地熟悉领域，做到不遗漏细节，才会做出最正确的判断。因此，这一模式下的全部团队成员，都会在短时间内得到巨大的提升。

在 2007 年的应届毕业生招聘活动中，有超过 600 名工程师与百度签约，以正确策略招聘的百度，对人才的吸引力越来越大，李彦宏在浙大招聘会上对学生说："我可以非常有信心地说，百度拥有全中国最懂搜索的人当中的 75%。"

李彦宏的这种信心，自然与威廉·张的屡建奇功密不可分，他因对百度招聘机制予以改革，才使得百度在与 Google 的人才争夺战中占了绝对优势，这是百度之福，也是李彦宏之福，更是百度用户之福。

百度 CTO 落定

技术人才一定要具备天生的敏感性，这对其自身在网络领域的发展将大有裨益。

威廉·张加入百度之后，大批精兵能将涌入百度。2008 年 8 月，百度对科技研发部门及技术团队进行了大换血，此次人员调整规模庞大，先是挖来了 51.com 副总裁邵辉，担任系统部技术总监；随后，又晋升了百度内部员工韫敏，令其出任技术部副总监。两人都以技术见长，且在管理方面有丰富的经验。

在威廉·张的调配下，百度的每一个岗位上都人才济济。一时间，百度如被注入了新鲜血液一般，活力四射、动力十足。与此同时，李彦宏在百度 CTO 的人选上也有了更多的选择。可惜的是，这些人中并没有真正适合做 CTO 的人选。

自刘建国离开之后，CTO 的位置空了两年，可百度仍坚守宁缺毋滥的原则。不过，这个位置并不能一直空缺，也就是在这一年，CTO 的宝座终于迎来了主人。

2008 年 10 月 6 日，前华为副总裁、前港湾网络总经理李一男，出现在百度的新闻发布会上，以百度 CTO 的身份出席活动。此时，尘封两年之久的谜团终于解开。

对于李一男的突然加盟，李彦宏说："百度对 CTO 的要求非常高，在全球范围内，可以做百度 CTO 的人选不超过三个人，李一男是其中之一。"

在外界看来，李一男的加盟的确有些突然，可实际上，李彦宏早已暗中观察很久了。早先，他就曾派出一名百度的高层以"探子"的身份暗中接触过李一男。

"探子"打听了一下李一男，将其言行牢记于心，"探子"向李彦宏汇报，说李一男很踏实，论技术非常适合出任 CTO；论人品，非常符合百度的企业文化。最重要的是，李一男同意考虑加盟百度一事。

李彦宏一直都很欣赏李一男，他觉得李一男是个技术天才，几乎无人可及，同时还具备很强的组织管理能力。李一男在华为时，曾带领拥有 5000 兵力的技术研发团队，这使得他累积了丰富的管理研发团队的经验，这也恰是 CTO 最应具备的素质之一。

美中不足的是，李一男缺乏互联网行业经验，李彦宏对此并不担心，他晓得李一男拥有过人的快速学习能力，对他而言，行业之间的跨度并不能阻拦他在互联网行业中发力。更重要的是，李一男的知名度很高，在技术领域极具权威性，故此在一定程度上，完全能镇得住百度技术研发部的场子，使得其在安宁平稳的环境中，逐渐成长为无可匹敌的技术团队。

其实，李一男也十分清楚自己在 IT 行业中的不足，他曾说过："在 IT 领域里，通讯与互联网之间其实是关联最紧密的两个行业，在互联网刚刚兴起时，许多通讯运营商都有涉足。但是，这两者之间还是存在着很大的区别。互联网发展了十多年，技术日新月异，已经形成了一套非常复杂的知识管理与知识检索体系和运营规律。实事求是地说，在我以前的工作经历中并没有深入接触过这些基础的理论，这是目前对我来说最大的挑战。"

他还说："今天，无论在互联网也好在其他行业也好，当一个创新的思想出来之后，更多的是依靠大规模协同开发。这几天的工作让我感受到了百度技术团队开放、坦诚而平等的氛围，所以也给我很大的信心，这是一个能相互启发智慧的很好的平台，我希望能尽快取长补短。"

李一男的互联网行业经验不足，而李彦宏还是将其纳入，这绝非头脑一热的决定，而是深思熟虑之果。当然，当初李彦宏在做决定之前，也是顾虑重重的。他知道李一男一直从事电信行业，加盟百度属于跨行业跳槽，他曾担心李一男会存在一些根深蒂固的行业思想差异。不过，最终经过激烈的思想斗争，他还是打消了所有顾虑，大胆录用李一男。显然，这次冒险之举十分明智，更是一桩赚钱的买卖。

那时，李一男从港湾科技回到华为之后，便在北京定居，之后再也没有离开过，因此他对百度在行业内的动向十分了解。

在李彦宏思索着如何进一步靠近李一男时，李一男竟不请自来，出现在他的办公室门前，两人随后进行了长达数个小时的"强者对话"。

谈话中，李彦宏提到了团队建设方面的问题，李一男说："我觉得对于一个技术团队而言，首先要做到团队的建立不能抹杀个人的创新能力，因为创新想法有时能改变整个行业的进程，从量变到质变看似一小步，却不是任何人都能做到的。所以，我们不能为了发挥团队的力量，而要求每个人都穿一样的衣服，都灰色化，我们需要不断地有亮点闪现，不断地有绚丽的明星出现。他们需要有一个土壤和环境。"

他说的很对，世界上的任何一个人，想要发挥自己的创造力，首先要做的是与同伴协作。在企业做研发工作和在科学研究部门做研发并不相同，人们更愿意接受团队协作。

对眼前这个比自己年轻的小兄弟，李彦宏十分满意，而李一男对李彦宏的谨慎和诚恳也十分认可，这才促成了他的加入。

回到华为，李一男起草辞职文件，于 2008 年 9 月辞去在华为的职务。"十一"之后，他正式到百度报道。和李彦宏预想的一样，不管大事小事，李一男都处理得井井有条。

很多人都好奇李一男为何离开华为，因为从过程上看，他似乎有主动"跳槽"的味道。李一男只说："我是一个经历过坎坷的人。"一句话，却内含忧伤。而在加入百度后 3 个月的时间里，他未接受任何采访，只希望全身心地投入到百度的工作之中。

上班的第三天，李一男便显露锋芒。

当时，为了提高电子邮件的效率，百度打算给每位高管人员配备一部黑莓手机。有的部门提议，将百度最新推出的即时通讯软件——百度 hi 与黑莓捆绑，以便在庞大的黑莓海外用户中推广这款通讯软件。

李一男对此却有不同的看法：黑莓虽然在海外拥有庞大的用户群，但以百度 hi 目前的情况来看，其作为一款"纽带"式的附属工具，更需提高在线用户的使用量。所以，在手机市场发展前景方面考虑，百度 hi 并不具备优势。

李一男有此提议，是有根据的。他看到了一些现象，觉得很多创新出现时，就像天上的星星一样稍纵即逝，鲜有企业能将如流星一般的创新意识付诸于现实。所以，一个团队是否优秀，就要看他们把目标如何定位，而后是否借助一个强大、优秀的组织来运作。唯有此，才能将这些好想法加入产品中，在用户的体验中实现它的价值，并最终转化为商业效益。

不久，李一男在百度成立了"创新性研究小组"，因为大多数人并不适合团队合作，他希望这个小组中的成员能在最适合的土壤中发挥所长。

很多年前，李一男创办港湾网络时就已给自己定位，他希望能将自己的公司做得更年轻、更有张力、更有理想、更有报复、更有冲劲，并在超快速的发展中成为创新型企业，这一点与百度的企业文化和历史背景十分吻合。因此，从各个方面来看，李一男能从电信业跳到互联网业，并能如此快速地融入到百度的大家庭之中，是得益于某些"必然性"的。

"阿拉丁计划"

古往今来，天才，都需要一个能容得下才华的空间。对李一男来说，百度便是那个无限宽阔的空间。

李一男成为百度一员之后，百度对新项目的研发也紧锣密鼓起来。

2008年12月17日，李彦宏与李一男出席了百度上海研发中心揭牌仪式。仪式上，李彦宏对外公布，百度即将推出"暗网"和辅助"暗网"的"阿拉丁"平台。在中国互联网搜索引擎市场上，百度已占据了70%的市场份额，所以百度接下来的主要发展目标，就是新一代的搜索引擎技术。

对于"暗网"的概念，李彦宏做了详细解释："如果把百度搜索引擎比作一个探照灯，在无边无际的信息宇宙中扫射，那么，那些探照灯扫射不到的区域，都是我们定义的所谓'暗网'。

而'暗网'之所以存在，一方面是很多人类信息并没有网络化；另一方面即使一些信息网络化了，也没有纳入到搜索引擎的检索体系。而目前能被搜索引擎检索到的信息只占所有信息中非常小的一部分，大部分信息存在于'暗网'之中。"

"阿拉丁"平台的诞生，完全是为了"暗网"能在信息网络化的同时，为用户提供更便利的条件，且这些被网络化的数字信息，能发挥其最大效率，以便被互联网用户利用搜索引擎进行查找。另一方面，"阿拉丁"平台在提供便捷调节的同时，还对现行搜索引擎进行延伸和补充。

故此，依托于"阿拉丁"平台的技术，搜索引擎便可突破现有网络信息的限制，对"暗网"及其他互联网中存在的信息进行更深层的解析、融合、包装，确保每一位使用者，都能轻而易举地找到最精准的搜索结果。

百度的"阿拉丁"计划是多年研制的结果，该计划是百度旗下的一款"雪藏"多年的产品，早在百度贴吧、知道等产品推出之前，它就已按照计划在执行了。当李彦宏对外宣布"阿拉丁计划"时，百度已将全公司半数以上的战斗力投入到此计划中。在未来的几年内，"阿拉丁计划"都将作为百度的重点研发项目，并进行大规模的新技术开发。此足见"阿拉丁计划"的重要性。

通过百度人力、物力的奢侈投入，不难看出，"阿拉丁计划"将会使百度在互联网搜索引擎发展史上树立起又一座难以逾越的丰碑。这便让人回忆起2002年充满激情的"闪电计划"。不少业内人士都将百度的"闪电计划"称作是其搜索引擎发展史上的一次革命，而此时的"阿拉丁计划"，无疑是又一次革命。

这"二次革命"的指挥官，正是李彦宏的新锐战将——李一男。

作为一个跨行业而来的 CTO，李一男身上并无任何"不适应症"，他已对互联网行业有了更加深刻、更加全面的认识，他在仪式上说："互联网是服务提供商，用户每天看可能感受不到变化，但是三个月之后看就会非常不一样。而 2009 年'阿拉丁'业务陆续推出后，绝大多数用户也都不会感到'阿拉丁'的存在。"

李一男这样形容"阿拉丁"："就像航班时刻表、列车时刻表，现在还没有一个便捷的展现，有了阿拉丁之后，这些数据都能够得到融合性的展示。"

李一男所说的这种全新的用户体验，其实就是变相地整合信息，通过对信息快速检索，用最精准的方式将搜索目标展示给用户，让用户体验到在一个搜索框下，同时得到多个需求的搜索结果的非凡感受。这也正是百度下一代搜索引擎所要实现的研发目标。

比如，用户搜索美食，搜索结果中会出现视频、图片、关于"美食"的百科知识等，包括美食关键词的全部网页。

不过，这个设计也存在一个巨大问题：搜索引擎的单一检索，便需处理海量的信息，而下一代搜索引擎所提供的搜索需求，将会使信息量在原基础上成倍增加。如此庞大的信息量，该如何去处理呢？

百度当时每天的搜索请求数以亿计，且还要满足不同需求、不同领域、不同类型的数据分析，想把这些千头万绪的相关信息总结成精准的搜索结果，就必须通过服务器并行计算来完成，这种复杂的计算方式，就是"云计算"。百度便是凭靠这种计算来解决信息量问题的。

百度付诸巨资在"阿拉丁平台"上，一方面是重视这个项目，另一方面，即是基于云计算技术的"阿拉丁计划"，将会在硬件设备及维护人员数量上有极大的要求，那么，"阿拉丁"的商业计划是何种形式？收益体现在哪儿？这不仅是外界向百度发出的疑问，也是百度员工向李彦宏和李一男发出的疑问。

对此，李一男率先做出回应："'阿拉丁'是一个开放的搜索引擎平台，它是百度的，更是面向所有人的。我们希望未来的搜索引擎，能像阿拉丁神灯那样，在瞬间满足用户所有的搜索需求。百度希望通过对'阿拉丁'平台的构筑，超越现有 web 内容的限制，对包括'暗网'在内的所有信息进行更深一步的分析、融合、处理，确保为用户提供零成本、无障碍、无时差的精准搜索结果。"

而对于商业模式的疑问，李一男则表示："这个我们目前还没有想。"是啊，问题总得一个个解决，能将百度一贯主张的"用先进的搜索引擎技术带领搜索引擎技术的发展"践行下去，已是极为不易的了。

2009 年，百度推出了"阿拉丁平台"测试版，该平台是一个基于网页搜索的通用开放平台，其最大的特点是：能够将平台接口开放给拥有特殊数据信息的拥有者，如站长、互联网应用开发者，他们拥有将结构化的数据提交到百度搜索引擎中的权利，在快速获得流量的同时，实现了更多有价值的应用，同时亦能搜索到更多的安网信息，给用户创造了更加便捷的搜索体验。

自从"阿拉丁平台"上线以来，投入资金已累积 10 亿之多，但其仍不能一夜爆红，成为用户心中的宠儿，李一男则坚信，在不远的未来，用户一定会慢慢感受到"阿拉丁"所带来的神奇影响力。

是时，在"阿拉丁平台"上线的应用包括：天气、机票、换算等数百种，且在不远的将来会有越来越多的应用加入其中。

从每天数十亿次的搜索请求数量上来看，"阿拉丁平台"已经初见成效，通过关键词检索得到的结果页内容，要比其他品牌的搜索引擎丰富太多，而且在"阿拉丁平台"平台上，百度的多方面、多领域、多频道的信息融合方式，也日益成为新一代搜索引擎的标准。

百度知道、百科等原本应出现在"暗网"中的信息，也开始逐渐被纳入检索数据库。百度的"阿拉丁平台"，将会颠覆传统搜索引擎产业，百度不仅可以用此技术继续坐稳搜索引擎霸主的宝座，领跑整个搜索引擎行业，同时也将对搜索引擎产业和未来的网络市场新格局产生巨大影响。

树大招风，百度的"阿拉丁计划"逐渐崭露头角之际，外界对这一计划的质疑声随之响起。很多人觉得，为什么百度会选在"这一时期"推出"阿拉丁计划"？那么，"这一时期"是为何意？

在"阿拉丁计划"推出之前，百度的竞价排名广告投放模式的负面新闻一直不断。央视的一档栏目曾连续两天报道了关于竞价排名的积弊，揭发了多家网站利用竞价排名推广虚假信息的内幕。央视的曝光，让百度股价狂跌不止，一时之间，李彦宏也是无力招架。故而外界才猜测，李彦宏闹出这样一桩事情，是为了扭转人们的视线，暗中为百度正名。

当时在百度，有两个人气具有新闻价值的公众形象，一个是CEO李彦宏，一个是CTO李一男。此阶段，李彦宏正不停地约见媒体，并参加各类访谈节目，更多地是为了通过媒体向观众呈现自己。

而李一男，自离开华为之后，一直被任正非视为"叛逃者"，因此两人"唧唧喔喔"的吵闹声，加之他技术天才的称呼以及传奇经历，便轻而易举地成了新闻媒体的焦点。

据业内人士透露，整个"事件"虽然完美，但仍漏洞百出。李一男到百度已有一个多月，而百度这一计划的操作工期已进行了一年之久。也就是说，该计划取得的结果与他毫无关系。加之他跨领域、跨行业，当时仅处于熟悉业务的阶段，当然不可能瞬间取得多么辉煌的成绩。

基于此，很多人说，李一男在这次人为的传播中扮演了"傀儡"的角色，之所以被李彦宏选择，是因为他具有新闻价值。

仁者见仁，智者见智。其实不必探究"阿拉丁计划"背后的深层原因，毕竟百度凭此，已推动了全球互联网搜索引擎技术的革新，这远比流言中所能给百度带去的意义更大，不是吗？

百度来了个吴恩达

百度的国际化之路，永远没有终点，且永远在铺垫之中。

2014 年是人工智能的元年，Google、百度、Facebook 和 IBM 四家世界顶尖科技公司纷纷在人工智能领域布局，人工智能得到了前所未有的关注。

Google 最先展开行动，先后投资了多家人工智能公司；而远在大洋彼岸另一端的百度，也很快进入人工智能产品的研发阶段。

处在大洋彼岸两端的人工智能的两大玩家，都在隔岸观火，但此"火"并非困难，而是两家公司对于人工智能发展的热情和执着。

　　一时间，所有科技巨头公司都将未来的发展重心放在了人工智能领域。他们坚信，不久之后，人类将会进入 IOT 时代。而"奇点理论"也再次出现在人们的视野中，成为了世界各大科研中心的热点话题。

　　身为 Paypal、spacex、Tesla 以及 SolarCity 四家公司的 CEO，同时被称作乔布斯接班人的埃隆·马斯克曾表示，"随着人工智能的发展，我们将召唤出恶魔。你们知道，人们会认为手握五芒星和圣水将能控制这些恶魔，但事实根本不是这样。"

　　很多业内人士认为，人工高智将会是 IT 产业继互联网之后的又一场技术革命。尽管人工智能仍然存在变数，但从 2014 年世界顶尖技术公司的动作来看，人工智能将在不久的未来进入到人们的生活中。

　　人工智能未来的业务必将国际化，那么百度就一定需要吸纳更多国际化人才的加盟。为了能占据更庞大的人才资源，百度不惜重金在硅谷创立了人工智能实验室，为的就是与 Google、苹果在国际人才方面形成更有力的对抗。

　　李彦宏的用人原则，自然也展露出了其对人才追逐的勃勃野心，他曾说："每一个位置空出来，我马上就想，如果全世界的人随便我挑，我会让谁来坐这个位置？"其实，他这么急着招贤纳士，还有另外一个原因。

　　早在 2012 年 9 月，威廉·张突然出现在"百老汇"的名单中，对此百度并未给予任何回应，威廉·张也暂未表态。这件事引起了外界的猜疑——威廉·张离开了百度。不管威廉·张因何离开，百度首席科学家的位置却一直是空着的。而此时，百度研究院副院长余凯向李彦宏推荐了自己的好友——吴恩达（Andrew Ng）。

吴恩达这个名字，在互联网用户中稍显陌生，却在大洋彼岸响当当，其头上顶着无数个有关尖端科技的光环：斯坦福大学计算机科学系和电子工程系副教授、人工智能实验室主任，他曾一手创建和领导了谷歌的深度学习团队，并开启了 Google Brain 项目，被行业内尊称为"谷歌大脑之父"、"谷歌大脑背后的 X 教授"，更与多伦多大学的 Geoffrey Hinton、纽约大学的 Yann LeCun 一起并称为"人工智能三大专家"。最重要的是，他还创立了在线教育公司——Coursera。

2012 年 6 月，吴恩达推出了自己的成名作——"识别猫"。这是人工智能的经典案例：1.6 万台电脑构成的人脑神经网络，对其展示 1000 万段随即选取的视频，在没有外界因素干扰的情况下，这个人造网络系统能准确识别出什么是猫，并且能筛选出有猫存在的视频，甚至可以精确到有猫照片的视频。

显然，这样的超级选手加盟百度，对百度未来的发展所提供的助力可想而知。

从百度 2014 年发布的上一年 Q4 财报中可以看出，百度未来的投资方向，主要在医疗健康、教育、旅游、在线视等方面。而在这些行业中，投资最多的就是在线教育，其中包括沪江网、万学教育、传课网和智课网；同时收购糯米网和巴西最大团购网站 Peixe Urbano。

其实，百度这一系列的主要目的，便是想让搜索业务国际化。这从葡文和泰文搜索引擎的发布，便可看出百度对业务国际化的重视程度。此外，百度在输入法、网址导航、安全软件上都有海外版本。

因此，在百度实现企业国际化的道路上，吴恩达将是不可缺少的核心人物。李彦宏早就把吴恩达的名字记录在百度实时的"人才目录"中，只是他需要一个挖来吴恩达的最佳时机。

没错，想要挖来吴恩达并不简单。多年来，吴恩达一直与Google保持着密切的合作关系，也与其他科技公司进行过合作，但却从未表示过想要加入某一公司中。

2014年3月，吴恩达和朋友提到进入工业界的想法，还没等他毛遂自荐，就已有多家IT巨头"N顾茅庐"了。Google、Face-Book两大互联网巨鳄也同样垂涎吴恩达，百度也只不过是吴恩达众多选择中的一个，可李彦宏志在必得。

此次"挖人"行动的策划人是李彦宏，执行人是百度的高级副总裁王劲。对王劲来说，将吴恩达请到百度来的整个过程就像是一场硝烟弥漫的战争，其激烈程度难于言表，后来他每每提起都显得十分兴奋。王劲说："我们不是出价最高的一方，恰恰相反，还比一些竞争对手的价格低了不少。"

挖人对于李彦宏和王劲来说，并不是陌生的事，也不算难。2013年时，百度曾对"人工智能三大专家"之一的Geoffrey Hinton发出邀请。当时，百度不惜重金，开出高于所有对手的价格，却未防住半路杀出来的"谷咬金"——Geoffrey Hinton被Google半路截获，最终百度与这位"人工智能大神"失之交臂。

此番邀请吴恩达，可谓是剧情相似，为了改变结局，在与吴恩达见面之前，王劲做了充分的准备，这让他与吴恩达在美国的沟通变得更加顺畅。

经过几次见面之后，王劲觉得时机成熟了。2014年4月，他邀请吴恩达来到中国，并在北京与李彦宏共进午餐。

一顿午饭，吃了整整3个小时。李彦宏约见过无数科技大师，所以在谈话中显得经验十足。在两人的谈话中，除了最热点的人工智能问题外，双方还就各自的兴趣展开交流，并顺利地延伸到百度科研部门的未来发展和当下所存在的诸多问题。

最后，吴恩达对李彦宏说，"我不要求最好的收入。我希望来帮助你们。"就这样，他接下了百度首席科学家的职务。而此时距离余凯第一次向他发出邀请还不到 10 天的时间。

2014 年 5 月 17 日，百度对外宣布吴恩达正式加盟百度，并担任百度首席科学家，全面负责百度研究院的工作。

随后，"谷歌大脑之父加盟百度"的事情震惊了整个 IT 界，直到一个月之后，这条消息所带来的余震仍然震颤着大洋彼岸另一端的硅谷。

国内的专家、学者也都在关注此事，南京大学机器学习专家周志华兴奋地表示，"这会在互联网行业再次掀起一股人工智能的热潮。"

很多人都在质疑，为什么吴恩达会选择百度，而不是更有实力的 Google 或 Facebook？对此，吴恩达明确表示，加盟百度的理由很简单："百度会是几家中跑得最快的，"百度的执行能力让他万分惊讶。

2013 年时，李彦宏成立了深度学习研究院，并亲自出任院长。在他的带领下，研究院表现出了惊人的工作效率，用了竞争对手不到一半的时间就构建了规模庞大的计算平台，提前进入到模型训练阶段。当时，"百度大脑"（用技术模拟人脑思维）已经达到了 2 至 3 岁孩子的智商，并拥有 200 亿个参数，构成了世界上规模最大的神经网络系统。经过了一年的时间，百度的图像识别技术已超过了全球一流水平，其识别度高达 92%，超过过去 15

年识别率增幅的总和。

而通过数据显示，百度 2013 年 Q1 至 Q3 连续三个季度的科技研发支出均超过了 10 亿元；从 2013 年 Q4 至 2014 年 Q1 的科研支出更是超过了 12 亿元。对此，王劲表示，"互联网公司平均把营收的 7% 投入研发，百度投入的比 11% 还要多。随着营收不断增长，研发投入还在继续增加。"

藉由百度取得的辉煌成绩以及在科技研发上的投入，与其说百度选择了吴恩达，不如说吴恩达选择了百度。其实，吴恩达很清楚，自己与百度的合作，将会加速实现人工智能的实体化。

百度的国际化人才有了，其在人工智能的道路上必将越走越顺。人工智能涉及领域广泛，并且在很多方面仍处于未知阶段，其枝蔓复杂的逻辑原理，更是让很多人寸步难行。

百度以技术见长，其所研究的是让机器人从处理自然语言到处理语音、图像识别的"深度学习"技术，而这一技术，仅仅是人工智能的冰山一角。人工智能的路途虽然艰辛，但李彦宏和百度既然选择了，就绝不会放弃。

10

社区版块进行时

百科与蝌蚪团

"众人拾柴火焰高"，这耳熟能详的俗语，被百度十分贴切地运用在了互联网创新应用模式之中。

百度推出百度知道平台后，不断进行系统优化和数据库更新，但用户使用率仍没有得到显著提高。经过百度的搜索引擎科研部门研究发现，"知道"平台中，有很多问题都是直接给出答案的，没有做更多的解释说明，比如"提问：苹果是什么？回答：水果。"等类似句式。也就是说，很多用户在对百度知道平台进行发问时，更多是想通过提问获得更多关于一个事物的具体定义、解释，而非直截了当的"YES" or "NO"。

　　然而，无论从互联网中所拥有的相关资料情况看，还是从网页搜索的排序规则看，百度知道并没有真正地达到用户需求。为此，百度打造出了"百度百科"这个专门为用户答惑解疑的单独产品。

　　百科的特点很明显，"平等、公正、自由"是其上线以来，一直都坚持的互联网原则。在人人平等的网络世界里，每个人都有权编写百科全书，每个人都有对百科的支配权力，百度百科正是用这种形式，为互联网用户打造了一个最透明的信息内容平台。

　　对很多用户而言，借助百度不仅能自主学习、增长见识，还可以分享自己的博学和智慧，百科通过对每个人大脑中分散知识碎片的整理，通过不断累积，逐步形成全人类最全面、最开放的共享知识库，这是令人为之激动之事。故此，使用和编写百度百科全书的用户，就能很自然并发自内心地尊重和信任百度百科。从编写工作的意义上看，百度百科要比百度知道重要得多。

　　"百度百科"诞生于2006年4月，一上线便大受互联网用户的追捧，因为这对那些求知若渴和追求真理的人来说，绝对是一场精神层面的饕餮盛宴，这使得百度百科得到的关注度及使用率始终都处在高速攀升的状态。"百度百科"上线仅20天时，其就已经拥有了超过30万的注册用户，并且将编写词条增加至10万余条，成了全世界范围内最大的中文知识百科全书。这种现实已然证明，百度百科初战告捷。

　　一时间，百度百科在互联网世界中掀起了轩然大波。一部分人会因求知欲沉浸在百科的无尽知识体系中，另一部分人，则开始研究起百度百科成功的原因。最后他们发现，百度实施的全民行动计划，是促成百科成功的关键因素。

在全民的推动下，编写百科全书成为了网络流行趋势，也给互联网用户创造了一个崭新的知识搜索体验平台。可见，互联网百科全书要比传统中的百科全书更具备优势。一方面，传统的百科全书是由固定编辑编写完成，在特定知识领域范围内，相对于未来不断发展的知识内容略显狭隘。百度百科却完全不需考虑这个问题，成千上万的网民参与进来，信息量会随之变得愈加丰富，且其可拥有无限个编写者。

另一方面，传统百科全书存在致命的弊端。一旦编写定稿就不能再做修改，强行修改成本过高，且周期很长。而百度百科每一分钟都会出现新的词条，在下一分钟词条就已有了新的变化，使相关知识的准确性和解释不断更新。

随着网络快速发展，社交网络渐渐成了年轻人运用网络的主流形式，因此越来越多的新鲜词汇频繁出现。一些网络流行词汇，如"雷"、"囧"、"山寨"等完全不会被传统百科全书接纳的敏感词语，也都先后被写入百度百科全书之中。这些词语只要开始在网络中流行起来，就会第一时间被编辑到百度百科的词条之中，它们能反映互联网用户真实生活及整个时代的文化特色，只要通过百度百科搜索，很容易就会得到最新鲜、最确切的解释。

随着百科上线时间的推移，百科的拥护者也变得越发坚实，对百度百科的依赖和喜欢程度也越来越深。百科的热心用户甚至自发形成团队，从此百科亲友团有了属于自己的名称——百科蝌蚪团。

百科蝌蚪团内并不缺少人才，他们是一群有能力、乐于追求新知识，并致力于将百度百科打造成全世界最权威的知识海洋的优秀成员。他们对百度的贡献很大，除去一些特殊词条的增、改操作外，还会协助管理员进行百科的"绿化"维护，同时监督一切恶意行为，使一些不正当的词条解释及时被更正。此外，百科词条规则的合理性也一样会被监督，以便及时对不合理之处进行讨论，从不同的意见中总结出问题的最佳答案。

蝌蚪们会出现在每一个角落，各种各样的讨论帖、任务、活动中都会看到他们的身影。百度投诉吧，是他们最常出现的地方，在维护吧内恶意行为的同时，还会与投诉用户商讨最合理的投诉处理意见，从而减轻百度贴吧在这一方面的负担。为此，百度推出了各种优质版本的光荣榜，为的就是鼓励那些为百度作出过特殊贡献的蝌蚪团成员及维护百度的热心用户。

在百度眼中，蝌蚪团是百度与用户之间最直接的桥梁。每一位成员都竭尽所能地为百度贡献心力，虽说贡献微小，却在无形中为百度积攒了巨大的能量，百度若想撼动整个互联网领域，就必须拥有这股看似羸弱的强大力量。

那么，互联网用户为何会如此心甘情愿地维护百度？理由很简单，百度创造了一个更加与时俱进的学习模式，使知识和科学技术紧密地结合在一起，令复杂的知识脉络结构更清晰地呈现在用户的面前，对世界知识文化的延续和拓展意义非凡。

在技术上，百度百科集合搜索引擎技术、百度贴吧、百度知道，联合打造了一个庞大的知识搜索体系，填补了网页搜索上的不足，使用户的搜索结果更加丰富，并在多个层次上满足了用户的搜索需求。

百度百科的出现，不仅创造了更加适合这个时代的百科全书，也为用户创造了更新颖、更优质的知识搜索体验。

在形式上，百度百科做到了让用户对互联网有更多正面的认知。互联网中无奇不有，对有求于它的人来说，它是宝藏，其强大的信息量让人为之倾倒，从学术到娱乐，从娱乐到经济，内容新鲜丰富，应有尽有。

不过，在百密一疏的信息时代，难免会有"漏网之鱼"。在繁杂的互联网大洋中，总是会夹杂着一些不健康、不文明、不现实的现象，这会让年轻的一代变得迷茫，甚至沉迷在幻想的虚拟世界中，对此，很多家长十分忧虑，担心不受控制的互联网会影响孩子的健康。于是，他们不分青红皂白地对看似不利的事物"赶尽杀绝"，由此产生的一个最极端的方式，便是禁止青少年接触网络。

而随着百度百科的出现，青少年开始从信息封锁的世界中解脱出来，他们能更准确、更直接地从互联网中获得真实、客观的历史论据和科学信息，在增长见识的同时，对知识的兴趣亦大增。慢慢地，很多家长改变了态度，将孩子们"推向互联网，送进百科中"，更将百度百科亲切地称为孩子的"小助手"。

不过，对于这样的"小助手"，亦有人提出了这样的质疑：百度百科中的内容，是正确和权威的吗？这个问题，其实早在百度百科刚上线后，就已被摆在了台面，即百度百科全书的编写是全民行为，如何在用户知识水平良莠不齐的情况下保证其正确性和权威性？

为此，百度百科的负责人在第一时间做出了让人满意的答复。

首先，百度百科虽然在形式上来看是开放的，但在具体操作上却少了很多随意性。当用户发表新词条时，一定要接受来自其他用户的审核和考验，任何人都有权对新提出的词条进行求证和修改。同时提供词条以及词条解释的用户要具有责任感，要明白这并不是一个人在随便的自说自话，而是在为另一个人提供帮助，以及对某一事物的认知过程。这样一来，会在潜意识上激发用户的敏感神经，使其对待百科的态度更加严谨、客观、有责任感。

其次，词条的解释可由任何人来编写，可以是一个普通人，也可以是一个行业专家。一般来说，专家的解释相较于普通人会更具权威性。不过，随着科技的不断进步，若在多年后，专家不具备更新词条内容的能力时该怎么办？所以，这时就需要多人来共同管理，不断地有用户为词条更具时代性而作出努力，词条的质量也将越来越高。

解决了这些问题，百度百科的发展更加顺风顺水。对此李彦宏并未表现出太多情绪，仍在为新产品不懈努力着，因为他知道，努力从来没有终点，胜者永远在路上。

百度使命：知识与人

2008 年 4 月，百度百科成立两周年。此时，其已经取得了傲人的战绩，仅用两年时间，就已积累了 110 万个词条，并以每天1000 条以上的词条数量疯狂增长。最重要的是，这 110 万个词条共经历了 270 万次修改，每天平均修改多达 4000 余次，换言之，每个词条都要被修改 2.5 万次，几乎每分钟都在发生变化。

回望两年来的发展历程，百度百科实现了一个创举——它帮助人们重拾对掌握无尽知识的信心，并在分享、协作及对真理的追求上提供了强大的助力。

很多人都感谢百度为互联网用户提供的最全面、最开放、最权威的知识平台，而李彦宏则觉得，百科的用户不应该感谢百度，而应感谢他们自己。他说："倘若知识和信息是一个海洋，百度其实是一艘船，而且是一艘大船，应该帮助很多人。从此岸到彼岸，从片面到全面，从一个点到很多点，从成功走向成功。"也就是说，百度只是一个传承文化知识的载体。

李彦宏从小生活在听书和看戏的世界里，这使他对中国传统文化产生了浓厚兴趣。进入北大之后，枯燥冗杂的学习生活并没有让他失去求知欲望，反而更增喜好之情。

他曾在自己的日记中表达过对国学的看法："国学是中华民族灵魂之所在，无论时代如何变化，文化之根是不可能消逝的。同时，国学也是中华文明的主要载体，使中华民族的文明历史，以及历史中林林总总的文明产物统一在国学的范畴内，形成一个整体。"

在李彦宏眼中，中国正朝着世界霸主的地位一步步走去，一个强大的国家，一定会有一位伟大的思想家，引领人们前行。国学，正扮演着这个"角色"，它是使中国进化成一个有思想、有文化、有传统的民族和国家的最大功臣。

互联网，是人们最容易获得知识的平台，这在中国历史上是没有任何一个时代可比拟的。因此，李彦宏迫切地想要把这沉睡了百年之久的国学，且鲜有人问津的国学文化，以一种全新的形式推荐给所有使用中文的用户。

如此，百度推出了新产品——"国学频道"，旨在使国学在人们的学习、生活中快速崛起，并通过联网的力量传播到世界的每一个角落。

国学频道中的大部分内容均来自国学网，故而国学频道算是百度和国学网的合作项目。

2006 年 1 月 12 日，国学频道正式上线，在北京中华世纪坛召开了新闻发布会。很少出现在媒体面前的李彦宏专程赶到现场，一方面是为了突出百度对国学频道的重视，另一方面，则是想要向所有人展示百度必将做好国学的信心。

同时，百度还邀请到了著名国学大师冯其庸以及国学网的尹小林等国学资深学者。最让人津津乐道的是，著名相声演员郭德纲也到了现场，他主要担任国学频道中国传统语言顾问。郭德纲本人表示，他想借助百度国学平台，利用互联网来推广中国传统艺术精粹。

百度接下来的计划，是邀请更多对中国语言文字有研究的专家参与进来，共同为国学频道献计献策，将其打造成一个极具中国传统文化特色的学习平台。

时任盛大在线公司（SDO）副总裁、前百度公司搜索引擎产品市场部总监边江，在当时曾对国学搜索引擎与普通搜索引擎之间的区别做出过解答："百度搜索引擎中一直都拥有丰富的国学知识，但是互联网中海量的信息使国学信息变得参差不齐，甚至有些经典国学内容已经被曲解。"

其时，国学频道的存在，似乎可在一定程度上解决这一问题。国学频道只搜索频道内的国学信息，不会出现杂七杂八的网页搜索结果，更强调单纯的国学内容，堪称传统文化方面的权威性搜索。显然，国学频道足可称为国学爱好者的净土，不会有被扭曲的文化，也不会出现国学知识内容良莠不齐的情况，这便于爱好国学的互联网用户深入学习和研究。

时至今日，国学频道已成功地将权威性和专一性完美地结合在了一起，国学频道中已拥有 10 万以上的网页数量，形成了 1.4 亿字的国学资料库，其中收录了先秦到清末，近两千年的历代汉字文献，其整体国学内容意境包括中华文化的各个层面，且载体多样，除文字外，还有图片、拓片等，还包括一些现代音乐家所制作的古典音乐作品。显而易见，百度的终极目标，即是将国学频道打造成中国传统文化的超级百科全书。

在国学频道之后，百度于 2006 年 11 月至 12 月，仅 1 个月的时间又推出三款产品——"搜藏"、"空间搜索"、"博客搜索"。

其中，"搜藏"最被用户关注，它可将喜欢的网页保存起来，并利用百度快照功能，将信息永久保存，因此被用户称作"网上的个人图书馆"。最重要的则在于其超强的搜索功能，使用"搜藏"的用户，不仅可为自己创建专属图书馆，还能将此图书馆共享，只要愿意共享给其他人，网友就可对其进行搜索，进入被共享的"个人在线图书馆"查找目标资料。

"搜藏"实行用户注册机制，用户只要登录就能查看存储在百度服务器上的资料。"搜藏"还具有目录性质，此特性便于用户快速找到目标资料。

与百度的很多新产品一样，搜藏在得到用户追捧的同时，一样饱受言语上的"攻击"。很多 IT 业内人士认为，百度"搜藏"并不具备实际意义，浏览器都具有收藏夹和保存网页的功能，故而并无新意可言；还有人认为，百度"搜藏"有抄袭雅虎 DLISI 的嫌疑。

诚然，表面来看，百度"搜藏"与雅虎的 DLISI 有很多相似之处，且两者在功能上都具有将收藏夹共享给互联网用户的功能，但在设计概念上却截然不同。雅虎 DLISI 的核心功能，是满足用户的分享需求，而百度却并不依赖于此，用户分享只是"搜藏"的一个附属功能。

百度历史上首位 Fellow——孙云丰称，百度"搜藏"拥有自身的设计理念和应用特点。很早之前，贴吧的用户就提出过对于收藏夹这一功能的需求设想，但百度方面则更希望将其独立成为一个用户服务。

2004 年时，百度产品部门进行过市场调查，内容是互联网用户是否需要搜索引擎与网络收藏夹相结合的产品？调查显示，很多用户在浏览网页时，经常会在网页上看到一些有价值的信息，但由于无法保存，再想看这些内容时便十分困难。孙云丰说，收藏夹所体现出来的价值，就是为了满足用户保存网页信息的需求，百度必须要开发一款这样的产品以便为用户提供服务。这便是"搜藏"诞生的根本原因。

百度"搜藏"的设计理念与一般的收藏不同，普通收藏夹只是单纯记录网页路径，一旦这些网址改变地址，或是被更新之后，用户就很难再次浏览到了，这也是普通地址收藏夹存在的最大缺陷。

基于这个问题，百度"搜藏"将收藏的重点放在内容收藏上，当用户通过保存的路径连接目标网页时，"搜藏"就会将保存在数据库中的网页内容提取出来，并再次形成网页。

前百度产品副总裁、首席产品架构师俞军，当年在百度任职时，就遇到过一次类似收藏夹的囧事。当时，在研发百度产品时，他整理了很多资料，大概有几千篇文章，且经过详细分类，标明文件内容后便储存在移动硬盘里。但郁闷的事来了，硬盘突然坏掉，他的心血也都付之东流了。想来，若是有了"搜藏"，这样的恼人之事便不会发生。

很多人都认为，"搜藏"的出现，一方面是为满足互联网用户的需求，另一面也是为国学频道推出的配套式服务。李彦宏时常会提起"百度的使命感"，在他眼里，百度的使命之一就是推动互联网文字和文化复兴。在百度的发展过程中，李彦宏已经意识到，不管是国学还是其他知识，通过互联网，这些知识就会与人们缩短距离，而随着互联网的发展，这个距离终有一天会消失。那么，基于使命而考虑到的这个"距离"，到底会让百度怎么做呢？

百度音乐

牵手诺基亚，让百度成功打开了无线搜索领域的市场，其后，新的合作伙伴接踵而至，百度在无线搜索领域十分"疯狂"，李彦宏不打算让这样的"疯狂"停下，他带着百度仍留心其他可为百度贡献粮草的无线搜索市场。

不只李彦宏，无线搜索团队全体同仁都架上了夹板，不肯放松。无线搜索负责人任旭阳觉得，接下来应将数字音乐产业作为百度重要的发展目标。原因是，数字音乐产业会促使百度与更多国际知名音乐公司合作。如此，数字音乐就成了百度产业链的关键环节。

一番思量后，"数字音乐"进入百度大计的范畴。

促成百度和诺基亚合作的任旭阳，因上佳的表现，不久后成为百度商务拓展部的负责人，他也随之将无线搜索带进了商务拓展部。

　　百度商务拓展部内有一条重要的原则：在第一次选择合作对象时，一定要找这个行业内的 Top One，与 Top One 合作，就意味着你在挑战这个领域的最高峰，一旦成功，将会起到正面的推动作用，并且在行业内造成巨大的影响力。

　　当时，国内唱片市场被百代、索尼、环球和华纳四大唱片公司抢占，把持的市场份额达 70% 以上。按照商务拓展部的合作原则，百度接下来的合作对象就在这四家公司中。那么问题来了，应该先与哪家公司合作呢？

　　百度是世界上最大的中文搜索引擎，并以最懂中文著称，所以合作对象一定要在华语市场有一定的影响力，且愿意与百度进行数字音乐的商业合作。按照这些条件看，百代唱片公司最为适合。

　　百代历史悠久，有着浓厚的中国文化根基，是唯一一个进入中国超过百年历史的外籍唱片公司。早在 20 世纪 20 年代，周璇、胡蝶、龚秋霞就已是百代的签约歌手，就连聂耳、冼星海这样的音乐大师，也都愿意签于百代名下。

　　到了 20 世纪 90 年代以后，百代唱片更是在亚洲地区和华语乐坛掀起了一场音乐风暴，旗下艺人包括陶喆、孙燕姿、蔡依林、任贤齐、林忆莲、许巍、胡彦斌等巨星，其在庞大的音乐市场竞争中屡创佳绩，引领着中国几代人的流行音乐潮流。

　　确定了合作伙伴，百度眼下需要的是一个最佳的谈判机会。就在此时，百代旗下的上海步升与百度产生了诉讼关系。

　　任旭升在与上海步升交涉中表示，想要与上级公司百代直接接洽，快速解除诉讼关系。随后，他找到了百代中国区新媒体总经理周倩仪。在聊天的过程中，在新媒体发展方向上，两人多次达成了共识。任旭阳向周倩仪详细介绍了百度与百代合作的计划后，周倩仪表示，将会尽快将两家公司的合作计划递交到总部。

时光飞转，一转眼几个月过去了，百代方面毫无消息，任旭阳有些按捺不住了。

2005 年 7 月，任旭阳终于见到了百代亚州区新媒体总裁陈辉虹。任旭阳心里十分清楚，这次会面非比寻常，他于会面之前做足了功课。通过百代的资料，他了解了很多百代过去的历史和对未来的展望，更深入地思考了百代的诸多问题。

在位于香港的百代亚洲总部，任旭阳至诚地表达了百度的合作计划。他说，没人能阻止百度做数字音乐，也没人能阻止百代做音乐赚钱，双方的合作，关键就是打破常规，进行跨领域商业合作模式的创新。

在对话百代高层时，任旭阳更是发表了一番精彩演讲："第一个轴线是媒体演变，从报纸到广播、电视，一直到当前的互联网，其本质都没有太大变化，基本还是依赖媒体业的二元经济模型——一方面向用户提供免费内容；一方面靠向企业出售广告获利。第二个轴线是唱片业的变革。"

任旭阳一席激昂的演讲，打动了百代到场的所有高层，他们纷纷表示愿意听一下百度可以提供什么样的商业合作模式。

其实，百度的合作方式很简单，MP3 是最便捷的音乐载体，只要音乐公司向百度提供 MP3 音乐即可；而百度提供的则是免费的音乐搜索，这会吸引更多潜在的用户来为百度提供流量，当第三方广告介入时，百度则可通过音乐下载页面放置广告推广区域，而广告收益则与唱片公司分成。

百度高层一听，不禁啧啧称赞。在任旭阳找上门来之前，百代已经成立了新媒体开发部门，为的就是尽快在盈利模式上找到一个合适的合作伙伴。此时百度的"毛遂自荐",让百代省去了不少麻烦,而其所提出的盈利模式更让百代眼前一亮。

百度的音乐模式,在传统意义上已颠覆了很多销售观念,并衍生出了一些全新的音乐推广方式与音乐获利方式,更是创造了全新的商业模式。相比传统的音乐营销模式,艺人将音乐提供给媒体只是单纯地进行产品推广,并未实际利益;而百度的音乐模式,则是在市场推广和增加曝光率的基础上,使唱片公司从中获得一定的广告收入,这对于音乐产业而言,无疑是革命性的改革。

百代很善于接受新鲜事物,对快速发展的市场也具有极强的适应能力。他们觉得,与百度的合作,是一次拓展数字音乐领域的实习机会。加之任旭阳的一番推波助澜,百代终于露出了满意的表情。就这样,两家公司开始了合作。

确立了合作关系后,百度于2008年初成立了百度数字音乐事务部。当时,百度内部缺少一个既懂得音乐又能紧跟潮流的负责人。任旭阳觉得,数字音乐部的负责人在懂新音乐产业的前提下,还要有管理新媒体的工作经验,而能符合要求的,非梁康妮莫属。

2003年,梁康妮加入了环球唱片公司,并担任亚太地区数字业务区域总经理,负责十几个地区的无线音乐业务。2006年,梁康妮已晋升为环球唱片中国地区的区域总经理。

梁康妮在香港做过电台主持、经纪人及国内数家唱片公司的总经理职务,有着丰富的管理经验,且她对流行音乐潮流的理解毋庸置疑,毫不夸张地说,她对国内音乐市场可谓了如执掌。

经过几次接触,梁康妮被任旭阳打动,最终环球唱片公司被"怒挖"墙脚,梁康妮转入百度音乐事务部。一时间,梁康妮加盟百度的消息在业内外引起轩然大波。她来到百度后，将数字音乐部改名为数字娱乐事业部，她本人出任总经理一职。

进入百度，梁康妮很快融入了轻松、热情的工作氛围中。她才华横溢和勤勉的工作态度，赢得了每一个百度人的信赖。她上任后执行的第一个项目，就是与湖南卫视联合制作的"娱乐沸点"活动。当时，时间紧迫，工作压力巨大，但她马上绷紧神经，与团队成员没日没夜地忙，最终完美收官。

思想导向行为。梁康妮经过多年的摸爬滚打，在操作具体业务上尽显游刃有余，而其也藉由以往经验，更能透析所涉入的行业。在她看来，在华语音乐与电影行业，人才济济，这些优秀的人和优秀的作品，急需一个同样优秀的平台将其展现出来，并为他们提供推广、宣传、行销等专业的服务，而百度正是要以此为目的不断精耕细作，打破行业内不平衡的格局，成为中国娱乐产业中最有价值的、最具合作意义的精英平台。

从娱乐圈走进 IT 行业，这样的跨度，让梁康妮总结出了一套自己的理论，她说："在中国内地的四年让我了解到唱片这个行业的瓶颈在哪里，一个公司的发展需要整个生态环境的配合，很多时候不是一家企业努力就能成功，而是需要行业周边链条一起配合，从内容的制作、传播、演出到销售，环环紧扣，才能掀起一个潮流或趋势。"

梁康妮很清楚唱片公司需要什么样的商业合作伙伴，所以自己不如亲身其中，从而促进两个行业间的合作，使它们彼此都能健康发展，并实现最终的共赢关系，这或许也是她当初选择百度的一个原因吧。

她说："虽然百度是一家互联网公司，但也可以做出专业的娱乐品牌。百度掌握着一把传统娱乐公司渴望却没有的金钥匙，这个就是百度所掌握的庞大的网民搜索数据。"

2011 年 7 月 29 日，百度与环球、华纳、索尼三大唱片公司签署协议，授权百度上载旗下艺人的完整歌曲目录及新曲目录，并向用户开放免费下载。至此，百度音乐已经走上了正轨，在开辟新的业务领域的同时，也将中国互联网音乐带上了正版化之路。

百度文库，维权之战

2009 年 12 月，百度推出了"百度文库"，作为互联网用户进行文档互动的平台，百度为其添加了阅读、上传、下载等功能，意欲将其在应用上变得更加灵活。

百度文库是当时国内信息量最大的资料网站，其便利性极大地满足了互联网用户的需求，海量的互联网用户对其爱不释手。

木秀于林，风必摧之。搞得很有声色的百度文库，也一样饱受"诟病"。其中涉及到的课件、习题、考试题库、论文报告、专业资料、公文、法律文件、文学作品等多方面资料，引起了原作者、出版商及相关部门的强烈不满，他们都觉得百度有严重的侵权行为。

2010 年 12 月，文字著作权协会、盛大文学、磨铁图书公司联合发出了《针对百度文库侵权盗版的联合声明》，并向社会承诺："必将与百度文库斗争到底，一定要把百度文库的侵权盗版行为彻底根除。"盛大文学更是对外界高调宣称："百度文库不死，中国原创文学必亡。"

面对外界喧杂的"声讨"和"质疑"声，百度不得不作出回应：百度文库属网络文件分享模式，因此百度并没有任何侵权的行为，百度文库内的文学著作及资料等，并非百度提供，都是使用百度文库的网友上传的，百度只是提供了一个较为便捷的文件分享平台，没有上传过任何侵权的文学著作及资料。

百度的解释，并未使得风波平息，形势反倒愈演愈烈。

2011年3月15日，50位知名作家联合发布了一篇名为《中国作家声讨百度书》的文章，他们在书中称："百度偷走了我们的作品，偷走了我们的权利，偷走了我们的财物，把百度文库变成了一个贼赃市场，"这下，百度文库成了众矢之的。

几天后，中国音像协会唱片工作委员会，代表所有"受害者"加入这场混战中，并联手文学界，共同呼吁网络用户加入到维护知识产权的行动中来。

随着时间的推移，百度文库的资料已超过两亿，似乎并不受制于"讨伐之声"，随即，越来越多的作者参与到百度侵权案的纠纷中。这是百度自精准广告后，二次遭遇信任危机。

3月25日，百度文库的相关负责人和"受害"的出版商及作家进行了首次正面交锋。双方经过了长时间的过激辩论后，并没有一方愿意冷静下来解决问题。终而，谈判在近乎"你死我活"的极端氛围中结束。

3月28日，韩寒、贾平凹等知名作家将百度告上法庭，网络侵权事件再次出现在人们眼前，百度与文化出版界的关系也正式决裂。利益分享机制失衡、公众知识产权保护意识薄弱等问题，自然而然地成了互联网侵权案件频发的最大原因。

　　韩寒还曾在博客中发表了名为《给李彦宏先生的一封信》的文章，文中，他详细地描述了出版行业的种种艰辛和不如意，并诚恳地请求李彦宏接受外界对百度文库的批评。言辞十分尖锐，字字如刀，刀刀见血。

　　一段时间后，百度并没有因愈发激烈的争论而对百度文库做太多处置，每天网友上传文件的目录仍在更新。不过，此前的一个隐性细节，似乎也表明了百度并非对此坐视不理。截止到3月26日，百度文库内的文档总数由之前的20409963份下降为18966311份。

　　作者们对百度一路围追堵截，百度侵权问题也成了各大新闻媒体关注的焦点，这对百度文库自然造成了巨大威胁。思考再三，百度终于做出了正面回应，意在尽快结束此次"侵权事件"。

　　百度总部抽调了数百名优秀员工，组成"百度文库"救援团，所有人齐心协力，每天都加班加点，详细翻查百度文库内的所有文档的版权情况，并向所有被侵权的作家承诺，3日之内必将百度文库内所有涉及侵犯著作版权的文档做删除处理。

　　对于此次事件，上海福一律师事务所知识产权律师周宾卿认为，在行为上，百度文库并没有构成所谓的"侵权"，但百度文库的的确确是个制造侵权行为的网站。也就是说，百度用户上传的文档做了归类的编辑加工处理，因此成为了ICP，需要对产品内容负法律责任，百度文库就是产品，文库中的文档就是产品内容。

　　最重要的是，百度通过这些文档进行广告发放，因此文档分享平台具备了商业运营平台的性质。依照我国的法律规定，如果擅自运用未授权的作品进行商业盈利，就属于侵权行为。

盛大文学 CEO 侯小强曾说，百度此次盗版行为，将会对盛大造成每年 10 亿元的损失："百度方面否认侵权，是不想把嘴里的美食吐出去。"

很多被侵犯版权的相关单位均口径一致："现在已经不想解决百度的侵权问题，而是想直接将百度文库根除。"

百度文库陷入了生存危机，李彦宏自不能坐以待毙。很快，他首次以个人身份就百度侵权行为对外界作出回应，给了出版商及作家们一个合理的交待。

他在声明中称："我本人也正与公司的相关人员进行沟通，如果百度文库不能有效地清除盗版，百度文库甚至可以关掉。这个事情调动了百度和很多其他部门的力量做这项工作，我也希望加强这方面的管理，我也跟我的团队讲得非常清楚，态度非常明确，如何管好。当然了，我们更希望跟版权方和作家能够共同探讨一种未来的各方共赢的商业模式，我也非常期待会得到一个满意的答案。"

随后，他提出了能使百度文库继续生存下去的办法，即作品先审核再上传，这即能最大程度地避免侵权现象的再次发生。并且，为作家提供正版作品浏览平台，网络用户通过付费的方式进行下载阅读，便可将所得费用与出版社、作者按照广告的分配方式进行利益分成。如此一来，既能保障版权不受侵害，还能获得部分利润，是真正意义上的互利共赢模式。

事实上，在侵权事件爆发之初，鉴于来自各界的指责，以及百度文库内文件的侵权现象，百度的科技研发部门就已开始对"版权作品 DNA 对比识别系统"进行设计和研发。

该系统主要通过后台识别技术，将网友想要上传的文件在审核期间与原著资源进行比对，将侵权与盗版的文档彻底抹杀在互联网之外。同时，百度还开通了盗版举报的功能，在发现盗版时即刻作出回应，并将盗版文件删除。

3月30日，百度召开了与出版商、作家之间的首次和解大会，推出了全新的"百度文库版权合作平台"。该平台内的内容均由版权方提供，以合作的方式为百度用户提供正版文学资源，同时对版权方予以宣传和支持。

百度文库为合作出版商、作家提供了多种分成方式，这当属向出版方及作家示好的表现，希望通过这种共赢的方式化敌为友，成为友善的合作伙伴，在维护双方利益的同时，对著作版权进行全方位的保护，并把维护知识产权的义务执行到底。

对百度来说，这笔买卖横竖都是赚。百度文库与出版商的利益分成逐月计算，且百度的在线图书价格均由出版方决定。

此后，百度广告平台将推出更多的广告投放模式，而作品的流量越高，版权方在广告方面所获得的利益就越多。可见，广告分成并不只是这次侵权事件的解决办法，也是网络版权未来的发展方向。

百度在与各方单位就侵权问题和解后，便开始与出版商进行密切合作。功夫不负有心人，经过一段时间的积淀，百度文库已与20多家出版社达成合作意向。

2011年7月7日，百度与正版图书商的合作更进一步。此时，百度已与全国46家版权机构建立合作关系，正版电子图书数量超过了1万册。

百度继续扩大电子图书市场，先后与大型出版集团进行商业合作洽谈，其中包括各大院校出版社，甚至毕淑敏这样的重量级作家，都对百度的合作意向表示出好感。

在李彦宏的带领下，百度终于摆脱了"维权之战"所带来的困扰，还开辟出了一块新的市场——电子书市场，通过互利共赢的商业模式，算是平息了这场沸沸扬扬的侵权事件。

11

网络混战，止则死

四面楚歌

对百度来说，2002 年是盛产奇迹的一年，从搜索大富翁到"闪电计划"，百度推出新产品的速度不断提升。然而，树大招风、茁壮成长的百度越是势头正劲，就越是深陷于大鳄云集的池塘之中。

把"一波三折"用在百度发展上，实在恰当至极，百度每一次实现巨大突破之前，都会伴随着坎坷、波折，仿佛若不如此，就对不住那份成就一般。

百度成功战胜 Google 之后，全体员工还没松口气，新的挑战又出现了。从时间上来看，这次挑战几乎与 Google 的发难并行，只是 Google 块体大、攻势猛，李彦宏无暇顾及其他，只能全力迎战 Google，这也使得国内对手得以养精蓄锐。

此次挑起"争斗"的，非是旁人，即是好斗的周鸿祎——3721 创始人。

当年二人主演的经典战役，让每一个经历过那段激情岁月的网民都记忆犹新，至今，此"战"仍被很多人津津乐道。那么，他们之间到底"何仇何怨"呢？

2002 年 7 月，百度刚推出百度搜霸软件不久，3721 就开始从侧面对其进行攻击。百度搜霸是一款与 3721 网络实名类似，都是通过地址栏技术实现搜索功能的软件。原本，两款雷同的软件一同效力于网民也未尝不可，但当时的软件技术比较落后，一台电脑同时装载了百度搜霸和 3721 网络实名两个软件，谁先被安装，谁就会成为搜索框默认的搜索软件。

这样的现实，对用户来说并无太大影响，可对 3721 则是一个巨大的伤害。3721 的所有业务都围绕着搜索来设计，如果搜索软件被取代，就相当于断了口粮。而百度的势头很猛，更容易捕捉网民的心，故此他们一旦放弃 3721 而选择百度搜霸，3721 必将死无葬身之地。

为了应对百度，3721 在自己的软件中加入了删除百度、阻碍百度搜霸正常运行的恶意程序，导致所有安装 3721 软件的电脑都不能运行百度的任何一款软件。李彦宏彻底被周鸿祎的行为激怒了，在向法院提起诉讼后，还通过网络发表了一篇关于 3721 恶意行为的文章，并在文章中揭发了 3721 软件的"流氓行为"。

百度所提出的诉讼请求为：被告 3721 的行为侵犯了百度搜霸软件著作权，是不正当行为。因此，要求 3721 向百度赔偿 100 万元人民币作为经济损失。

在开庭前，法院曾尝试调节。法官将两家公司的难处都摆在台面上，并表示：百度和3721两家的官司，高级人民法院十分重视，但案件中存在太多技术方面的问题，法院里没有内行，也没人能看出门道，这样的特殊情况让法院方面有些束手无策。

尽管3721和百度的紧张关系已经到了白热化的阶段，但法院方面也只能在一旁看热闹。法官建议两家公司各让一步，庭外和解。不过，李彦宏态度强硬，坚决不同意，他坚信中国的法律一定会判断出个是非曲直。

这场官司同样让周鸿祎心烦不已，在法庭调解失败后，硬气的他走到李彦宏面前，用手指指着他的鼻子说："小子，你给我等着！"李彦宏一听周鸿祎这么说，血性直窜脑门："我就在这，来，你来！"两人瞬间剑拔弩张，若是没有其他随行人员，相信他们必定大打出手。

经过这样一折腾，此时的3721已山穷水尽，根本耗不过百度，周鸿祎自知3721已是强弩之末，遂将其卖给中国雅虎，之后宣布离开自己一手创办的3721。从此，这位伟大的"流氓软件之父"离开了搜索的舞台，而让他重新崛起的360安全卫士，则是专门清除这个标记着自己曾经商战耻辱的3721插件。如此看来，倒也颇有"讽刺意味"了。

这场插件之争，以李彦宏取得胜利告终，但百度所要承受的巨大经济损失，以及用户对百度的可靠性所产生的怀疑，却是无法弥补的。

一波未平一波又起。李彦宏刚解决完与3721之间的争端，又迎来了Google的"变向攻击"。

2002 年 9 月，Google 的屏蔽事件一时间闹得沸沸扬扬。这次事件的主要原因是：当月，Google 的网址突然失效，很多人不能登录其网页。

在地址栏中键入 www.google.com，网站会自动随机跳转到国内的各大搜索网站，或是某些公司。这个消息一经传出，网民们的第一反应就是："此事会不会又是百度在后面搞鬼？"

网民发出这样的质疑也很正常，Google 是百度在搜索引擎行业里最大的对手，在中国互联网络市场上，一旦 Google 被封，百度将成为绝对的"第一搜索引擎"，同时也是最大的受益者。

百度作为国内搜索引擎市场的霸主，技术一流，对行业内竞争对手的了解程度更是驾轻就熟。故而这个风波一出，行业内的一些竞争对手借着这个机会，在网络上疯狂制造谣言来诋毁百度。很多不了解情况的网络用户竟然信以为真，将矛头纷纷指向百度，令其有苦难言。

对于此次事件，百度只能自咽苦水，毕竟作为一家以盈利为目的的公司，在没有任何证据的情况下站出来辩解，反而会让人觉得是不打自招。更何况未能查出谁是幕手黑手，贸然行动于发展不利。如此，百度只是对发来邮件指责百度的用户作出回应，此外无他。

这是百度自 3721 事件后，遭遇的第二次危机。可波折仍未结束。

如果说，3721 事件和 Google 屏蔽事件都仿佛是在考验百度的诚信和企业管理，那么接下来的黑客攻击事件，则是对百度技术水平的一次随机"考核"。

2003 年 5 月 15 日至 18 日期间，百度网站遭遇了一次历史上规模最大、有组织、有预谋的黑客攻击事件。从2003年5月15日晚上10点开始，百度的检索量突然暴增。到了16日时，攻击更加强烈，平均每秒钟攻击速度达到1000次，且同一个词汇被查询次数最多达38863次。

幸而，百度内部有坚固的防火墙和自动防御系统，经过一番抵抗之后，黑客改变了作战计划，将目标转到百度的门户网站客户身上，以百度的名义对客户进行攻击。

到了17日，黑客又开始摆明车马直面攻击百度，百度上下几十名网络工程师奋力抵抗，与黑客进行了长达66小时的"近身肉搏"。5月18日15点54分，黑客终于不堪负重，最后败下阵来，停止了对百度服务器的攻击。

那时的百度，已成长为中国最大的搜索门户网站，同时为雅虎、新浪、搜狐、网易等国内顶尖门户网站提供搜索引擎技术服务，若百度在这次对抗中不堪一击，国内大部分网站都将受到影响，所造成的损失将不堪设想。

不久，百度又与一家名为8848的网站发生了冲突，两家公司纷纷将对方告上法庭，官司打的不可开交，相比较3721事件，此次则有过之而无不及。

百度起诉的理由是：8848开发的一款名为My search的软件，在用户安装之后，登陆百度时会屏蔽所有广告，其他各大网站也未能幸免。同时，百度的流量将会被8848分流。

对于百度的起诉，中国互联网络信息中心（CNNIC）一位研究人员称其理由不足。显而易见的是，若百度能搜索各大门户网站，8848的My search也应有此权利。加之百度通过竞价排名的方式，已造成了信息排名的不真实性，更影响了用户的真实体验，My search 屏蔽广告也就无可非议了。

这样一来，难分孰是孰非。其后，8848 遭遇了一次网络攻击，百度无疑成为"众矢之的"，8848 反将百度告上法庭。

随之，更是有传言称，李彦宏被警方传讯，即将去美国避难。对此，李彦宏只是坦然一笑。他说："我不想再评论任何有关'百度高层被警方传讯'的消息来源，我也不知道是哪些人在散布这样的消息。"

他无奈地表示："一直到现在，我仍旧在公司正常上班，这就是最有力的证据。散布谣言者总是别有用心的。"

就这样，两家公司告来告去，一直到 2006 年 7 月才有了最终结果，北京市高级人民法院作出终审判决——"终止 8848 利用'搜索助手'对百度造成的侵权行为，赔偿百度经济损失 50 万元，并在其网站首页位置向百度公开赔礼道歉。"

塞翁失马，焉知非福？尽管种种波折令百度蒙受损失，可李彦宏又何尝没有借用这些机会，向外界展示自己强大的内部实力？

不到一年的时间，百度竟连连受难，若不是李彦宏和全体百度人万众一心，恐怕其很可能会在一片质疑之声中倒下。所幸，一切波折皆是浮云，李彦宏和百度人也深知，在不可预知的未来，百度仍会遭遇种种磨难，但谁不能说，正是这些磨难让百度一次次塑造辉煌，登临搜索巅峰呢？

新 3B 大战

冤家宜解不宜结，各自回头看后头。周鸿祎携 3721 与百度对战而功败垂成，可这个打不垮的好斗勇士怎能"忍气吞声"？也许，他注定会成为李彦宏一生都不得不警惕的最强对手之一。

百度和360的恩怨情仇屡说不尽，本来人们都已经对两家公司的唇枪舌战见怪不怪了，其时，两个老冤家却结下"新梁子"，并以此成为IT界的新看点。

2014年12月27日，360创始人周鸿祎突发微博，并@百度创始人李彦宏。他在微博内容中表示，有个百思不得解的问题想要请教李彦宏："十年前您做百度搜霸流氓软件也可以理解，现在您已经是中国首富之一，干嘛还坚持做流氓软件，这些天网上到处是用户抱怨被静默强制安装百度杀毒，还无法卸载，这行为已经完全符合互联网协会对于流氓软件的定义。"

百度很快做出回应，并通过百度手机卫士官方微博表示，"你无法叫醒一个装睡的人。360撇开自己投资制毒公司、篡改主页、诱导安装等问题不解释，转移视线要推专杀工具，对同行下手。什么仇什么怨，也得懂法啊！"

一瞬间，双方互相拆穿彼此的流氓软件身份的争吵，成为新一轮"3B大战"的导火索。

百度觉得有些委屈，虽说两家公司多年来一直都是行业竞争对手，但在彼此的产业领域向来都保持着井水不犯河水的态度，此番对于360的公开挑衅，百度决定不再忍让。

奇虎360自制"WireLurker（MacHook）"木马，并在360安全卫士中推出木马专杀，以此来提高360安全卫士的防御能力。因此，奇虎360一直深陷"制毒杀毒"的丑闻之中，其恶劣的行为被业内指控为"安全行业潜规则"。于是，百度以此为把柄，并质问奇虎360，是否想一辈子都做"流氓"。

对此，周鸿祎即刻作出回应："百度祸害了用户还得瑟，百度得瑟的意思是百度杀毒就任性，卸载了还能自动重生，用户不懂技术没办法，都不知道怎么中招的，用户人微言轻可以被你们雇佣的水军淹没。"

百度立即回复微博："此前，有外媒报道，酷派大神系列手机中留60多个后门，给用户静默安装各种流氓APP，严重侵犯用户隐私。"

对此，周鸿祎似乎无言以对，情急之下，翻起了乌镇互联网大会的旧账，并再次发出微博称："乌镇互联网大会，腾讯马总、小米雷总、百度李总和我被安排一桌的，难得见李总一面，我准备了一堆公证资料和用户反馈，想问问李总。结果，李彦宏临时决定不约。"

虽说"短平快"是微博的主要特点，但细节一定要逐字斟酌。周鸿祎显然小看了微博的言辞深度，短短的100多个字，却漏洞百出，于是被百度手机安全卫士的微博小编抓住把柄。

百度小编通过微博表示，虽然周鸿祎表示出与百度"死磕"到底的决绝态度，但他却忽略了乌镇大会的重要细节。此次大会，周鸿祎和他的360并未被邀请参与主要议程，只是大会的第二天，才得到出来露面的机会。当周鸿祎到达乌镇的时候，李彦宏及其他与会者已经赶往杭州，并与总理李克强会面。以此来看，周鸿祎的微博内容明显是他编造的谎言。

不少关注此事的网友找来会议当天的日程安排，并再次确认了周鸿祎"编造谎言"的事实。其实，此次周鸿祎的先发制人是很有优势的，但他的态度和奇虎360存在的现实问题，让他痛失先机。加之百度公关部门对此次事件的机智回应，让周鸿祎功亏一篑。

被掀了老底的周鸿祎怎会善罢甘休？他在微博上不断咆哮，情急下竟破口大骂，其言辞令网友不忍直视。前前后后，又是截图、又是找枪手黑百度，沸沸扬扬地折腾了一个晚上。

第二天一大早，百度编辑转发了歌曲《匆匆那年》给周鸿祎，并语带调侃、言辞婉约地劝慰他说："早上醒来，看到您又在微博上咆哮了一夜，辛苦了！靠骂街刷存在感的时代已经过去了。嫉妒是毒药，羡慕催人老，愤怒惹人笑。老周，周末何不放松心情，跟小编共哼一曲？"

紧接着，百度又发出一条微博，仍然是百度微博编辑对周鸿祎的调侃："呵呵，老周真急眼了，好吧，小编入职百度一年整，有五险一金，一月六千多，没您赚得钱多但肯定比您快乐，特别喜欢和老周在微博上唠嗑，多唠几下我年底涨工资有望了。当然您非要缠着我陪您一起秀下限，本马仔自愧不如就不奉陪了。我家住回龙观，下午会去跳广场舞，约吗？"

对此，很多网友拍手称快，觉得百度的回应巧妙得体，不失企业之风，颇有"蛇打七寸"的味道，堪称神来之笔。还有网友更是直接在周鸿祎的微博下回复，"周老板句句带刺但可惜用力过猛，总感觉有一种老男人的紧绷感，其结果就是无感。反而百度小编轻松机智约K歌，实属惊艳，给点32个赞。"

此时，周鸿祎已经意识到，单凭"口水战"自己占不到任何优势，应该拉拢战线，用群众的力量为自己扳回劣势。随后，他便用"挟网友以令诸侯"的方式得到了很多网友的支持。因此，愈演愈烈的口水战，演变成一场拉拢助威团的"送礼之战"。

周鸿祎率先表示："百度软件利用IE浏览器漏洞，像病毒一样悄悄安装到用户电脑上，这么牛逼的发明，李总是怎么想出来滴？

想想也是醉了。如果大家帮我约到李彦宏，凡转发这条微博的，一人送一个 360 儿童手表，外加送出 10 个肾六，还是 plus 滴。"

此条微博一经发出，便有网友在评论中爆料，称周鸿祎并非慷慨之士，只是个善用文字游戏糊弄网友的人。此网友还表示，此前 "360 二维码申请吉尼斯纪录转发送奖品" 的活动承诺给用户现金奖励，但奖品到用户手上的时候，只是一样两块钱的彩票。很多网友表示："周鸿祎这样的行为虽说是娱乐，但是也太娱乐了吧？用彩票来糊弄人，简直就是欺骗！" 因此，网友们对于周鸿祎的奖品没报任何希望。

而且，周鸿祎在 "约" 人方面是有先例的，他曾在微博上多次约战雷军和马化腾，但两人都没有应战。要不是此次言辞激烈，百度也同样不会接招。网友们认为，周鸿祎是个高级屌丝，自己约不上李彦宏，就想动用网友的力量。而且，所谓的奖励，明显又是一张钻文字空子的空头支票，这样的老周实在是太 "虚伪" 了。

对于他这种逗网友玩的心态和举动，网友们十分反感，这让那些曾经支持他的用户也都心灰意冷了，有的用户在周鸿祎的微博下回复："其实老周只要你开口说一句，就算是啥都不送，看您一大把年纪了，我们还是会帮你转发的，但明明抠门不想送却又狮子大开口，拿我们当猴耍可就太不地道了，自此绝交吧。"

周鸿祎处于这样的险境，对百度来说是个不错的机会。百度立即发出针锋相对的微博，希望支持百度的网友能帮忙反邀周鸿祎，并承诺 "约不上没关系，转此微博每人送 2 张糯米电影票，外加 10 个肾 6plus 抽奖"，还反讽 360 "通过 360 安全产品窃取用户隐私屡被曝光、投资麦芽地等公司制造病毒又被公安侦破、一开始做手机就留后门。因此非常想约周总学习如何窃取用户隐私"。

2014年12月29日，周鸿祎突然对此次"口水战"做出解释，称自己并非没事找事，只是很多网友私信他，命其投诉百度的流氓行为，自己也只不过是想伸张正义罢了。

对此百度不依不饶，百度卫士的小编继续回应，虽然"周老板"不敢接战，但百度绝不会开空头支票，一定会为参与转发的前5万名网友发送电子电影票，并进行10个肾6plus抽奖活动。

至此，两家公司的战争暂且缓和。啼笑皆非的"口水战"，让人不禁想起双方之前的"3B之战"。

2012年8月，360推出搜索引擎业务，这不仅与占据绝对市场优势的百度发生正面冲突，还对其市场业务构成了挑战。此后，两家公司的精彩对峙频繁上演，展开了一场搜索引擎市场、网络安全产品、移动端领域等方面的资源掠夺战。

对于在此次微博事件中百度所提出的关于手机流氓软件的事情来看，周鸿祎很可能是在为360进入手机市场预热。行业内著名互联网研究者信海光则表示："周鸿祎近期与深圳手机厂商互动频繁，360刚刚斥资4亿美元入股酷派手机，而预装软件的一大载体就是手机。360驳斥百度在手机端的应用入口，不失为一种借势营销，或在为下一步'做手机'进行铺垫。"

此次公关对垒，周鸿祎与百度用生命上演了一出让世人哭笑不得的"大战"。虽然最终结果偏离了最初关于两家流氓软件的问题，周鸿祎也没有占到任何便宜，但从宣传造势的角度来看，两家公司都收获颇丰。

最终仿佛映照了网络上的一句话："做人不易，大家且行且珍惜。"

门户大佬战百度

自百度在纳斯达克大获成功之后，门户网站的前途变得越发渺茫，那些不看好门户网站的人再一次哼起了"门户时代已成往事"的曲调。此时的用户流量争夺战已不再是旧时模样，而是各后起之秀在"搜索时代"中三分天下。

在美国成熟的互联网搜索市场中，Google、雅虎、MSN 几乎霸占了全部市场份额，而在这三家传统互联网公司中，只有Google 是唯一一家依靠搜索引擎生存的，雅虎和 MSN 只能算是拥有强大搜索功能的门户网站。

再看看中国互联网市场。经过几年的风吹雨打，搜索引擎市场已打开了新格局，其未来的发展方向和趋势也越来越清晰。在流量和收入方面，百度、3721 这种单纯做搜索引擎的公司早已超越了搜狐、网易这些老牌门户网站，且已占据更多市场份额。

从市场现状来看，各家公司都在围绕着搜索引擎市场推陈出新。新浪推出"爱问"、百度在纳斯达克上市、阿里巴巴收购雅虎转而进军搜索领域……都已说明搜索引擎市场已成为国内外各家互联网公司的必争之地。

搜索引擎行业，是互联网领域里最赚钱的行业之一，在当时的那个年代，搜索引擎就如点石成金之术一般，吸引着行业内的每一位"大佬"。一时之间，搜索引擎领域的战火被点燃，搜索门户和门户搜索正在平分天下。

面对大势，李彦宏说，百度上市之后，仍会坚持以中文搜索为主要发展项目。对门户搜索的挑战，他认为这只是中国搜索引擎市场趋向成熟的表现。当然，对这种挑战尚不能掉以轻心，对百度最先发难的当属新浪。

百度在国内与新浪的明争暗斗，绝不亚于在国际上与Google的勾心斗角，甚至有过之而无不及，双方之间的恩怨情仇，也是很难用三言两语就能说清楚的。百度创立之初，主要业务是为门户网站提供技术。经历了2000年、2001年的互联网络泡沫期后，其在短时间内摆脱了泡沫破灭带来的负面影响，且仍抓住了为数不多的能拿出钱的大客户——新浪、搜狐等老牌门户网站。

是时，为求果腹的百度也清楚，羸弱的自己很容易被这些门户网站在某些方面制约。直到2002年，百度打了一场漂亮仗——"新浪停机事件"，才逆转了不利局势。这一事件令新浪高层一直怀恨在心，但百度凭此转型成功，有了属于自己的门户网站。

2005年夏，百度在纳斯达克的第一笔交易成功时，新浪内部已然有些乱了阵脚。表面上，新浪表现的很冷静，作为中国最大的门户网站，其竟然对百度上市的消息未做任何报道。此前，盛大要收购新浪的新闻漫天飞扬时，其也未刊登过任何报道。

其实，新浪的编辑人员都非常优秀，工作效率也很高，几乎能掌控国内所有大大小小的各类信息。新浪对百度上市并没有表现出太多关注的热情，首页没有关于上市的消息，甚至网站的科技版块中也只有"百度上市"四字，并附上了一条对百度十分消极的消息。

新浪对百度上市的消息表现的如此"低调"，让所有业内人士都察觉到一丝古怪的气息。百度在纳斯达克取得超高股价，是李彦宏的一次意外收获。对新浪而言，李彦宏的收获让他们觉得是"大祸"。

当时，百度还只做搜索引擎业务，而一旦缺钱了，最可能的转型方向就是做门户网站。百度拥有庞大的用户流量，若是向做门户网站转型，新浪的麻烦就大了。紧接着的事实也让我们明了，百度的确是"哪壶不开提哪壶"，这让新浪愤恨不已。

不可避免的竞争关系，让百度和新浪两家公司很难和平相处，新浪面对百度上市后的疯狂态势，也不得不早作打算了。

2005年6月30日，搜狐召开了一场名为"搜索经济"的互联网主题大会。与此同时，新浪也正召开主题会议，会议主题为"问尽天下事 搜索新坐标"。会议上，新浪推出完全由其独立开发的搜索引擎产品——爱问搜索。

在测试阶段，新浪给这个新的搜索引擎取名"爱搜"，而爱问则完全是另外一个产品，简单地说，爱问更像是网络百科全书。现在，新浪将两个优秀产品组合在一起，且在名字上劈开了家家都"搜"的趋势，这是其首创。

当时，"爱问搜索"是中国第一款中文智慧型互动搜索引擎，在保留原有的技术和算法的基础之上，提高了常规网页搜索的部分功能，形成了一个互动问答平台，同时完善了传统搜索上算法和技术在搜索界面上不能体现其智慧性和互动特性的不足。通过调动网络用户的兴趣爱好，来回答来自互联网的诸多问题，并以此来补充爱问搜索引擎的信息库。

这种方式对搜索行业有很大帮助，通过对网友们意见的采集，形成了大家一起帮忙找答案的模式。而且，新浪爱问搜索还能将亿万网友的智慧整合起来，彼此分享知识与经验，享受这种分享的快乐。

因此，新浪算是突破了百度、Google等老牌搜索引擎公司所坚持的以算法取胜的搜索模式，也具备了与百度正面一战的实力。

搜狐对百度上市一事，表现出了与新浪截然不同的态度，其为了能报道更多信息，曾在百度上市前专门跑去百度总部拍摄现场画面，其专注程度可见一斑。而待百度上市成功之后，其又还原成学习者的心态。可让人不解又觉得尴尬的是，它对待百度的态度这么认真，可在首页上居然找不到"百度"二字。搜狐与新浪多年来一直在门户网站的 IT 和财经两个方面发力，这次却没有任何关于李彦宏和百度的消息，自其与百度的对立关系被确定后，它竟舍不得一个链接的地方！

不久，搜狐为了给搜狗造势，专门组织了一个名为"美女与野兽"的登山队。当时，搜狐当家人张朝阳刚从西藏的启孜峰上下来，对百度上市首次做出了评论，他觉得："上市对百度只意味着两点，一是声势与知名度，二是一亿美元。"他说，纳斯达克疯狂飙升的股价，只不过是华尔街上那些错过 Google 的分析师们将自己看走眼而错过好机会的现实所形成的一种"悔恨"，现在分析师们正将这种悔恨的情绪毫无保留地发泄在百度身上。

"现在投资人只对搜索感兴趣。搜索确实是一个入口，当发展到一定阶段，它会与电子商务紧密相连。干掉百度，就是我们门户的天下。"张朝阳表达了对搜狐的信心。

其实，百度在纳斯达克成功上市，并创造辉煌的战绩，这种现实对当时的张朝阳来说，是比较酸涩的。他一直都坚信，中国搜索引擎的老大是搜狐。诚然，在初期的搜索领域，搜狐的确是搜索引擎中的排头企业，但因没有建立完善的收费机制，最后只能渐渐淡出人们的视野。

有人形容搜狐是"吃不到葡萄说葡萄酸"，没有吃到甜头，只能说酸。不过,搜狐仍有一个机会——搜狗。

2004 年 8 月 3 日,搜狗从搜狐中脱离出来,肩负着成为Google 一样的搜索引擎的重任。对此,很多网友笑称:"现在百度上市了,搜狗上市也只是时间问题?"一句玩笑话,既带着对搜狗的期许,也有"隔岸观火"之意。

事实上,搜狐能顺利推出搜狗,在某种程度上说,是要感谢百度的,毕竟百度为整个互联网行业证实了搜索引擎的广阔市场前景。2001 年 9 月时,百度率先推出了竞价排名模式,对整个互联网行业造成了巨大影响;搜狐在 2002 年,发现了百度在为其提供的数据上存在太多差异,由此张朝阳开始鞭策搜狐的精英组成最强团队,并投入核心力量研发核心的搜索引擎技术。

其时,战绩辉煌的百度似乎惹了"众怒",可这也恰恰证明了百度的实力。对李彦宏而言,重要的或许并不是占据多少市场份额,而是谁能在这场混战中让更多用户铭记自己,这才是最后的胜利。

马云布"局"

2005 年,是中国股市最辉煌的一年。当百度在美国纳斯达克缔造神话的时候,国内的另一股新兴势力已然崛起,在快速发展中,逐渐缩短了与百度之间的距离,且呈超越之势。

这股新势力,便是由马云带领的阿里巴巴。马云和他的团队,在 2005 年 8 月 11 日,将世界第一大互联网络公司——雅虎在中国的业务全部收购。此时,世界上的绝大多数媒体,仍在报道百度在纳斯达克上市后所创造的种种辉煌。可没过多久后,这股百度狂热突然降温，如此之大的变化，让李彦宏有了些许慌乱。

阿里巴巴收购雅虎的事实，是中国互联网市场上的又一惊天新闻。一夜之间，阿里巴巴扭转了中国互联网市场向百度一边倒的格局。

百度成功登陆纳斯达克的风头，在很短时间内就被阿里巴巴超越，李彦宏对此格外心塞。

在阿里巴巴成功收购雅虎在中国市场的全部业务之后，其已从过去那个来自杭州、游走于互联网边缘的电子商务公司一跃而起，成为华人地区范围内最为全面的门户网站。阿里巴巴以电子商务为核心，同时整合搜索、内容、即时通讯等相关产业，以此积蓄着与新浪、搜狐和百度等国内大型互联网公司正面角逐的实力，同时给微软 MSN、Google、eBay 等雅虎在美国的竞争对手亦是造成了巨大威胁。尤其针对急于进入中国互联网市场的 Google来说，更是构成了一道新的屏障。

很多业内人士认为，阿里巴巴收购雅虎，是引发中国搜索引擎大混战的导火索，这使得中国互联网搜索引擎产业提前进入了紧张期。

马云曾在第五届西湖论剑会上表示，阿里巴巴绝不会把百度和 Google 当作对手来看待，而是要当作榜样来学习，作为行业内的领路人，他们需要尊重。马云说的很客气，可竞争在所难免。

马云坚信，凭借雅虎的技术和阿里巴巴的管理团队和客户关系，一定能把雅虎中国建成非常好的搜索引擎。在不久的将来，阿里巴巴一定会超越 Google，不止在中文范围内，而是超越"世界 Google"。很明显，搜索引擎的市场争夺战，已在友善的态度背后展开了激烈的厮杀。百度与阿里巴巴之间的对抗也就此拉开序幕，李彦宏迎来了新对手。

在中国搜索市场新一轮的对抗中，李彦宏依旧保持着他一贯的冷静和谨慎，并没有被在纳斯达克取得的辉煌成绩冲昏头脑。他自信满满地表示，百度现在还没有正式进军海外市场，当前最重要的工作是将全部战斗力集中在中国市场。

当时，百度在国内搜索引擎市场上的份额高达 37%，Google和雅虎分别只有 20% 左右。李彦宏并不担心 Google 和雅虎进入中国市场，他说："我深信，搜索市场的霸主地位不是买来的。微软比任何人都有钱，可并不是搜索市场的老大。"

其实，李彦宏话里有话。他一直在强调，百度并不惧怕外来的竞争对手，那是因为国内新崛起的互联网公司，已为百度分担了一部分来自国外互联网公司的竞争压力。对百度而言，早已将对抗 Google、雅虎这些传统美国强敌的战斗力，转移到了国内的市场中。

故而当马云的阿里巴巴收购雅虎的消息公开后，百度便立刻行动起来。百度内部管理层分散全国，带领各大区域经理现场督战，与代理商跃身同一战壕，大幅提高目标客户数量，为销售团队注入最强悍的战斗力。

李彦宏将国内市场的中心放在了浙江、福建等地区，这些地区的关键词广告市场相对比较发达。过去，这些地区的代理商月平均客户增长数量在 100 家左右，经过调整后，客户数量翻了 5 倍，达到 500 家之多。百度代理商之一——宁波派桑网络有限公司的总经理袁维益说："往日阿里巴巴的客户和我们不构成竞争关系，但现在已形成竞争。"

随后，百度实行优惠战略，将百度的总代理费用下调，在此期间可以得到 7.5 至 8 折的折扣优惠。对百度来说，这样单一的营销策略也是无奈之举。阿里巴巴旗下拥有多款产品，可以分散营销，而百度产品单一，只有搜索引擎这一条营销渠道。

百度已经降低了折扣价格，可始终都没有给出具体的价格下调区间，也没有拿出相关的计划方案。这只能说明一个问题，百度并不想参与到搜索引擎市场争夺的价格战之中，其更需要通过业绩来提升纳斯达克的股价。如此来看，百度在国内的市场争夺战中，已被"逼"到穷途末路的地步。

同时，Google、微软、MSN 等世界顶尖高手正在百度周围环伺；而内有搜狐、中搜、新浪等国内老牌对手的垂涎；再加上阿里巴巴雅虎这个后起之秀，如同无敌一般的存在，中国这场搜索引擎之战必将腥风血雨一般惨烈！

李彦宏和马云，无疑是 2005 年中国互联网市场上最引人注目的两个人。他们激情昂扬的斗志让所有人为之折服，而挥金如土般的产业投入，更令业内人士叹为观止。

在此"诸侯割据"的战局之下，一个男人的离去，让这场争夺战的震撼力似乎黯淡了许多。用了一年半的时间进行雅虎中国和 3721 的业务融合之后，周鸿祎最终选择离开雅虎中国。

周鸿祎在 7 年的时间里，身份从创业者开始向风险投资商转变，而以成功创业者的身份进入风投领域的现实，将会使其手下的 VC 们拥有更加敏锐的市场洞察力，他们对市场价值也会有良好的把握。

黯淡归黯淡，可他一人之力尚不足以平息这场大战。随着时间的推移，这场混战愈加激烈。李彦宏一直都在感叹，这个世界有太多事情难于把握，总会出现一些让人捉摸不清的挑战。

从业内人士的角度看，阿里巴巴收购雅虎中国，与之前明基收购西门子的案例有些相似。阿里巴巴是通过吞并的方式来完成收购的，可雅虎却需要向阿里巴巴投资 10 亿才能获得参股权。

当初 Google 打算收购百度时，这一消息瞬间成为行业内的唯一关注点。人们并没有太多惊讶，都觉得强强联合才更有看头，更何况 Google 在百度有参股权。不过，百度的奋力顽守，以野蛮之态迅猛发展，不仅没有让 Google 得逞，还成功攻入了纳斯达克。这给互联网市场树立了"标杆儿"。

雅虎和阿里巴巴的合作绝非偶然，只是毫无由来的合作理由让所有人都为之惊讶。而大伙又都看得明白：一个是世界顶级搜索公司，一个是正在崛起的电子商务王者，那么二者的此番联合，会给中国乃至世界的互联网络市场带来怎样的冲击力呢？

一时间，所有人都在猜测，马云打算向百度正面宣战了。

当时，阿里巴巴旗下有三家门户网站——阿里巴巴国际、阿里巴巴中国和淘宝，分别经营国际 B2B（企业间）交易、国内 B2B 交易和在线拍卖。业内人士认为，马云的这一举动，会造成雅虎在美国的股价快速攀升，在中国电子商务市场的巨大推动力下和想象力下，想要在亚洲市场打开新的格局，并走上可持续发展的道路，简直是轻而易举的事情。更何况，百度在纳斯达克所创造奇迹后带来的效应是有目共睹的。这也给雅虎带来了灵感，并引发了全新的发展概念。

没错，这正是雅虎和阿里巴巴给百度造成的另一个巨大威胁！

其实，美国的各大网络公司，都对中国互联网络市场的未来虎视眈眈，只不过 Google 选择在明处，而雅虎则是在暗处。

当年雅虎收购 3721 是为了什么？它想在中国市场制造雅虎神

话，但最终失败了，最主要的原因是，其没有在中国市场上具备足够抗衡百度的实力，故此也未能与百度形成竞争。

但雅虎想要竞争，所有互联网大鳄都清楚，百度是中国互联网搜索引擎市场的门槛，想要以主人的身份进入其中，首先就要越过百度这个强大的对手。这样看来，借阿里巴巴上位成了雅虎的另一个与百度对抗的办法。

在阿里巴巴成为雅虎的大股东之后，雅虎在中国将拥有更多互联网主流业务。很显然，这是马云的一个巨大战略布局，也是门户网站之间最具潜力、最有发展的结合，这自然会对行业内众多竞争对手造成巨大压力和危机感。

很多人都觉得，阿里巴巴在此番与百度的对抗中更占优势，很可能成为全世界突破百度的第一家公司。因为马云的宏伟蓝图更宏大，且阿里巴巴不会止步于收购雅虎，接下来很可能有更多极具实力的公司加入阿里巴巴。

阿里巴巴在中国全面推行搜索引擎与电子商务相结合的新型经营模式，将电子商务市场推上了新台阶。随后，马云找到日本软银的老板孙正义，用 1 分钟的时间就改变了他的想法，使其决定注资阿里巴巴，以 8200 万美元的私募额度创下了中国公司私募历史的纪录。

搜索引擎，始终都是个辅助工具，将搜索引擎与其他互联网行业再一次成功结合，创造一个像淘宝一样成功的网站并非不可能之事。从另外一个角度看，未来的某一天，淘宝的页面变得和百度一样简洁，同时具备淘宝的功能，那么百度的大量市场份额是不是会流向淘宝？同样，一旦百度在原有简洁的基础之上将电子商务技术融入其中，让百度拥有购物功能，是不是有着"百度情结"

的人会放弃淘宝，迫使淘宝在电子商务市场的份额流向百度？

可见，马云的奋力抵抗并不是没有道理，更关键的是，在多方你争我夺之际，李彦宏已开始计划进入电子商务市场了。

进军电商领域

百度与 Google 摆明车马，一争高下，此时马云带着阿里巴巴杀入搜索引擎阵营，这让本已混乱的战局更加扑朔迷离。而其将搜索引擎裹挟着电子商务的妙法，则更令搜索大佬们大吃一惊："外星人"马云到底是怎么想的？

短短的几年时间，中国的电子商务市场也如搜索引擎市场一样，进入了群雄逐鹿的时代，来自世界各地的电子商务大户纷纷加入其中，在巨大的竞争压力下，一些以电子商务为主的互联网公司，不得不走上并购之路。

阿里巴巴、慧聪、亚马逊、eBay 之间的战事愈演愈烈，接二连三地上演电子商务行业内战，此起彼伏。除了他们，百度的老对手 Google 也已经在电子商务市场上大显身手。

Google 在电子商务市场最混乱的时候，推出了 Google Checkout，简称 Gbuy。Checkout 主要面向 Google AdWords 的客户，并提供便利的付款功能，同时以借助付款方式获得了用户的追捧，使得 Google 轻而易举地跻身电子商务领域。

在群雄纷纷于电子商务领域大显身手之际，李彦宏却不急不躁，伺机而动，观察着国内市场的风云变幻。他派出战略分析部门，随时掌握全球电子商务的发展趋势和行业动态，最终发现，全球最大的电子商务网站 eBay，其发展在中国市场已陷入僵局，虽然易趣 eBay 在当时的中国市场上仍处于无可匹敌的位置，但未来的发展之路，却已显现出越来越狭窄的趋势。相反，阿里巴巴的后起之秀——淘宝起步很晚，可从市场需求和盈利策略来看，超越 eBay 只不过是时间的问题。

李彦宏经过对一系列数据的仔细分析之后，发现在中国电子商务市场上，并不是淘宝战胜了 eBay，而是 eBay 一直都没有发展，且还做出了很多不利于电子商务发展的错误决定。而淘宝一直在良性发展，在马云所规划的健康道路上稳步前进，虽然缓慢，却变化明显。

同时，百度也对网络用户的搜索需求做了详细研究，从而提供了更优良的服务。在网络用户的搜索数据中可以看到，每天有数亿次的搜索行为，以及与社区化频繁的沟通活动，这说明用户对商业的需求越来越多，人们正借助网络大范围地搜索来自各个领域的商品信息及消费后对商品的评价。

这就像是在某个城市的某个街区，只要有足够多的客流量、人气、购买需求、购买力，繁华街区自然形成。同样，在网络中，百度就像是一个人流攒动的闹市，拥有庞大的客流量，因此买卖双方均获得利益的几率会大幅提高，甚至还可能有一些额外收获——百度贴吧和百度知道这两个板块中，就存在很多关于消费经验的帖子和文章。

百度做电子商务，就如做知道、贴吧、空间、百科这些频道一样，是因了解了用户需求，所以才按需开发产品，从而不必担忧用户流量的问题，更何况搜索对于目前的电子商务模式来说，仍是进入互联网的唯一途径。

但现实的问题是，百度真的能一举成功吗？eBay 已在中国发展多年，淘宝也逐渐成长了起来，百度想在这个时候突出重围，会有胜算吗？

互联网购物已开始成为时代发展的趋势，这对中国互联网技术而言，是在搜索引擎之外所打开的另一扇大门。

2005 年时，人们认识了网购，并接受了网购；2006 年时，网购已成为人们的生活习惯，国内的 C2C 行业也都在蓬勃发展，全年交易额更是达到了 258.35 亿元之多，其中淘宝所占市场份额超过了半数以上，易趣占 3 成，而拍拍（原属腾讯电子商务旗下业务，2014 年 3 月 10 日被京东收购）只占有 1 成。

到了 2010 年，中国网购的年交易总额已达 789 亿元，但这个数额只占到国内零售市场不足 1% 的份额，而在美国，这项数据统计达到了 4%，在韩国则达到世界最高的 12%。

李彦宏认为，电子商务市场存在着无限的潜力，仍有待开发，此时表现出来的只不过是冰山一角。在未来的几年中，电子商务市场将会进入新一轮的发育期，在不断飞速发展的过程中，将会出现与沃尔玛相匹敌的网络销售商家。当然，眼下的电子商务市场还有很多需完善之处，想要完美呈现电子商务的魅力，尚需时日。

百度相关部门，曾对电子商务市场的用户体验做过调研，在研究过程中发现，大部分用户在进行购物交易时仍会遇到诸多操作不便的问题，买卖双方依旧缺乏一个畅通的交易平台。对买家而言，虽然搜索速度越来越快，但所需商品的准确性还远远没有达到用户标准；对卖家而言，电铺、商品的优势很难被体现出来，并且在售后和用户分享上也存在很多不足。

用百度人专业的眼光看，大部分电子商务网站的搜索商品功能都做的不怎么好，毕竟他们不是专业的搜索引擎公司。

比如，很多购物平台在关键词上漏洞百出：搜一个全部由字母组成的品牌，如果输错一个字母，基本上就很难找到这个品牌下的任何产品。这一点对百度来说是小儿科，只需一点纠错和识别的功能就可将其解决。百度的优势就在于，愿意把更多的时间都放在积累信息的过程上，因为搜索引擎技术是需要不断积累信息的技术。

而在美国、日本、韩国、欧洲等地的电子商务市场中，真正有实力的搜索引擎网站、门户网站等，都会在原有产品基础上，提供优秀的电子商务服务。在这些客观因素的制约下，百度在电子商务市场中的优势便凸显出来了。

李彦宏打算从资源、产品、服务、技术上入手，在提高这四个方面的同时，系统地解决其中的根本问题，并加强与各大社区产品之间的联系，让每一个用户都能体会到完整、高效、快捷的商务服务。

这就是百度推行的用户"完整体验"概念。

从销售前的供求信息归纳，到买卖双方之间的沟通，再到售后服务系统的建立。这样一来，百度就可以利用互联网的便捷性和自身强大的技术优势，增加取胜的筹码。不久，在百度的产品决策会上，李彦宏所提出的进军电子商务领域的决策达成了共识，全体百度人对此决策一致通过。

对于行业内的其他竞争来说，百度进入电子商务领域只是时间问题。百度多年来一直都专注于搜索引擎行业，并未对搜索引擎以外的市场做过多少拓展。但百度具有更完善的思路，且拥有极具执行力的作战团队。纵观全球，"电子商务＋搜索引擎"的新技术领域，是未来互联网络与商业结合的主要发展趋势，故而百度再一次决定改变经营模式，也是为过于单一的搜索引擎商业模式的后期做两手准备。

李彦宏之所以信心十足地杀入电子商务市场，也是因为在未进入行业前的初步较量中，百度已在技术上占据了绝对优势，相较于拍拍网的"QQ电子商务"模式，能更好地与未来的主流趋势结合。

李彦宏觉得，从当前的电子商务大环境来看，已从技术发展阶段过渡到了产品服务竞争阶段，电子商务相比较传统行业，并不是单纯的提供商品的销售渠道，而是为买卖双方提供更加便利的商务平台。价格战已成为过去式。

由此，提到服务，百度是很有话说的。用户在百度未来的电子商务平台上，可享受到社区、贴吧、搜索等功能的结合，这样可使店铺广告的作用实现最大化，为用户带来更多收益。百度第一阶段的目标，是在短时间内于电子商务市场占有一席之地。

在市场竞争中，只有在对手犯错的时候，才会有超越它的机会。当时，国内大多数C2C网站在很长一段时间内都未能在功能上做太多调整，这很明显地表明，他们对未来市场的方向并不清晰。

反观百度，虽然其进入电子商务领域比较晚，但在国内却拥有超过70%以上的市场份额，且拥有世界上最大的中文社区。在拥有这两大关键因素的前提下，百度的成功几率也将大幅提高。

是时，中国互联网局势已再明朗不过，一边是各路豪杰觊觎百度的搜索引擎天下，一边是李彦宏剑指电子商务领域，到底谁会成功地在对方的地盘上插一脚？

2014年8月29日，百度、万达、腾讯在深圳举办战略合作签约仪式，宣布共同出资成立万达电子商务公司，新三巨头将以百度大数据为技术核心，全力打造全球最大的O2O电商平台，万达电商将与阿里巴巴展开正面交锋。

百度、万达、腾讯组建大数据联盟，将彼此的资源优势进行大融合，还将打造全新的帐号及会员体系，并推出更具探索性的互联网金融产品。

而万达将在全国107个万达广场开通电商服务，在2015年还将陆续开通酒店、度假等电商服务，在实现万达终端消费全面覆盖的同时，为消费者提供线上线下的一体化用户体验。

李彦宏成功将百度推进了电子商务领域，这对淘宝的"一家独大"产生了巨大的威胁，同时，百度也开启了在电子商务领域的新征程。

此时，中国电子商务市场也已经形成了李彦宏、马化腾、王健林"三英"战马云的新格局。最终的结果到底会如何？让我们拭目以待！

12

百度之路

百度思维

成功是一种坚持的结果。今天的成功者，都是在昨天的失败中坚持到底的人。

自李彦宏远走美国那天起，他从一个独闯华尔街的毛头小子，到力挽狂澜的 IT 精英，再到成为今天全球最大的中文搜索引擎公司的 CEO，只用了十几年的时间。

在这十几年当中，不知有多少互联网公司"随寒冬而去，伴春风再来"，而百度却能从一次又一次的在大浪淘沙中存活下来，这其中的因由是值得探究的。那么，作为百度的神奇领袖，李彦宏是怎么做到的呢？

　　在李彦宏的打造百度的思维中，有这样几个关键词：专注、超前、自主、融资、激情。

　　专注：百度成立十几年来，经历了互联网的惊天巨变，在这个过程中崛起了无数新型产业，软件、网游、短信平台悉数登场，使得一些懂得"及锋而试"这个道理的企业都获得了丰厚的报酬，而那些随风飘摇的墙头草，却大都输得遍体鳞伤。

　　很多人都在百度最失落的时候奉劝李彦宏，不如先放下搜索引擎，改走网络游戏、短信平台等热门之路。但李彦宏却有其十分坚定的态度，他坚信搜索引擎有很大的潜力可挖，所以"百度的核心永远只有搜索引擎"。

　　最终的事实也充分地证明，不管是谁，只要做自己喜欢的、擅长的事，就更容易成为某一领域的精英。

　　李彦宏在读大学时，接触到了搜索技术，在美国留学期间便有机会研究，直到后来他爱上这门神奇的技术，并决定将自己的一生都投入到其中。李彦宏自从上大学之后，就从来没有改变过自己对搜索引擎技术的态度，正是这种"专注"，让他铸就了今天百度的辉煌。

　　多年来，百度一直在走搜索专业化之路，即使不断挑战新领域，也都是围绕着搜索引擎展开的。仅凭"只做搜索"的信念，百度在激烈的互联网商战中保持着自己的常青树姿态，在来自世界各地的尖端科技劲敌中争夺市场，终而凭借技术优势和优良的用户体验将敌人逼出中国市场。

　　"万人划桨开大船"，岂有不撼动顽石的道理？百度专注于搜索，不断用新技术开辟新领域，为用户提供简单、快捷的互联网搜索体验，这是其登高而呼的厚重基石。

　　超前：人要有超前的意识，这样才能抓住眼前的机遇。李彦宏能获得成功，自然不是依靠运气，而是凭借其超前的眼光。他发现了国内搜索引擎市场上的空白，继而才抓住了机遇，并优先于所有人迈出了成功的第一步，赢在了起点上。

　　在百度员工眼里，李彦宏是具有独具一格的商业思维的。虽然他没有潜心修练过商业课程，却能很好地把握中国搜索引擎市场的大方向，并根据国情对国内互联网市场的商业规律及规则做出全新的理解。

　　当百度深陷困境，几经波折的时候，仍然是李彦宏的超前意识让所有人看到了竞价排名的优势。虽然有人反对，可他用自己的坚毅向所有人证明了自己的"眼光"。在他眼里，百度短暂的赢利并不利于长远的发展，想要创造辉煌，就一定要高瞻远瞩。

　　在改变了商业模式之后，百度拿下了中文搜索引擎市场的半壁江山，掀起了互联网营销的新狂潮，百度也因此登上了全球最大的中文搜索引擎的宝座，更成了全世界最具有影响力、最被寄予厚望的科技公司之一。

　　自主：在创业过程中，创业者需有属于自己的空间，这样才能随心所欲地发挥自我。李彦宏曾在《硅谷商战》中说过，很多创业者并不想被束缚在资本中，他也不例外，他想让百度在自己的计划中自由发展。几经思考，他决定亲自上阵。

　　李彦宏在华尔街看到了太多的商业阴谋，深谙商业规则，他明白，只有利益才能俘获投资者的芳心。如果利益价值足够使他们为之所动，那么出售百度也只是时间的问题。

　　为了不让自己的心血付诸东流，李彦宏采取了独挑大梁的经营模式，将百度的控制权牢牢掌握在自己手中，再大的困难，再大的诱惑，他也未曾动摇半分。从百度这么多年的融资方式就可以看出，李彦宏始终坚持两家以上的投资公司共同注资，因为他不想让一家公司独揽大权。

尤其在第二次融资时，德丰杰联合 IDG 向百度投资 1000 万美元。虽然德丰杰占了总投资的 75%，并成为百度的第一大股东，但按照百度的股权分配方式，它只能拥有百度 30% 的股权，因此"牛卡计划"的作用就体现出来了。

李彦宏说："不要轻易将主动权交给投资人，在创业的过程中没有人会乐善好施。"可见，一个公司在创业过程中，自主权是多么"牢不可让"。

融资：对李彦宏而言，借钱要把握时机。就创业来说，有钱走遍天下，没钱寸步难行。大多数创业者都会有缺钱的经历，但李彦宏和他的百度却从未经受过这样的痛苦，他的原则就是："一定要在不需要钱的时候去向投资人寻求投资。"

李彦宏在美国经历了商海中的瞬息万变，他将这些经验总结出了一个行事原则，即"用半年的时间做一年的事情"。这样的好处在于：缩短工作周期，减少开销，从而保证有一半的剩余资金能够牢牢控制在自己的手中，只有手上有钱的时候向投资商借钱，才不会因着急用钱时寸步难行，也不会因囊中羞涩而签下"不平等条约"。

换言之，就算是拉不来钱，公司也不会立刻倒闭，也变向地延长了企业在困境中的生存周期，不至于一招毙命。如此，投资商看到你腰杆硬了，公司也没有出现经营不良的状况，也就乐意投资了。反之，如果你身无分文，两手空空，投资人将施以难以料想的压力。

激情：如果说，超前让他结识了搜索，专注让他获得了成功，那么激情则是他由"理论派"转换为"实践派"的唯一动能，使他完成了从金领到创业者的华丽转身。

当年李彦宏放弃了攻读博士学位的机会，就是因为他在"工业"中找到了属于自己的那份激情。他经常嘱咐那些年轻的创业者，不管什么行业，要先确定你对这个行业，是否愿意拿出一百分的激情，考虑清楚了再去想创业的事。

为了百度，他可以废寝忘食，横卧病床；为了百度，他可以一反常态，大动肝火。显然，这都是激情使然。

毋庸置疑，正是这般在创业及守业过程中出现的清晰而有力的"百度思维"，才让李彦宏每每遭遇困难都可轻松化解，迎头赶上。他也由此才能在搜索的大道上步步为营，朝着心中最终极的理想昂首阔步。

个性随"我"，自由百度

李彦宏是一只"大海龟"，不仅因为他是海外归来，还仰赖于他身上蕴藏着的中国几千年来传统式的人文关怀。

在百度，员工都亲切地称呼李彦宏为"唐僧"，这无非是因为他是一位思维缜密的"善主"，一位为员工拼命、只为让员工相信自己的"好老板"。

李彦宏人生中的每一步都走得精准无误，在百度的搜索事业上亦是如此。他用他的理想主义情怀，谨慎地对照着生活中的细节，设计着自己的人生。有时他也会迷茫，可却从未丢掉自己的自信，他在人生中的每一个阶段所做的每一件事，都极富目的性，他用自己极擅长的三种语言——英语、汉语、计算机语言，向这个世界求证着"想，就会有；付出，便有收获"。

李彦宏为人处事一向低调，给人一种本分务实的稳重感。他对此的解释是："一个产品真正做得比较成熟需要三到四年的时间，在产品成熟之前，过多的曝光，对公司的发展是不利的。我们是做搜索引擎的技术公司，如果很早就让很多人知道了百度，却发现它还不如别的搜索好用，那反而达不到宣传的效果。"

在公司内部，李彦宏有着最高的职权，可这并不影响他成为员工最愿意接近的人之一。在工作讨论上，员工也从来不会因为他的"地位"而有所顾忌。如果出现分歧，很可能是员工拍着桌子与他争执，员工噤若寒蝉的情况鲜有出现。换句话说，虽然李彦宏身在高处，可"心"却与员工在同样的水平线上。

百度员工眼中的李彦宏，就如他本人对管理者所下的定义一般："管理者不过是给大家提供一个好的工作环境、氛围，让有才能的人愉快、充分地发挥潜力创造。"这样的心思，常让李彦宏在会议中说出"我说的不一定对"这样的话，其实，他是在鼓励员工提出反对意见。正因如此，在百度的会议上，员工多会主动站起来表达自己的观点。

他还经常告诉那些新入职的职业经理人，在会议开始的时候，没有必要说一些冠冕堂皇的话，开门见山直入主题就好。"我认为我的面子并不重要，在百度，你想说什么就说什么。当然，遇到意见不一致时我来拍板决定。"

李彦宏的工作作风很简单，听大家的意见，与大家商量，最后再由自己做决定。他觉得自己的做法也算不上管理创新，只是一直在坚持"民主集中制"。也就是说，在讨论的过程中可以提出任何意见，甚至发生争吵都可以，但最终决策一旦确定，就一定要闭嘴，不管是谁，必须认真执行。

大事定夺拍板，让李彦宏呈现出雷厉风行的管理之风，但在面对公司的日常管理事务时，他又会变得注重细节，甚至温和体贴。

李彦宏办公室的大门永远都是开着的，时不时就会有员工走进去和他一起讨论公事，有时也会讨论私事。人性化的管理，自然不局限于这一个方面。

2000年，百度刚开业的时候，很多年轻员工为了能多睡一会，都会不吃早饭就来上班，李彦宏觉得这样不妥，时间长了身体会出现问题，于是百度办公室里就出现了免费的早餐——白粥、茶叶蛋。这样一来，早上"拼命"爬起来上班的年轻人就不用挨饿工作了。

百度严格规定，办公室内禁止吸烟，但却鼓励员工在办公室煮东西吃。

2004年，百度总部迁至理想国际大厦。大厦内部不允许做饭，于是李彦宏提议，在公司大厅摆上咖啡机，这样员工就能喝到免费的热咖啡了。

在工作时间上，李彦宏没有严格的控制，百度一向都是弹性的工作时间制度。在百度内部，经常可以看到有人上午10点之后才来上班，但在后半夜，也会看到工程师们正紧锣密鼓地做着各项工作。百度员工曾说，如果你问10个百度员工的上班时间，那么你很可能得到10个答案。

对于管理上的"不拘小节"，李彦宏认为，当企业目标明确的时候，就没有必要再去要求更多。只有扎扎实实去做，才能真正看到自身在运营方面存在的缺陷，只要把它做得更好、更细就可以了。

李彦宏曾在百度大会上说："实际上很多企业的成功最后都是在细节上做成的。我觉得对于中国企业国际化来说也是一样，刚开始有各种各样的创新，不同企业各自有领先的时间段，但是这种领先很难长期持续下去。而只有在细节上把握，在运营上集中精力去把自己擅长的事情做好，才是真正的核心竞争力。我们看到所有令人尊敬的国际型的企业都非常专注在管理的细节方面，我也希望百度会这样。"

李彦宏在公司管理制度上的"不拘小节"，和他在美国多年的工作生活经历有很大关系。美国的工作环境对他的影响，在他身上留下了太多的痕迹。

根据李彦宏的要求，百度的工作环境个性十足。在这里，看不到冰冷的工作情绪和习惯性的"硬性"笑容。每个人的工作状态都显得那么随心所欲，就连李彦宏自己都是一身休闲打扮。在他的带领下，百度的青年才俊们也都变得"无拘无束"起来。

在百度，每一个房间的门口都挂着，如"青玉案""月满楼"之类的词牌名，但在这些"古风古韵"中来回穿梭的，却是一些抱着抱枕、穿着拖鞋甚至是边走边吃得百度员工。

百度人从来不把他们的老板当老板，叫李彦宏的时候都会直呼"Robin"。

通常，在开会的时候，优先到场的与会者有选择座位的权利，故而经常会看到一些普通员工神情自若地坐在最为显贵的位置上。

尽管百度的员工们"玩"的不亦乐乎，但这样的公司制度，却难免遭到外界的一些轻视和非难。不过，李彦宏从来不把这些放在心上，他反而觉得："每个人都有情感，别人骂你肯定不高兴，但我尽量不去想这些东西，因为对我来说把一件事情做成功是最重要的，做成功了你才会有成就感，你才会获得认可。"

如果你曾走进百度科技研发部，便随时都可以看到有人穿着拖鞋一屁股坐在其他人的桌子上，接着两人就开始讨论某个问题。

百度架构设计师陈竞凯说："我喜欢和这里的一群聪明人谈话，可以撞击出很多火花。或许你的想法在这里被批得一塌糊涂，但你能够得到意想不到的收获，可以不停地学到新东西。"

百度的工作环境虽然轻松，可并不意味着它是一家谁都可以毫不费力进入的公司。百度研发部门的招聘部门门槛极高，且从不会降低要求。崔珊珊说："如果新人的水平降低了，大家可能会感觉到受伤害。"

在百度，集思广益可称得上是一个特色。2008 年汶川地震不久后，百度产品部的陈志东通过"百度 HI"与俞军聊天，陈志东觉得，应该将百度与寻人结合起来，这会对灾区的人民带来巨大帮助，并且意义非凡。

俞军听后觉得这个想法很好，便建议他去找贴吧的人商量。很快，百度贴吧创立了"汶川地震寻人"吧，在这种特殊的贴吧里，仅一周时间，就出现了近 1 万个寻亲和报平安的帖子，以及近 10 万条回复。

显而易见，百度更像是一个大家庭而非公司，李彦宏作为一家之主，可以拍板定夺某些大事，可绝非事必躬亲之人，他把自己的血液融合在了每一个百度人的身体里，与他们共同进退。

谈及李彦宏的管理，应是一种"自下而上"式的管理模式，这更像一种个性张扬的创新方式。百度多年来一直坚持这种管理模式，这也是百度每每遭遇困境，最终必然全身而退的一个关键因素。

用人之道

多元化的市场形态，以及日渐剧烈的竞争势态，使得各企业都承受着巨大的压力。在互联网领域竞争，拼的是技术、财力和人力。这其中，"人力"似乎更显重要，毕竟只要充分发挥人才的作用，企业就会获得更多的财富。

在现实的市场竞争中，李彦宏的人才理念便是：只认人，不认钱。他说："百度最需要的就是人才，服务器三年就报废了，我们的办公楼是租的，这些都没有真正的价值可言，人才才是互联网公司真正的核心竞争力。"

一个成功的企业，最不可缺少的就是优秀的人才，李彦宏显然很清楚这一点。那么，作为中文搜索引擎霸主的百度，又是怎样拔犀擢象的呢？

在百度所招聘的人才之中，一部分来自清华、北大、哈工大之类的名牌大学，另一部分则来自全球各大互联网公司，这些人都具有丰富的工作经验。

在人才招聘上，李彦宏极其苛刻，宁缺毋滥也成了百度人力资源部门的一大特点。其中，李彦宏所提出的"三个语言思维系统"，是他和百度走到今天的重中之重。同时，也是很多精英接受并选择百度的原因。

第一个语言思维系统，是英语思维。

1991年，李彦宏大学毕业后去了美国读研究生，1999年回国。在美国的8年时间，他思想上的某些层面已蜕变为美国模式，尤其在硅谷的立业阶段，则完全应用了"英语思维"。故此，在李彦宏眼里，他也希望百度的员工具备这种特质。

李彦宏此举，意在使得百度员工中的每个人都能够保持一种平等的理念。对一些新进员工而言，他们更需要百度这种平等、宽松的工作环境，同事之间可以直接称呼姓名，下属与上司之间也不必再惶恐不安，只要你有自己的想法和过人的技术，哪怕面对的是李彦宏，也一样能与之争得面红耳赤。因而，这也是优秀人才选择百度的原因之一。

"英语思维"深深地影响着每一个百度人。在百度的一次招聘会上，百度的一位工程师经理说："我手下的员工可能是我非常讨厌的人，我非常不愿意与他交往、共事，但真正在工作中，我所想的只会是如何和他一起把工作做好。"

这就是李彦宏希望每一位百度员工都具备的"英语思维"。

在新进员工的筛选过程中，李彦宏会对每一个人进行严密的思维逻辑分析，他会详细考虑谁才是比自己更有能力的人，然后想尽一切办法留住人才。这就用到了李彦宏的第二个语言思维——数学逻辑语言思维。

李彦宏是优秀的计算机工程师出身，时至今日，他仍然握着全球唯一一个搜索引擎的发明专利——超链分析。

众所周知，计算机工程师的思维是极为严谨的。李彦宏在接受采访时，大多都会先对记者说，有什么问题就问吧。当记者提出问题后，他会简单地复述一下问题中的重点，然后再选择性地做详细回答。

大部分百度的员工都很清楚，与李彦宏谈工作的过程，实际上就是一次"一问一答"的对话过程。对很多员工来说，以这种交流方式向李彦宏汇报工作会比较麻烦，甚至会很痛苦。

很多员工自以为自己的想法已经很完善了，当李彦宏接到他们的方案后，其精准的"推理链"将会对其中的问题详细发问，然后再逐一推翻，直到所有问题都得到确切的结论，才能整理出最终的结果。

显然，这样的语言思维系统，是李彦宏独有的，或者说他也希望找到继承人，找到踩着"英语思维"走向数学思维的能人。

第三种语言思维系统，即是汉语思维。

李彦宏出身北大信息管理系，而信息管理又是从中文系拆分出来的，所以当年在报考的时候，他果断地选择了该系。

幼时的李彦宏喜好文学，10 岁左右已能通读《东周列国志》，且小学和中学期间，他的写作水平就已经超出了很多同龄的孩子，他的作文更是经常被当作范文在课堂上朗读。汉语思维赋予了他感性与人性，让他慢慢掌握了优雅而富有文学深度的谈吐方式。显然，这一点也是李彦宏独有的，他用自己的儒雅带领着百度、感染着众人。

三种语言系统思维，是完善百度用人理念的基石，李彦宏凭借于此，为百度广纳贤才，百度也因此成为了优秀工程师们成长的温床。

在这样的用人理念下，百度在短短几年的时间里囤积了大量尖端科技人才，员工人数也大幅上升。截止到 2004 年年底，百度员工总数已超过 300 人。2005 年 3 月，百度进行了一次大规模招聘，3 个月后又再次举办招聘会。仅 3 个月的时间，便招收了 65 名新员工。同年 8 月，百度员工规模膨胀了一倍，达到了 600 多人。而到了 2014 年，百度的员工已经超过了 1.5 万人。

李彦宏说："早先，我就说过，我是把 1/3 的时间用在寻找优秀的人才上，除了刚毕业的计算机、软件专业的大学生，在市场、营销、管理等方面，我们也需要大量的人才。而百度揽才的目标也不局限于中国市场，包括商业运营副总裁沈皓瑜（前美国运通副总裁）、首席科学家威廉·张（前 Infoseek 首席技术官），这些都是百度从全球市场上觅来的高级人才。"

李彦宏的纳贤标准一直都没有变过，不管是上市前还是上市后，未曾在招聘理念上做出任何改动。自公司成立以来，李彦宏一直都坚持着这样的理念——找最聪明的人、找有成功欲的人、找愿意付诸于行动的人、找对搜索引擎和互联网有感情的人。

想要把招聘工作做好，就一定要明确公司到底需要什么样的人才。李彦宏在招聘过程中会反复要求 HR 提前做好招聘规划，要明确岗位职务和任职标准，这样做是为了让应聘者更清楚公司所需，提升人才匹配度。

参加百度面试的应聘者基本都要"过五关，斩六将"，在被正式录用前，需经过至少三轮面试，分别面对来自人力资源部和业务部门的招聘负责人、直线管理者与同级同事等，这是面对面的实际考核，然后由人力资源部对所有面试意见进行汇总，并最终做出去留决策。

百度在纳贤途径上，有 5 大法宝——网络招聘、专场招聘、校园招聘、内部推荐与使用猎头公司，这是李彦宏认为最有效的 5 种方式。当然，除此之外，若是非常关键的岗位需要人才，百度人力资源管理的"挖"字诀将大派用场。

李彦宏始终坚持认为，通过这样的用人理念，可以更有效地提高人才利用率，他也因此总结出了百度对于优秀人才的需求标准："一是认同百度的文化，'如果你与别人格格不入，我们不要'；第二是能胜任你需要做的工作，需要技能；第三点最重要，爱学习，有很好的学习能力。"

对此他解释道，互联网行业是特殊行业，变化速度极快，用户的行为习惯会随时变化，行业的竞争格局也会随之改变。你今天能胜任的工作，不代表下一个月依然能玩得转，因为环境变了，市场需求也就都变了。

李彦宏说："如果你具备这3点，我们非常欢迎你到百度来。如果你这3点做得好，你就能脱颖而出。虽然百度规模很大，但给年轻人的舞台相当不错，我们好几个副总裁都是30岁左右升到高管。"

毋庸置疑，百度是一家与李彦宏一样充满激情，永远年轻的企业，李彦宏也希望越来越多的年轻斗士打起精神，加盟百度，藉由这个平台，跳上自己的人生巅峰。

不创新，勿宁死

创新是企业生存和发展的灵魂。李彦宏说过："不创新，勿宁死。"诚然如此，创新就是力量，而若在这种力量上加一点跳跃思维，所得之果必然令人意想不到。

从李彦宏的角度看，百度是互联网发展过程中，知识与科技创新的产物。因此，创意对百度的意义不言而喻。

在搜索领域的市场争夺战中，李彦宏正是凭借创新才开创了百度新格局。而且，他用近乎于偏执狂一般的专注和永不磨灭的创新意识，缔造了百度神话。在百度，创新就是生存之本。

李彦宏非常欣赏美国的硅谷精神，而硅谷精神所推崇的也正是创新。这种创新，并非某一个企业负责人的创新，而是一种"自下而上"的全员创新。

百度一直都在鼓励员工创新，李彦宏曾在接受采访时被问到"百度成功的关键"，对此他表示：百度产品的创新，只有一小部分是自上而下的，因为要考虑到中国市场的特殊性，以及国情。

百度"自上而下"衍生出的产品约占全部商品的20%，其它80%的产品都是"自下而上"培育而出的。这个数字对于企业来说相当惊人，而只有这样，才能形成集团性质的整体创新优势。海外媒体曾介绍过，Google"自下而上"的创新已经达到了100%。

中文搜索引擎领域，并不像英文搜索领域那样单纯，中文思维毕竟没有英文思维单纯，它是一个综合性极强的整合型领域，如计算机网络、分布式计算、人工智能、计算语言学、人机交互等。

从百度的发展历史来看，百度的搜索引擎技术在世界范围内名列前茅，尤其中文搜索一直处于世界领先的地位，同时占据着大量的互联网市场份额。多年来，百度专注于互联网搜索引擎技术的研发，并在高性能搜索引擎网络系统架构、搜索引擎相关算法、中文信息处理、网页文本挖掘、基于社区的搜索引擎以及搜索引擎商业应用等方面成为业界高手。

李彦宏曾说："百度整个公司的文化是一种创新的文化，百度鼓励大家去独立的思考，去坚持自己的观点，去认真琢磨一些事情。"正是因为他的创新意识，才使得百度在中文搜索领域的激烈竞争中一骑绝尘！

不过，李彦宏从不揽功推过，他坚决地认为百度的成功是集体创新的结果。他说："外界很多人认为百度是我做起来的，可是对于很多百度的员工来说，他们都觉得百度是他们共同创造的。因为他们在这个过程中，真正的充分发挥了他们独立思考的能力，在研究这个市场，在研究用户需求。所以百度真正做出来的东西成功率非常高，'贴吧'是百度首创，现在贴吧一天有数百万的发帖，那就说明它真的影响了很多人的生活，所以它才是有意义的一个创新。"

在 2005 年 CCTV 中国经济年度人物评选创新论坛上，李彦宏曾说："我想，在百度的文化当中，在我们的血脉当中，其实已经深深地把创新融入进去了。所以百度这么多年的发展，其实一直是在世界上最热门的搜索引擎的领域，依靠自己开发的核心技术，一步一步从零开始，走到了今天——全球最大的中文搜索引擎的地位。"

有人说，"因为创新，所以百度"，李彦宏很赞同这样的说法。虽然创新是关键，但严谨的他决不允许盲目创新或为了创新而创新。

"创新出奇迹，效果才是硬道理"，李彦宏说："在百度，我们鼓励不断研究用户需要、不断揣摩市场方向的创新，这是百度一直严格遵循的一个创新原则，也是百度很多搜索产品和服务能够在推出半年、一年的时间内，就进入产业前两名、甚至第一名的原因。"

李彦宏知道，技术只有在满足用户需求的时候才有其存在的价值，"与无效点击相比，客户更关注搜索引擎的推广效果。某些知名搜索公司做的很多产品，刚刚推出来的时候声音很大，但却很少有人用，就是说明推出新产品，并不能等同于创新，重要的是看能否被用户接受。用户的使用能证明产品是否成功"。

因此，在正确的创新方面，李彦宏总结出了一套简单的原则，即如果公司不去创新，不鼓励创新，还容忍失败，那么在技术上就会抱残守缺，甚至出现逆流趋势。

百度的高级技术总监崔珊珊进一步解释：搜索引擎技术创新有着相当大的难度，如果用脱离实际需要的方式来做，恐怕发展不了这么快。

在李彦宏看来，百度不仅要有创新意识，还要为技术尖端人才建立创新平台。

2006年时，李彦宏提出百度成立博士后工作站的构想，并在同年7月取得了设立博士后科研工作站的资质。

百度是中国首家获此资质的公司，同时，李彦宏、李建国等人也都成了博士后导师，百度还将成为国内最高水平的搜索技术培养基地，这也使得百度有更多的机会参与国家相关高科技项目的研发，对百度产业地位而言，这无疑是巨大的助力。

另一方面，百度也为崇尚搜索信息技术的高级人才提供了"学习、创新、研发"的综合性工作平台。

李彦宏表示，百度成立博士后工作站之后，将会加大百度招纳高端人才的资本，这自然会推动中文搜索引擎技术的长足进步。而不管怎么说，百度的博士后工作站，都充分地显示出了百度对于人才的渴求，对于创新技术的探索。

对此，刘建国在人民网座谈会上说："百度对高端人才的吸引，我认为主要体现在两个方面：一个方面是挑战，就是世界级的挑战，你所做的工作一定是世界水平的，是最前沿的一些课题。这种挑战会让很多勇于挑战的高端人才，能够想方设法面对这些挑战，用他们的聪明才智解决这些问题。解决了这些问题之后，实际上他们会有很大的成就感，这是个对很多高端人才很大的吸引力。因为成就感是最主要的。另外一方面是我们在百度里面有一个非常独特的'工程师文化'，在这儿有最轻松的工作环境和工作氛围，也有非常优秀的同事，大家在一起工作非常的开心，非常的快乐。工作不仅仅是养家糊口，而是一种享受，是一个事业。"

李彦宏崇尚创新，他希望每一个百度人在享受生活的同时，用自己的创造力和创新意识实现梦想。

互联网以创新为生命源泉，百度无疑要把善于创新、执著于创新的高端技术人才吸纳进来，这是令自己走得更远的"永动力"。

具备创新意识，在面对挑战的时候自然底气十足。百度的用户远多于同行业的竞争者，究其缘由，一方面是百度"先入为主"，进入中文搜索领域的时间较早；另一方面——也是最重要的，李彦宏在筹备创立百度时，就已开始关注创新"效果"，偏执于创新的他，又怎会裹足不前，固守成果？

百度，就在李彦宏的创新意识中大变模样了。

13

百度一下

责任——社会职能

新时代的成功人士，不仅要是财富和权力的拥有者，同时还要拥有浓浓的民族情怀和崇高的社会责任感。

今日的李彦宏，依然是成功人士中的佼佼者，但他仍不断进取。对他而言，百度的存在价值并不是创造多少经济效益，而是对社会的贡献、文化的传承以及人们对未来科技的无限遐想，这样的重任是他不能忘记的使命。

百度在创造了无数辉煌之后，除了工作上有了更便捷的条件之外，李彦宏的一切生活都没有发生过任何变化。

他会和平时一样，勤勤恳恳地在办公室工作十几个小时才肯离开。有时候，他也会找个地方让自己安静下来，沉淀下来，一边整理百度的战略计划，一边又要承受来自竞争对手和开发商的种种压力。

在残酷的商战中，李彦宏总是告诫自己——摆正自己的位置，敢于承担责任。从国家的利益来考虑，他希望把中文搜索引擎的主导权牢牢掌握在中国人手中，并且能够成为中国互联网企业的标志。这是李彦宏的主人翁意识，同时，百度内部的员工也都会自觉地承担起这种"主人翁"责任。

百度上市当天，这个热血男儿让所有人看到了他的眼泪。再艰难的过往都未曾动摇过李彦宏那与生俱来的静气，但这泪水，让所有人体味了他内心深处"痛并快乐着"的苦涩滋味。

没有人知道李彦宏彼时心中作何思量，或许是"懂得寒梅通彻骨"，也可能是以一个中国人的身份获得了世界的掌声。

在很多人眼里，李彦宏是一个沉着、冷静的男人，但总是有那么一股无法满足的激情在他的内心深处暗涌。

他在北大读书时，最喜欢的一本书叫《精神的魅力》，他甚至可将书中的内容全部背诵下来。他最喜欢的是印在扉页上的一段话："这真是一块圣地，近百年来，这里成长着数代中国最优秀的学者，丰博的学识，闪光的才智，庄严无畏的独立思想，这一切又与耿介不阿的人的操守和抗争相结合，构成了一种独特的精神魅力值。"

直至今日，这段话仍深刻的印记在李彦宏的脑中，李彦宏说："未来的若干年，当越来越多的中国人上网，当越来越多的人在网上待的时间更长的时候，当越来越多的中文信息在网上存在的时候，我相信，百度的作用和影响力跟现在都会非常不一样的。"

他不止一次地说过:"我和我的百度是华尔街最不听话的。"在他看来,上市只不过是百度发展过程中的必经之路,也是重要的组成部分。他在乎的只是百度整个企业能够长期稳定的发展,而不是将脑细胞浪费在"华尔街在想什么"、"投资者在想什么"这样的问题之上,这对他来说没有多大意义。

李彦宏做事很专注,所以并不会像某些企业创始人那样,随便干几年就潇洒走人。百度对他来说是毕生事业,股票的季度涨幅远不如百度三五年之内的发展态势重要。

作为百度的创始人,他一直都在强调,在这种长期发展的经营策略中,包含着强烈的民族责任感。作为中国率先走向世界的实力企业,百度赶上了好机遇,既然拥有了这样强劲的实力,就应该肩负起振兴中国民族品牌的责任。故而,在民族责任感这方面,百度要比很多其他企业做得更加优秀。

李彦宏在百度业务方案中,从来不会定义客户群,不论是达官贵人、知识分子,还是平民百姓、山区农民,甚至是残障人士,在百度提供的信息上永远都保持着平等。当然,这是百度的长远目标,路途稍显漫长,但李彦宏早已发起行动,正在用实际行动履行着他的使命和诺言。

既然说出口了,他就一定会做到。百度的产品不断推出,从本质上来看,都是为了向每一位百度用户提供最简单、最便捷的体验。百度始终坚信,不以盈利为目的,将会为企业带来意想不到的效果。

2009 年 4 月 9 日,百度推出了一款为老年人设计的公益搜索产品——百度老年搜索(123. baidu. com)。

李彦宏说："尊老敬老是中华民族的传统美德，老年人的上网需求，就算是在当前高节奏、竞争激烈的现代信息社会，也不应该被忽视和遗忘。作为全球最大的中文搜索引擎，百度有责任也有能力，发挥自身的技术、经验等资源优势，为老年人办点实事、尽一份责任，让老年人的晚年生活更加丰富多彩。"

在百度老年搜索的项目上，百度启用了30名顶尖工程师，历经半年的研发设计后推出了全球首款老年搜索产品。老年搜索与普通搜索在功能上增加了很多符合老年群体需求的设计，根据百度的搜索行为跟踪技术收录了中老年用户常用的网站，并为老年用户设计了一个更具"针对性"的上网门户。

同时，在链接方面做了更加贴近老年人需求的优化，老年人可以通过点击搜索页面的链接和图片直接看到想要浏览的内容；在老年搜索频道中，页面的初始字体会比普通网页的字体大很多。最重要的是，在老年搜索中不存在任何含有商业推广性质的信息。

李彦宏在产品发布会上表示："我想告诉大家的是，如今在百度，已经有许许多多老人，正把自己的知识和经验通过互联网传递给需要帮助的人。"他还说："随着老年搜索频道的推出，未来，我们的老年人也一定能够通过互联网，尽享快乐的晚年生活。"

今时，百度大多数产品都没有商业化，不带来直接的收入，但是它们能够给用户或者说网民带来价值，这是最重要的。它一旦能给用户带来价值，就是在满足市场需求，一旦它能够满足市场需求，对百度的发展即会起到间接的支持作用。

曾经有人问李彦宏，当在福布斯排行榜上有名的时候，会有什么样的想法？李彦宏很轻松地回答："没什么想法，我还没来得及看。"他说："我自己并不是在追求那些，不是一定要成为多富有的人，从来都不是这样子，无论是过去还是现在，我只是希望自己做的事能改变大多数人的生活方式，让足够多的人受益，这是我的人生理想和目标。我看到每天有上千万的人在用自己的技术，大家从中受益了，我心里就特别高兴，觉得对社会做出了贡献。而且现在这个社会越来越趋向合理，你对社会做出贡献了，社会也会给予你同样的回报。"

是啊，贡献的越多，回报的越多。金钱早已经不是李彦宏的"企图"，为人类创造价值才是他想要拥有的唯一财富。

作为世界上最大的中文搜索引擎的掌门人，李彦宏不希望百度未来的目标仅止于此。他和所有人一样，希望把自己觉得重要的事情做到最好。

他说："我们希望自己能成为全球最大的搜索网站。以后，我们将会继续推出英文、日文、西班牙文等文字的搜索功能，这是我们实现我们远大目标的一个过程。"此时，李彦宏的社会责任感，俨然已上升成为世界责任感。

李彦宏用百度的能力诠释着自己的社会责任感，也为社会做出了巨大的贡献。

公益——为爱百度

企业的发展离不开社会的发展。每一个企业都是社会的重要组成部分，企业的健康发展为社会的稳定发展提供了动力，而社会的发展则为企业提供了更加适宜的生存环境。

很多人都说，企业为公益事业做贡献是一种双赢。诚然如此，但公益和慈善并不是做样子，这是一种彰显大爱的举动。

提及百度的慈善公益事业，似乎并没有很多。不少网友甚至觉得李彦宏不做公益，还有人发帖呼吁百度多做慈善。

其实，百度做过很多，只是比较低调罢了。

2005年1月6日，一向干净整洁的百度首页出现了一个名为"伸出我们的手支援海啸灾民"的巨大而醒目的链接。当时由于印度洋发生了40年来罕见的地震和海啸，为很多国家带来了沉重的灾难。

为了能够引起世界的关注，并为受灾人民和慈善人士搭建直通车，百度呼吁将支援灾区的页面免费开放一周，如此，网民有了更便捷的渠道向灾区伸出援手，将爱心传递给受难民众。

2006年4月30日，在河北省"五四"庆祝大会上，百度现场捐助100万元人民币，用于河北省生态文明村的建设：主要是人文及生态环境的建设，如道路建设、农村绿化、沼气池的改造和建设，还有为了丰富当地人民的文化生活，改造了青年文明中心。

除100万的捐款外，百度还派出3名志愿者参与到当地的青年文明中心的建设中，为农村的文化建设贡献出自己的一份力量。同时，还为活动中心配备了电脑，供村民们上网学习，让他们进一步享受到互联网为人类生活带来的便捷。

其时，在国内还有一些更需要被帮助的群体在等待支援。

在全国贫困地区的592个县中，有超过1400万个贫困家庭中的中小学生面临读书难的问题。这些地区大多办学条件差，或者即便有了一定的办学条件，但学生们对书籍的需求却迟迟无法被满足。

2006年8月21日，百度组织了"爱知识也爱公益"的捐书活动。只要你在规定时间内完成答题或编辑词条的任务，百度知道和百度百科就将替你捐赠相应数量的图书给甘肃省碌曲县的 4 所小学。

最终，用户为"知道"提供了多达 3 万个最佳答案，更为百科输入 2.5 万个词条，仅向藏贫区就捐赠了 2000 余本图书。对此，李彦宏表示，百度的捐书活动并不能解决贫困地区读书难的问题，但希望能通过这样的活动，推动社会各方面对公益的关注，并推动爱心慈善事业的发展，让更多贫困地区的孩子得到帮助。

李彦宏很少出席公开活动，尤其是在做慈善的时候，会显得格外低调。但在比尔·盖茨的邀约下，他高调出席了比尔及梅琳达·盖茨基金会与百度公益基金会公益策略同盟的发布会，并在控烟与反对被动吸烟方面合作，共同呼吁戒烟。

发布会上，李彦宏和比尔·盖茨都穿上了印有"被吸烟，我不干"的绿色 T 恤，李彦宏还逐字教比尔·盖茨中文的读法。

中国的烟民，几乎占了世界烟民的 1/3，并且是世界上最大的烟草产品生产国和消费国。每年有超过 100 万人死于吸烟带来的诸多疾病，有 7.4 亿人在被吸烟，即"吸二手烟"。

李彦宏与比尔及梅琳达·盖茨基金会合作，只是希望能让被吸烟者勇敢地站出来反对被动吸烟，维护自己健康生活的权力。

2011 年至 2013 年间，中国农业市场陷入到滞销困局中，为了能加快丰收向收获的转化速度，百度于 2013 年 3 月再次开启支农计划。

百度全面启动了"百度公益推广 – 农业帮扶计划"，成为 2013 年中国互联网公益的新主题。此次支农计划，面向全国范围的农户、农业合作机构，由百度免费提供推广资源，通过互联网高速有效的信息推广方式，为农产品开辟出了一条全新的销售道路，使农产品恢复了良好的销售状态。

2014 年，是中国互联网公益活动的第三个年头。此时，李彦宏发现在百度排行有一条搜索率极高的新闻——"在中国，每 8 分钟，就有一名先天性心脏病儿童诞生，在这些病患儿中，会有一部分病患儿因贫困得不到治疗而丧失生命。"由此，百度"公益一小时"将目光转向了这一亟待救援的群体。

2014 年 5 月 29 日，伴随着 2014 百度联盟峰会的启动，百度携手联盟与中国平安、爱佑慈善基金会以及 60 万联盟合作伙伴再度发起"公益一小时，伴随 2014 百度联盟将携手为爱送平安"活动，旨在为孤贫先心病患儿捐助治疗资金。

在活动期间，网民可通过电脑和手机客户端登陆百度首页，搜索"公益一小时"，通过"点赞"，百度联盟就会为爱佑慈善基金会"爱佑童心——贫困先天性心脏病患儿手术治疗项目"捐赠救助费用。同时，网民还可以在"百度钱包"手机应用中为病患儿捐款，用便捷的互联网支付技术创造"中国的爱心奇迹"。

"公益一小时"活动起始于 2012 年的百度联盟峰会。首届"公益一小时"活动中，百度与各大平台合作，仅在一小时内就为贫困山区儿童募集到 36 万份免费午餐，其募集金额达 108 万，使得很多病患儿童得到了治疗，创造了更具影响力的互联网公益模式。

在关爱"病患"弱势群体的公益行动中，李彦宏从未停下脚步。

2014 年 8 月 19 日，李彦宏完成了由雷军通过微博发来的"冰桶挑战"的接力活动，并通过微博发表了他大玩"湿身"的视频。在视频中，他点名挑战新东方俞敏洪、SOHO 中国潘石屹、跳水名将田亮。

该活动主要是希望能借助名人的社会影响力，让更多的人去关注"渐冻人症"的患病群体，并为"渐冻人症"协会捐款。

这个活动并不是强迫性的，每位被点名的人都有权利选择拒绝浇冰水，而向"渐冻人症"协会捐献 100 美元用于疾病防治。但至今，几乎没有人选择"放弃"，他们希望将这份爱心一直传递下去。

百度在互联网上推出过很多公益平台，"全球公益力集合体"项目是最为引人瞩目的。百度希望用自身的互联网资源优势与公益事业的每一个环节聚合起来，旨在利用百度的平台，将有志于公益事业的企业以及公益团体与需要帮助的全体进行连接，从而为慈善公益事业做出贡献。

其实，这些只是李彦宏和百度为公益事业所做出的一小部分贡献。很多时候，百度并不愿意将自己在慈善及公益上的所行所举公布于众。

百度成立至今，将一切慈善公益活动幻化为美丽的诗篇，为社会慈善公益事业及文化建设事业书写着发人深思的醒世格言。

如今的李彦宏已不仅仅是一个成功的企业家，更是一个具备高尚人格的公益人士；百度也不仅仅是一家致力于搜索技术的科技研发企业，而是一个具有完备人格的优秀企业公民。

李彦宏很清楚科学技术对一个国家的重要性，在始终坚持如一的搜索引擎技术上，百度想要将其发挥到极致，用极简的搜索技术，改写人们获取信息的方式，并不断地创造历史。在目标如此明确的发展道路上，李彦宏仍未忘记自己的社会责任。在昭示百度中国责任、社会责任的爱心行动中，他留下了一串串清晰的脚印，更用事实印证着作为成功人士心怀天下的胸怀。

幸福——人生赢家

新时代，对于传统文辞似乎有更创新的解释，比如这一段："鱼，我所欲也，熊掌，我所欲也。美女老婆，我之求也，贤内助，我所欲也，然二者不可能兼得。"

从男人的角度看，在现实生活中，很难遇到这样的完美佳人，但李彦宏却幸运地实现了几乎所有男人的愿望，他娶了马东敏这位惠质兰心的博士做妻子。

李彦宏德才兼备，拥有成功男人的气魄，成熟男人的稳重，学者的儒雅、从容，这样的绝世好男人，让很多女人感慨：叫人如何不爱他？——只可惜，他结婚了，成了马东敏的丈夫。

1995 年 4 月，在中国留学生组织的聚会上，李彦宏遇到一个面容姣好的女孩子。在朋友的介绍下他才得知，这个女孩叫马东敏，正在新泽西州大学生物系攻读博士学位，15 岁便考入了中国科技大学少年班。

李彦宏仿佛中了魔咒一般，霎时被马东敏深深吸引了。宴会结束后，向来腼腆的李彦宏鼓足勇气挡在马东敏面前，说："我想我是一见钟情了，爱情的第一眼，就是千载难逢的千里眼。"

听了李彦宏的话，马东敏用东方女性固有的矜持回应了李彦宏的倾慕，此后李彦宏抓住机会，展开了热情的追求，并最终抱得美人归。

中国传统思想中固有的"先成家后立业"的观念，加速了两人结婚的计划。1995 年 10 月 10 日，李彦宏和马东敏在纽约注册结婚。其实，两人相识 3 个月的时候，就已经有了结婚的打算。

那时的李彦宏一无所有，婚礼上少了教堂、少了 Party，甚至连一套合身的礼服都没有，多的只是马东敏从未嫌弃过的"寒酸"。

马东敏翻遍自己在美国的全部箱子，只找到了一套夏天穿的粉色纱质裙，勉强可以作为礼服；而李彦宏则是穿着他那套从国内带到美国的唯一一套西装。就这样，两人办了一场简单而又幸福的婚礼。

李彦宏说过："反正我认为，只要自己想清楚的事情就要做，有意思的是，我到现在还不明白她当时为什么只用 6 个月也能想清楚。"

成家之后，李彦宏的事业顺风顺水。1997 年加入 Infoseek 后，被威廉·张重用，成为了搜索引擎行业的杰出专家，在加州有豪宅、名车以及华尔街道·琼斯子公司 70 余万股期权。这一切，对李彦宏来说已经足够，是时候享受生活了。

那段时间，李彦宏把菜地搬到自家门前，每天都玩的不亦乐乎，整个院子里都弥漫着陶渊明的惬意。马东敏多次劝阻，但李彦宏却是左耳进右耳出。

1998 年，Infoseek 决策者将公司发展方向转至传统媒体，并且逐渐放弃搜索引擎技术。这样一来，李彦宏将毫无用武之地，如果一直留在 Infoseek，他只能干吃老本。

马东敏望夫成龙，不想李彦宏就此堕落下去。她认为，既然他是搜索引擎行业的顶尖专家，为什么不自己创业，而要给别人打工呢？就想在家种菜享受，未免太过挥霍光阴。

马东敏一气之下毁了李彦宏的菜地，还劈头盖脸地数落了他一番："如果我今天不毁掉菜地，菜地就会在明天毁掉我的丈夫。你是世界顶尖的 IT 专家，我强烈反对你变成一个加利福尼亚农夫！"

妻子的当头一棒，着实让李彦宏惊起一身冷汗。马东敏温柔地对他说："搜索引擎技术是你的长项，不如回去搞一个中国版的 Google！"

其实，马东敏还提到了曾经在李彦宏手下的两个年轻人，他们正是听了李彦宏的设想方案，才创办了今天的 Google。眼看着人家都成了亿万富翁，李彦宏思来想去，心里也实在不是滋味。

那晚，李彦宏默默地流下了眼泪，轻挽着妻子的手说："你说得对，我是应该干点事业了。"马东敏假装没看见李彦宏的眼泪，微笑着拍打着李彦宏的肩膀："这样做才不辜负你超群的才华。"

马东敏很了解李彦宏，她知道李彦宏需要一个有销售经验的合伙人，于是拉来了徐勇。

在马东敏的激发下，李彦宏归国创业的热情愈发高涨。

有了合伙人，下一步就是启动资金的问题。虽然李彦宏当时手上有百万美元期权，但短时间内不能变现，怎么办？这时，马东敏再次为李彦宏出主意："不如去硅谷找风投商！"

最终，李彦宏拿到了 120 万美元的风险投资，注册成立了百度。

此时，百度再次遇到困难。直到 2001 年夏天，百度在业务上完全没有进展，不仅没有赢利，每天还要负担至少 3000 美元的奢侈开销。一向稳如石佛的男人，这下真的害怕了。

李彦宏拨通了马东敏的电话："如果真的过上没有房子没有车子的生活，承受得了么？"马东敏并没有说什么，李彦宏还在想象妻子会如何回应时，话筒中突然传来了电话被挂断的嘟嘟声。

这样的回应还需要过多的说明吗？李彦宏苦笑着，眼睛湿润了。他不知道，马东敏在挂断电话后的几分钟里，已经订好了回北京的机票。

"你别忘了，Google 那两个小家伙，还是你的学生呢，他们现在每个人都已经拥有 30 亿美元的身家了。"有些惊慌的李彦宏，傻愣愣地站在机场，被刚下飞机的妻子数落着，虽然两人是以这样的方式团聚，但他的内心却甜蜜无比，更重要的是"踏实了很多"。

从这以后，李彦宏不管遇到什么问题，都会想着先向马东敏请教一番。

马东敏不仅时刻提醒李彦宏，在百度的发展上也会献计献策。

一次，李彦宏和马东敏在王府井逛街，看到一家小店门前排起了蜿蜒曲转的"长龙"，两人好奇地走过去看了一下，原来是商家正在派送丝绸纱巾。马东敏觉得，店家的这种促销方式是招揽顾客的绝招，她对李彦宏说："我有一个想法，可以采取用户竞价排名的方式，既提高用户的参与热情，又增加公司的收入。"随后，李彦宏根据马东敏的提议，推出了"竞价排名"。

正是这关键的一步棋，使得百度赢利渠道大开。"竞价排名"得到了各大门户网站的热烈支持，推出的那一年，百度就盈利了1000 万美元，并呈几何级数继续增加。

百度载着李彦宏一路乘风破浪，有马东敏这个"大副"在身边，百度很快便开辟出了一条通往纳斯达克的道路。

2005 年，问题再次降临，在百度上市的问题上，李彦宏的谨慎宛若绊脚石。

百度上市，可以带来几亿美元的集资资金，这对公司在市场上的竞争力无疑是最可靠的保障。但另一方面，上市之后，由于股东的介入，公司在运营层面上会受到一定程度的影响，运作稍有不慎，很可能被股东告上法庭，会对公司的业务及声誉造成巨大灾难。

到底上还是不上呢？此时的李彦宏已纠结成"球"了，无奈之下，他只能和徐勇用抛硬币的方式来做上市的决定。命运似乎正在玩弄李彦宏，抛硬币得到的结果是"不上市"。

那一阶段，李彦宏因上市的事情整日愁眉不展，马东敏看到丈夫此时的状态十分心疼。最后，她暗中找来了专家对百度的财务资料做了详细分析后，果断地给出了答案——上市。

百度上市后创造的财富神话有目共睹，一夜之间造就了9位亿万富翁、30位千万富翁和400位百万富翁。

在外界看来，李彦宏实现了无数人的财富梦想，而在他心里，收益最大的自然是他本人。而他更清楚，自己得到的这一切，除了百度员工的努力，最重要的就是帮他做出上市决策的妻子马东敏。

随后，百度在曼哈顿举行的庆功晚宴上，在无数的聚光灯下，李彦宏温情地将马东敏揽入怀中，他示意大家举起酒杯，诚挚温柔地说："百度精神里有一种叫做勇气，而我的妻子马东敏博士，则是这勇气的来源。她总能在关键时刻，冷静地提出最勇敢的建议。事实证明，她的那些充满东方智慧的建议，将我引上了正确的道路。"

李彦宏曾经感叹："我本质上并不是一个喜欢冒险开拓的人，而在百度的冒险创业历程中，每一步都是马东敏推着我向前走的。"

虽然，两人现在已经各自选择了自己的道路，但每当提起与妻子曾经的共同经历，李彦宏依然清秀英俊的脸庞上都会流露出无限的温馨与幸福。

马东敏在李彦宏的创业道路上立下了无数匿名战功，连李彦宏自己都承认，如果没有马东敏，就没有他今天的一切。

魅力——百度基因

李彦宏是个沉默寡言，但又不失趣味的人。

很多人都喜欢李彦宏，不管他身上的标签是年轻的、年老的、百度的、行业的、国外的……他们都愿意站在他的队列，不离不弃。

说李彦宏受人爱戴，是有据可依的，最让百度人津津乐道的，应该是他承诺：富起来之后吃鸡翅和上市前吃饺子。

李彦宏认为，年轻人才是未来的引导者，他很乐意与年轻人在一起。每年，他都会走进一所大学与年轻学生面对面互动。

2012 年 10 月 22 日，李彦宏来到了南京大学。在演讲中，他提起了请百度 2 万名员工吃鸡翅的始末。

如今的李彦宏虽已不是严格意义上的工程师，但他依然坚持百度的"工程师文化"，对他而言，这是初心。众所周知，工程师大多喜欢发电子邮件，即使是并肩而坐，想说事情的时候也要通过电子邮件进行沟通。Email 发多了，就会对工作效率造成影响。由于人多，每天收到的邮件也会很多，所以，李彦宏决定对 Email 做一些改进。

李彦宏提议，发 Email 的时候一定要写明主题，写出你想要做的事情，这样大家就可以根据事情的紧急性、严重性进行合理安排。这个准则在百度推出后，不管你是谁，都要严格遵守。若你在发邮件时没有填写标题，就要接受惩罚，请所有团队成员吃鸡翅。李彦宏很"怕"请吃鸡翅，因此十分谨慎，填写电子邮件标题时格外小心。

那时，百度自在纳斯达克上市之后需要发财报，美国股票闭市时间是北京时间的凌晨4点半，所以，财报的发放时间就在4点半之后。

李彦宏习惯早上5点起床，之后开始整理财报信息，然后将整理好的内容以电子邮件的方式发给百度全体员工，告诉大家已发了几个月的财报，并附上鼓励和感谢员工的话。

发完电子邮件之后，还要立刻进行 earnings call，与投资者、股票分析师进行电话会议，电话会议一般会在8点钟吃早餐的时候进行。

这一天，李彦宏起得太早了，头脑还不怎么灵光，安心地等着美国闭市，然后给员工发电子邮件。当百度员工收电子邮件后，便第一时间回复了他的电子邮件。一时间，他的邮箱遭到狂轰乱炸，他急忙查看电子邮件，发现所有邮件的标题都写着"吃鸡翅"，此时他才恍然大悟，刚刚发送的电子邮件忘记填写标题了。当他到了公司后，还有员工开玩笑说："有人得请我吃鸡翅了!"

李彦宏对电子邮件标题的规定，在百度内部被称作"鸡翅法则"。演讲结束后，他说希望用这个故事警示在座同学，做事的时候一定要坚持原则，遵守规则。

不久，南京大学的同学就以百度 CEO 请客鸡翅的标题在百度贴吧发帖盖楼，词条消息瞬间遍布互联网，网友们一呼百应。

此次事件的结果，即是李彦宏在 2012 年 8 月 8 日百度 Summer Party 现场兑现了请客吃鸡翅的承诺。

这件事虽是李彦宏的一件囧事，却充分反映了百度的企业文化特色，更证明了李彦宏虽成了一方霸主，却不忘初衷，坚守着自己定下来的规则。或许，这就是百度能在今天成为世界领先技术公司的基石吧。

李彦宏有一个理论：随时保持思考状态，在吃饭时也要想出最好的创意。他的另一个关于吃饺子的故事，发生在 2003 年夏，也正是这顿饺子，让他有了做百度贴吧的想法。

百度贴吧是中国互联网上最大规模的网络社区，其 10 亿注册用户已经创造了历史。贴吧对李彦宏来说，就像自己的孩子，他对贴吧有感情，因为这个创意就是他的。

当时，百度还在海泰大厦办公，公司上下也不过 100 多个员工。李彦宏有个习惯，一旦晚上工作到吃晚饭的时间，就会请大伙去对面"一喜饺子馆"吃饭。

这天，他突然对员工说："我们也许应该改善一下生活。"于是他和员工选择了饺子馆对面的一家带包房的餐厅。

李彦宏回忆说："一喜就在一楼，而这个饭店的一楼有一个洗车店，二楼有各种包房。我们就进包房吃，可能是档次比平时高，大家吃的比较兴奋。"

席间，李彦宏突然说，能不能做一个产品，也像吃饭一样，一个人提议，然后大家给出意见，然后互相交流。在场的产品经理都觉得这是个可行性计划，工程师们也表示这个想法可以实现，于是着手开发。半年之后，百度贴吧正式上线。当时，并没有"贴吧"这个名字，它是李彦宏后来想出的。

2003 年 11 月 25 日，李彦宏在百度贴吧发了一个名为"李彦宏在这等你"的帖子。对此他解释道，其实贴吧早在 11 月 25 日就可以使用了，当时他比较兴奋，所以就提前玩了一下。他说："一直到今天还有人在回这个帖子，已经 10 几年了，所以我觉得贴吧非常伟大，非常有意思。"

2014 年 7 月，百度贴吧的注册用户已经超过了 10 亿，日活跃用户 6000 万人，月活跃用户超过 2 亿，全百度贴吧内已经拥有超过 800 万个贴吧单位。在当时，没有人会想到百度贴吧居然能有如此傲人的成绩。

回忆贴吧往事，李彦宏不禁感慨："一个人的创造性最旺盛的时候是在他 30 岁左右。在贴吧前后，发自内心的想法能够产生影响力。而今天，30 岁左右的年轻人，下一个贴吧，更好的互联网应该是来自你们而不是我。"

毫不夸张地说，在互联网业界里，最了解年轻人的 CEO 非李彦宏莫属，他也是年轻人口中被提及频率最高的人之一。

2014 年 12 月，在微博中出现了一张"穿越率"极高的图片，其内容是从韩国归来的人气偶像"鹿晗"在上台领奖的时候，坐在他身后的李彦宏满脸欣慰的笑容。很多人都在这条微博的评论中笑称"李彦宏是 EXO 的粉丝"，不免让人啼笑皆非。当究其原因时，却没人说出这两位来自不同领域的人气偶像因何被联系在一起。

其实，李彦宏最初也分不清 EXO 和鹿晗到底哪一个是人名，哪一个是组合名。只是在百度贴吧和爱奇艺的产品中频繁看到 EXO 的名字，尤其在百度贴吧，EXO 的粉丝竟达到两百万之多，他很好奇 EXO 到底有怎样的魅力。

出于好奇心，李彦宏观看了一场 EXO 在鸟巢举办的演唱会，虽然听不懂韩语，却从狂热的粉丝身上感受到了当代年轻人的与众不同，他们有自己的偶像，敢于为偶像尖叫呐喊，为之痴迷疯狂。

随后，李彦宏去鸟巢观看了 EXO 演唱会的新闻被 SM 社长李秀满看到，由此其促成了百度与韩国 SM 娱乐的第一次合作。对此，李秀满解释道，之所以选择百度，是因为李彦宏愿意参与其中，并亲临现场去了解韩国娱乐文化，这并不是每一个合作公司的负责人都能做到的。

李彦宏不仅知道 EXO，他对国内最火的偶像组合 TFBOYS 也略知一二。虽然是"00"组合，但他仍愿意通过百度去了解他们，并会时刻关注这群年轻人的最新动态。

2014 年 8 月，李彦宏在百度大厦接待了一批"身份高贵"的客人，有人疑惑这些客人高贵在哪里，李彦宏会直接告诉你，他们高考分数高。

面对年轻的一代，李彦宏不禁感慨他曾经的辉煌，并对面前的年轻人寄予了无限希望。

李彦宏在人生道路上，提倡"从聪明到优秀"的理念。在他看来，进入大学、社会之后，不会再像中学那样需要老师管着，需要家长呵护着，而是要学会适应新环境，并根据所处环境及时调整自己的状态。那些在经历了失败和痛苦后不断抱怨世界不公的人，就是不懂得如何调整自己状态的人。人只有经历了，才会成长。不管经历什么，都是收获。

李彦宏说："我觉得，一个人想在社会中做得更好，首先要先有贡献的意愿，然后再去努力，这个社会才会变得更好。"

任何成功都非偶然。如果李彦宏不去深入体验年轻人的生活，就不知年轻人需要什么，更没办法为年轻用户带来适宜的产品，就谈不到为他们提供优质的用户体验。不管是 90 后，还是 00 后，只要百度得到年轻人的认可，就说明百度已被未来认可。

　　一个企业的成功，是技术的成功，是产品的成功，是服务的成功，更是管理的成功。而在这一切成功之前，首先则是人的成功。李彦宏有着非凡的人格魅力，他把这种魅力赋予了百度，并以此吸引了越来越多的同路者。他们集体的成功，才是百度真正意义上的成功！